부동산
폭등장이
온다

부동산
폭등장이
온다

시장이 보내는 명확한 신호들

이현철 지음

RHK
알에이치코리아

아직 썩지 않은 동아줄

부동산 가격이 상승할 때는 많은 사람이 부동산에 관심을 기울입니다. 부동산은 다른 재화처럼 소비로 끝나는 것이 아니라, 가치가 오르내리는 투자재 성격이 있어 수익을 기대할 수 있기 때문입니다. 그런데 막상 부동산에 관심을 가지고 접근한 뒤 어떤 물건을 사야 할지, 어느 지역에서 알아봐야 할지 막막함을 느끼는 분들이 많을 겁니다. 오랜 시간 부동산 중개사로 일하면서 그리고 아파트 분양 현장에 몸담으면서 정말 많은 사람을 만나 상담했습니다. 그러면서 대다수가 이렇게 비슷한 생각과 경험을 하고 있다는 걸 알게 됐죠.

부동산에 관한 정보와 지식을 얻고자 사람들은 관련 책을 사서 읽고, 유튜브 영상을 보고, 심지어 비싼 돈을 들여가며 강의도 듣습니다. 그런데 읽고 보고 들을 때는 알 듯한데, 실전에 써먹기는 쉽지 않습니다. 누구나 알고 있는 빤한 내용을 그럴듯하게 포장하는 책과 강사 들도 너무 많고요.

저는 파워포인트나 엑셀도 잘 못 다루는 이른바 '컴알못'임에도 불구하고, 유튜브 채널을 운영하기 시작했습니다. 편집을 최소화하고 오로지 콘텐츠로 승부하겠다는 무모한 도전으로, 다소 어렵게 유튜브 영상을 제작해 올리고 있죠. 이처럼 저에게는 매우 어렵고 때론 부담스럽기까지 한 유튜브를 시작한 것은, 부동산에 관한 지적 갈증을 느끼는 사람들에게 조금이나마 도움이 되고 싶어서였습니다.

많지는 않지만, 영상을 올릴 때마다 저를 감동시키는 댓글을 보게 됩니다. "다른 어떤 분석가의 이야기보다 설득력이 있네요. 좋은 영상 감사합니다." "일반적인 전문가의 주장과 전혀 다른데, 맞는 말 같아요." "어서 강의를 개설해 주세요!" "무아바님 이야기를 좀 더 들어 보고 싶어서 책을 샀어요." 사람들의 댓글을 읽으면서, 우리나라 부동산에 관한 새로운 분석기법과 설득력 있는 이론, 보다 현실적인 내용을 원하는 사람들이 많다는 걸 알게 되었습니다.

유튜브의 특성상 많은 이의 관심을 끌고 흥미를 느끼게 할 만한 주제를 개별로 제작해 올리는 것은 가능합니다. 하지만 여러 편의 영상이 한 가지 주제로 같은 연결 선상에 놓이도록 제작하는 건 쉬운 일이 아니었습니다. 그렇다 보니 구독자들이 전반적인 부동산 시장을 이해하는 데 저의 채널이 진짜 도움이 될까 싶었지요. 이 책은 유튜브에서 접한 구독자들의 요구를 충족시키고 유튜브의 한계를 보완하기 위해 집필했습니다.

책의 핵심은 역시 '부동산 사이클'입니다. 제가 늘 사이클을 강조하는 건, 우리나라 부동산이 다른 나라와 다른 특성을 가지고 있고 또 다른 요인에 의해 움직이고, 그게 반복되는 사이클을 그리고 있기 때문입니다. 우리나라에는 다른 나라에선 찾을 수 없는 전세와 선분양 제도가 있습니다. 이 두 제도가 부동산 시장과 대중심리에 미치는 영향은 절대적입니다. 여타의 전문가들은 부동산 수요에 영향을 미치는 금리나 인구, 경기, 호재와 악재 같은 요인을 강조하지만, 저는 이들 요인을 뛰어넘어 더 큰 파급효과를 가져오는 것이 전세, 분양, 정책, 대중심리라고 봅니다. 단언컨대, 우리나라 부동산 시장은 이 네 가지 요인만으로도 충분히 분석할 수 있습니다.

점점 '개천에서 용 나는' 게 어려워지는 세상이 되어가는 것 같습니다. 교육도, 고액연봉을 안겨주는 직장도, 경제적 신분 상승을 보장하지 못합니다. 물론 돈이 돈을 만드는 자본주의 사회에서 애초에 돈이 없는 사람이 돈을 많이 버는 건 힘든 일이죠. 많은 이가 이젠 서민이 상류 계층으로 올라가는 것은 불가능에 가깝다고 말합니다. 하지만 지금 서 있는 경제적 위치가 어디이든, 상위 계층으로 올라가기 위해 붙잡을 수 있는 동아줄이 하나 있습니다. 다행히 아직 썩지 않고 남아 있는 유일한 것, 바로 부동산입니다.

물론 부동산도 가진 돈이 많은 사람이 돈을 벌기 좋은 구조로 되어 있습니다. 하지만 다행히, 가진 돈이 적은 사람도 그것으로 많은 돈을 벌 기회가 부동산 시장에 남아 있습니다. 그 기회가 많은 사람에게 공평하게 주어졌으면 하는 것이 저의 진심입니다. 내 눈앞에 내려 온 동아줄을 놓치지 않고 제대로 부여잡기 위해서는 '부동산 사이클'을 이해하고 이를 이용할 줄 알아야 합니다.

누군가는 가능한 한 많은 부동산을 모아야 한다고 강조합니다. 하지만 처음부터 가진 돈이 적은 사람에게 많은 채수의 부동산은 오히려 위험이 될 수 있습니다. 또 다른 누군가는 똑똑한 한 채가 최고라고 주장합니다. 그런데 이 똑똑한 한 채도 2010~2012년 부동산 침체기 때엔 엄청난 하락을 겪었습니다. 시장이 전체적으로 하락세를 걸을 때는 당해 낼 부동산이 없습니다. 결국, 부동산 투자는 시장의 흐름을 이해하는 것이 최우선 과제임을 알았으면 좋겠습니다.

지금은 부동산 전문가로 활동하고 있지만, 저는 오랜 기간 주식 관련 공부를 하고 20년 이상 주식 투자를 해왔습니다. 부동산 공부를 본격적으로 하기 전부터 주식 투자를 했죠. 그런데 이제는 주식에 투자하지 않습니다. 리스크 때문입니다. 많은 시간 주식을 공부하고 매매기법 연구를 병행한 덕분에 저의 종목선정 성공률은 꽤 높은 편이었습니다. 하지만 단 한 번의 실수나 전혀 예상할 수 없는 악재 변수에 의해 쉽게 무너지고 마는 것이 바로 주식 투자였습니다. 이론에 근거해 좋은 종목을 선정하고 매매해 고수익을 올리다가도 어느 날 느닷없이 찾아온 '지름신'으로 그간의 수익은 물론 원금까지 까먹은 적도 있고, 미국 9.11 테러 같은 악재에 차곡차곡 쌓이던 잔고가 바닥난 적도 있습니다.

물론 주식 투자도 리스크를 최소화해 안전하게 하는 방법이 있습니다. 그럼에도 레버리지 투자를 선호하는 개인의 매매 패턴은 갑자기 찾아오는 리스크에 속수무책이 됩니다. 한 가지 예로 설명해 드리죠. 미국 9.11 테러가 있기 하루 전날, 저는 아주 기가 막힌 종목을 발굴했습니다. 지금은 오래되어 종목 이름도 잘 기억나지 않는 엔터 종목이었죠. 차트가 너무 좋아서 들어갔는데 장 막판에 외국인이 100만 주를 사들이며 상한가로 밀어 올렸습니다. 신용까지 받아 들어간 종목이기에 상한가를 쳤을 때 저는

부동산 폭등장이 온다

뛸 듯이 기뻤습니다.

그런데 그다음 날 새벽 9.11 테러가 터졌습니다. 아침 주식장이 시작되자마자 거의 모든 종목이 하한가를 치더군요. 충격이었습니다. 전날 상한가를 기록하며 가격이 오를 가능성이 큰 종목이었지만, 갑작스럽게 닥친 엄청난 악재에는 어쩔 수 없었습니다. 이틀 연속 하한가를 쳤습니다. 테러 전에는 15%의 수익률을 기록하던 종목은 테러 후 표면상으론 -17%가 되었고, 제 투자 원금은 반 토막이 되었습니다. 결국 반대매매를 당했죠. 신용으로 매매한 것이기에 갑작스러운 주가 하락 상황에서 증권사가 제 의사와 상관없이 주식을 강제로 일괄매도 처분해 버린 겁니다. 문제는 이 종목이 그다음 날부터 다시 상한가를 치기 시작했다는 겁니다. 그 이후 거의 일곱 번 정도 상한가를 기록했던 걸로 기억합니다. 만약 신용을 쓰지 않았다면 엄청난 수익을 거머쥐었을 상황인데, 대출을 받아 매매한 대가는 50% 손실이었습니다.

주식 투자는 이러한 리스크에 상당히 취약합니다. 특히 소액으로 고수익을 올리고자 노력하는 개미들은 신용 매매를 선호하기에 더욱 그렇습니다. 하지만 부동산은 다릅니다. 갑자기 들이닥친 위기에도 주식 시장만큼 반응이 크게 오지 않을뿐더러, 주식처럼 예측이 불가능한 상황도 그리 많이 벌어지지 않습니다. 그래서 저는 부동산 투자에 힘쓰고 있습니다. 리스크가 거의 없고 어느 정도 시장 예측이 가능한 부동산, 특히 아파트 투자는 제게 경제적 자유를 누리게 해 준 수단이 되었습니다.

이 책을 사서 읽는 사람이 부자 아빠도 없고, 애초에 가진 돈도 많지 않은 서민이었으면 합니다. 저 역시 한 명의 서민으로서 부자가 될 수 있다는 희망과 기대를 품고 부동산 공부를 시작했고, 투자를 진행하면서 처음 계획하고 목표한 대로 그 길을 걸어가고 있습니다. 제가 가장 안타까울 때는 부동산이라고 하면 무조건 부정적인 시선으로 욕부터 하는 서민들을 만날 때입니다. 어쩌면 유일한 기회가 될 수 있는 부동산 투자에 대한 그들이 시각이 조금이라도 긍정적으로 바뀌는 데, 제 유튜브와 책이 도움이 되었으면 합니다. 이 책을 읽고 서민들이 각자의 부동산을 갖게 되길 바랍니다.

마지막으로 이 책을 집필하는 데 가장 큰 영향을 준 이들이 있습니다. 바로 제 정규강의 첫 번째 수강생들입니다. 그들은 제게 때론 곤란스러울 정도로 날카로운 질문을 던졌고, 때론 저도 모르던 각 지역의 새로운 정보들을 제공해 주기도 했습니다. 오히려 강의를 하는 제가 생각하지 못했던 부분, 놓치고 갈 수 있는 부분까지 짚어 준 수강생분들께 이 자리를 빌려 다시 한번 고맙다는 인사를 전합니다. 이들 중 대다수는 강의를 듣고 스스로 지역을 선정하고 물건을 알아보며 첫 투자를 진행했습니다. 이들을 생각할 때마다 뿌듯합니다.

평소의 소신처럼, 이 책으로 물고기를 잡아 주진 않겠지만 물고기를 잡는 법을 가르쳐 드리고자 합니다. 그리고 더 큰 바람이라면, 이 책의 독자들이 아는 것을 실행에 옮겨 투기가 아닌 현명한 투자로 경제적 자유를 얻기를 바랍니다.

무아바 이현철

2장 부동산 사이클을 결정짓는 힘

3장 부동산 사이클을 알면, 투자 시점이 보인다

1장

투기의 역사를 알면, 투자가 보인다

01

부동산,
투자인가
투기인가

사람들과 투자에 관해 이야기하다 보면 필연적으로 접하게 되는 논쟁이 하나 있습니다. 바로 부동산 투자가 과연 투자인가 투기인가 하는 것입니다. 온라인 검색창에 '투자와 투기'라는 단어로만 검색해도, 이 둘의 차이를 정리해 놓은 수많은 글을 볼 수 있습니다. 각종 온라인 카페에서도 이와 관련해 자신의 주장과 생각을 밝히는 사람이 있는가 하면, 견해 차이로 서로 비판하고 논쟁하는 사람들도 쉽게 눈에 띕니다. 이는 투자와 투기에 대한 관심이 그만큼 많아서일 수도 있고, 어쩌면 그만큼 구분이 어렵기 때문일 수도 있습니다.

　　지식백과사전은 부동산에 대한 투기와 투자의 개념을 다음 기준에 따라 구별합니다. 일반적으로 건물에 금전을 투입할 때는 투자, 미성숙 토지에 금전을 투입할 때는 투기. 또 건물에 대한 이용 의사가 있으면 투자, 없으면 투기. 그리고 양이 많으면 투기인 경우가 많다고 말이죠. 보다 구체적으로는, 투자는 ① 실수요자의 행위이며 ② 임대아파트나 점포, 빌딩 등 수익성 용도의 자산 중에서 경제적으로 부담할 능력이 되는 관리 가능한 양에 금전을 투입하는 것이며 ③ 투자한 부동산을 이용하고 관리할 의사가 있고 ④ 예측 가능한(기대하는) 정당한 이익을 목적으로 하며 ⑤ 형성된 시장 가격에 맞춰 거래하고 ⑥ 충분한 기간 소유하며 ⑦ 단기적인 투기 목적의 거래보다 윤리적으로 고상하고 금융적으로 득이 되는 것이어야 하고 ⑧ 시장을 조사하여 안전성과 합리성을 추구하며 ⑨ 대상 부동산이 본인이나 타인의 삶에 기여할 수 있는 것으로 정의합니다. 반면 투기는 ① 주로 가수요자의 행위이며 ② 땅값이 저렴한 미성숙지 등을 필요량 이상으로 구매하는 것으로 ③ 이용 및 관리할 의사가 없으며 ④ 예측불허한(불합리한 기대심리) 양도차익을 목적으로 하고 ⑤ 투기 가격으로 거래하며 ⑥ 단기간만 보유하고 ⑦ 전매로 이익을 실현하는 것이며 ⑧ 시장조사를 하지만 모험적이고 도박적인 금전 투입을 감행함으로써 ⑨ 대상 부동산을 소유하는 것 외에 본인이나 타인의 삶에 기여하지 못하는 것으로 정의합니다.

제법 구체적으로 기술하고는 있지만, 이 또한 하나하나 따져보면 애매한 부분이 많습니다. 이용 의사가 있어서 완성된 건물에 금전을 투입했는데, 그런 건물이 세 채라면 투기일까요? 실거주 목적으로 아파트를 한 채 샀다면 이는 투자인 걸까요? 그런데 이렇게 아파트를 산 이 사람은 불과 몇 년 전까지만 해도 부동산 가격이 내려갈 테니 전세로 거주하기로 마음먹었던 사람입니다. 그런 그가 하필이면 부동산 가격이 많이, 그것도 폭등에 가깝게 상승한 시점에 내 집 마련을 한 것이 꼭 실수요 목적에서라고 볼 수 있을까요? 실수요를 가장한 투기는 아닐까요? 이처럼 생각하는 사람에 따라 결론은 다르게 나올 수 있을 겁니다. 투기와 투자를 구별하는 건 이다지도 어려운 일입니다.

부동산에 금전을 투입하는 것이 투자인지 투기인지를 구분 짓는 것은 어쩌면 무의미한 논쟁에 불과할지도 모릅니다. '내로남불'이라는 표현처럼 내가 하면 투자이고 남이 하면 투기라고 단언하고, 좋게 포장하면 투자이고 조금이라도 비난할 여지가 보이면 투기라고 정의하는 경우도 흔합니다.

많은 사람이 메일이나 전화로 제게 조언을 구하곤 합니다.

"실거주자인데, 서울 어떤 구의 아파트를 사는 게 좋을까요?"
"아파트는 가격이 많이 오른 것 같은데, 실거주 목적이라면 빌라를 사는 게 나을까요?"
"실제 거주할 집을 구하고 있는데, 현재 가진 자금이 4억 원정도입니다. 아파트를 사려면 대출을 많이 받아야 하고, 빌라를 사려니 가격이 잘 오르지 않을 것 같아서 고민입니다. 어떤 걸 사야 할까요?"

몇 가지 질문을 예로 들었습니다. 문의한 내용은 각기 다르지만 그 속에 포함된 의미는 대동소이합니다. 처지와 상황, 가진 자산은 달라도, 몇 가지 공통점이 있습니다. 분석해 보자면, 그들 모두 질문에 앞서 실거주용 부동산을 찾으려 한다고 밝힌다는 겁니다. 여기엔 '나는 투기를 하려는 게 아니다'라는 걸 강조하려는 의도가 있는 게 아닐까요? 그리고 이들 모두 이미 부동산을 사겠다는 건 확정했다는 겁니다. 살까 말까가 아니고, 무조건 사긴 할 건데 어떤 것을 살까에 관한 질문인 것이죠. 그리고 이 질문들은 결국 사려는 부동산의 가격이 오를 것이냐의 문제로 귀결됩니다.

이들은 투기꾼일까요? 실거주할 목적이니 투자라고 봐야 할까요? 물론 좋게 생각하면, 일단 실거주용이라고 해도 기왕이면 구입한 후 가격이 오르는 쪽이 좋을 겁니다. 그러니 어떤 대상이 좋을지 고민하는 게 당연하고요. 이렇게 포장하면 투기가 아닌 것 같죠. 사실, 투기와 투자는 동일선상에 있습니다. 결국에는 모두 돈을 벌기 위한 행위입니다. 추가로 이익이 발생할 것 같지 않다면, 애초에 투기든 투자든 행하지 않을 테니까요.

2017년에 온 세상이 떠들썩했습니다. 바로 암호화폐 때문이죠. 자산가치 0원에서 출발한 암호화폐의 대표주자인 비트코인의 가격이 2,700만 원대까지 치솟았습니다. 당시에도 이것이 투자인지 투기인지에 대한 논쟁이 격렬히 벌어졌습니다. 정치인과 학자, 일반인까지 모두 각자의 견해로 열띤 토론을 벌였습니다. 결국 비트코인에 금전을 투입하는 것이 투기인지 투자인지 결론을 내

부동산 폭등장이 온다

리지 못한 상태에서, 암호화폐는 폭락을 맞이했습니다. 그리고 지금은 조용합니다. 전 국민, 아니 전 세계인의 이목을 집중시켰던 비트코인은 현재 일부 사람들의 전유물로, 그들만의 리그에서만 돌고 있는 중입니다. 투자인지 투기인지에 관한 논쟁은 실익이 없어 보입니다.

투자자의 마음, 투기꾼의 본심

그런데 왜들 이렇게 싸우는 걸까요? 여러 가지 이유가 있겠으나 아마도 서로 자신의 행위에 대한 정당성을 부여하고 싶기 때문일 겁니다. 어떤 상품을 구매한 사람은 본인의 행위가 투기가 아닌 투자라는 걸 강조하고 싶어 합니다. 일단 투기라는 단어에 포함된 부정적인 뉘앙스와 투기에 강한 적대적 감정을 보이는 주변 분위기를 알기에, '투기라는 프레임'에서 벗어나고 싶은 것이죠. 또 그것이 오직 나 자신을 위한 행위가 아니고 사회에 조금이라도 도움이 되는 투자임을 알리고 싶은 겁니다. 이러한 이유로, 비트코인에 대한 격렬한 논쟁 속에서 이것이 투자 행위라고 강변하는 사람들은 그 산업에 종사하는 사람이거나 그와 관련된 분야를 연구하는 사람들이 대부분이었죠. 물론 그 상품을 적극적으로 산 사람도 포함됩니다.

반면, 해당 상품을 산 사람들을 바라보면서도 그 시장에 참여하지 않은 사람들은 그들의 행위를 투기로 봅니다. 이들의 마음 속엔 상품을 산 사람들을 욕하고 나무라고 싶은 마음이 강하게 자리 잡습니다. 그러니 그들의 행위를 사회악이자 근절시켜야 할 투기로 규정짓고 비판에 열을 올리는 것이죠. 그런데 이들 마음 속 이면에는 해당 시장에 일찍 참여하지 못해 수익을 올리지 못한 자신에 대한 한탄 또한 들어 있습니다.

　문제는 투자와 투기를 구분하기 어려운 기준을 토대로, 서로 감정싸움하는 것에서 더 나아가지 못하고 있다는 것입니다. 이 같은 감정싸움이야말로 백해무익합니다. 만약 투기가 정말 근절되어야 할 행위라면, 누군가는 투기가 왜 일어나는지, 이것이 사회와 경제에 어떤 영향을 주는지, 근절할 방법은 없는지 연구하고 분석해야 하지 않을까요? 그런데 아무도 그런 노력을 기울이지 않고 있습니다. 저는 이러한 필요성을 인식하고 현명한 투자를 위해 투기 시장에 대한 분석이 선행되어야 한다고 생각했습니다.

시장 분석을 위한
첫걸음

투자와 투기를 구분 짓는 것은 이렇게 어렵고 격렬한 논쟁 끝에 아무 실익조차 거두기 힘든 일임이 확실합니다. 그럼에도 우리는 이를 구분할 줄 알아야 합니다. 그것이 시장을 제대로 분석하는 데 필요한 가장 기본적인 전제가 되기 때문입니다. 왜 그럴까요?

부동산 시장을 분석하는 데 어떤 이론을 기본으로 삼느냐에 따라, 향후 시장에 대한 예측이 달라질 수 있습니다. 부동산도 경제의 한 부분입니다. 큰 틀에서 보면 기본 경제학 분야에 속합니다. 그래서 경제학자나 주식 애널리스트 출신의 부동산 전문가들이 많지요.

경제학은 크게 두 부류로 나눌 수 있습니다. 현재 경제학을 이끌고 있는 경제학 이론은 신고전학파 경제학인데, 이를 주류 경제학이라고 부릅니다. 나머지 비주류 경제학 이론에는 제도경제학, 진화경제학, 생태경제학, 여성경제학, 복잡계경제학, 사회경제학, 행동경제학 등이 있죠. 그중에서도 심리학과 경제학을 접목해 경제를 다루는 행동경제학은 지난 30년 동안 이론 체계를 공고히 갖추면서 급부상했습니다. 노벨 경제학상은 1969년부터 2019년까지 총 84명에게 수여되었는데, 대부분 경제학자가 수상했지만 예외 사례도 있습니다. 1994년 수상자인 영화 〈뷰티풀 마인드〉의 실제 주인공 존 내시John Nash는 수학자이며, 1978년 수상자인 허버트 사이먼Herbert Simon과 2002년 수상자인 대니얼 카너먼Daniel Kahneman은 심리학자입니다.

심리학자들은 인간의 행태를 면밀히 분석한 끝에 '합리적인 인간'을 전제로 하는 주류 경제학에 한계가 있음을 발견했습니다. 그리고 행동경제학이라는 이론 체계를 정립해 주류 경제학을 공략하기 시작했죠. 행동경제학의 주창자인 허버트 사이먼은 인간이 완전히 합리적일 수 없다며, 인간을 제한된 합리성의 개념으로 설명합니다. 사이먼은 제한된 합리성 때문에 인간은 최적화optimizing된 선택이 아닌, 감정적으로 본인이 충족을 느끼는 일정 수준의 만족화satisfying를 추구하게 된다고 말합니다. 또 의사결정에 관해 그동안 주류 경제학이 철저히 무시해 온 인간 감정의 중요성도 역설합니다.

행동경제학에서는 인간은 제한적으로, 즉 적당히 합리적이라고 말합니다. 예를 들어 보죠. 정통 경제 이론에 따르면, 택시 운전사는 손님이 많은 날에는 더 많은 수입을 올리기 위해 일을 더하고 손님이 적은 날에는 일찍 일을 끝내야 합니다. 그런데 실험 결과, 뉴욕의 택시 운전사들은 손님이 많은 날에는 오히려 일찍 일을 끝마쳤습니다. 이는 경제주체들이 무한정으로 효용을 극대화하는 것이 아니라 일정 수준에 이르면 더는 이윤 극대화에 나서지 않는다는 뜻입니다. 대니얼 카너먼 역시 이를 통해 각기 다른 심리 상태에서 경제주체들이 어떻게 상황을 인지하는지를 분석해 비합리적인 현상을 체계적으로 설명했죠.

행동경제학의 가장 큰 공로는 '인간은 합리적 행위자'라는 명제에 도전해 큰 성과를 거두었다는 겁니다. 그로 인해 경제활동에서 비합리적인 결과물들, 즉 투기나 극단적 공황이 나타난다고 설명합니다. 인간의 비합리성을 뒷받침하는 사례는 넘쳐납니다. 현상유지편향, 현재편향, 소유 효과, 의인화의 함정, 처분 효과, 확증 편향, 손실 회피 편향 등 인간에게서는 수십 가지의 심리적 편향이 관측됩니다. 이를 연구하고 현실 사례에 접목하면 지금 벌어지고 있는 실제 상황을 이해하는 데 도움이 되지요.

투자자의 의사결정은 합리적인가

우리나라 부동산 시장을 이해하고 제대로 분석하려면, 실제 투자주체들이 합리적인 의사결정 과정을 거치며 투자하는지, 아니면 비합리적인 의사결정에 따라 투자하

부동산 폭등장이 온다

는지 살펴봐야 합니다. 여기서 말하는 비합리적인 의사결정이란, 분위기에 휩쓸리거나 그저 손실을 보지 않으려는 의도로 상식적이지 않은 행동을 하거나 탐욕이나 충동적인 결정으로 투기적 행동을 하는 것을 뜻합니다. 만약 투자주체들이 합리적인 의사결정에 따라 투자를 하고 있다면 주류 경제학 이론을 접목한 분석 기법을, 투자주체들이 비합리적인 결정에 따라 투기적인 행위를 하고 있다면 행동경제학 이론을 접목해 시장을 분석해야 좀 더 정확한 예측이 가능할 테니까요.

지금부터 실제로 전 세계에서 벌어졌던 투기의 역사를 한번 되짚어 보고자 합니다. 그 후 이들과 현재 대한민국 부동산 시장에서 벌어지는 일들을 비교해 본 뒤 그 유사점과 차이점을 검토할 겁니다. 이를 통해 우리나라 부동산 시장의 성격을 이해할 수 있다면, 투기가 아닌 현명한 투자를 할 수 있습니다.

기록으로 남은
투기 사례

선물거래의 시초 튤립 투기

1637년 네덜란드에서 발생한 튤립 버블은 경제에 조금이라도 관심이 있는 분이라면 한 번쯤 들어 보았을 겁니다. 튤립 투기 과열 현상은 인간 역사상 최초의 자본주의적 투기 사건으로 기록됩니다. 17세기 네덜란드는 스페인과의 전쟁에서 승리를 거두고 해상무역의 최강자가 되면서 무역으로 역대 호황을 누립니다. 당시 유럽에서 가장 높은 1인당 국민소득을 자랑하죠. 이처럼 호황을 누리며 경제가 성장하자, 직접 노동으로 돈을 벌기보다 투자와 서비스, 금융 등으로 돈을 벌려는 사람들이 늘어납니다. 자연스럽게 금융과 서비스, 투자 관련 산업이 발전하죠.

이러한 시대적 배경과 환경이 맞아떨어지면서 튤립 투기 광풍이 일어났습니다. 터키에서 넘어 온 튤립은 당시 귀족 부인들 사이에서 인기를 얻으며 튤립을 수집하는 것이 일종의 고급 취미로 자리 잡게 되었습니다. 그러다 사교계를 중심으로 튤립의 인기가 점점 높아지자 귀족들은 튤립 뿌리, 특히 희귀한 모양을 가진 뿌리에 집착하게 됩니다. 이로써 독특한 돌연변이 뿌리를 가진 튤립이 나오게 되면 그 가치가 천정부지로 뛰었습니다. 이처럼 튤립의 인기가 치솟자, 귀족과 상인, 농부, 하인들 할 것 없이 모든 사람이 튤립 뿌리에 돈을 쏟아붓게 됩니다. 튤립의 가격은 계속 오르고 찾는 사람은 많은데 공급이 달리자, 심지어 튤립 뿌리를 살 수 있는 권리를 파는 거래 형태가 생겨납니다. 이것이 바로 선물거래의 시초입니다. 이런 투자 방법까지 유행하면서 튤립의 가격은 가파르게 상승합니다. 그 가격이 어느 정도였는가 하면, 튤립 뿌리 하나로 당시 암스테르담의 저택을 살 수 있을 정도였죠.

이렇게 하늘 높은 줄 모르고 치솟던 튤립의 가격도, 한순간 거품이 꺼집니다. 바로 한 가지 사건 때문이죠. 어느 귀족의 집에서 요리사가 튤립 뿌리를 양파로 오해해 요리한 것. 값비싼 튤립을 훼손한 데 화가 난 귀족이 요리사를 상대로 소송을 제기했는데, 법원은 튤립의 재산적 가치를 인정할 수 없다고 판결한 겁니다! 이로써 튤립의 가치에 의문을 품게 된 사람들은 지금의 튤립 가격이 비현실적이었다는 것을 인지하게 됩니다. 불과 4개월 사이 튤립의 가격은 99% 폭락합니다. 뒤늦게 높은 가격에 튤립을 사들이며 투기 대열에 동참한 사람들은 이 같은 폭락에 좌절하고 망연자실하게 되죠. 패닉 상태에서 빚더미에 나앉게 된 일부 투자자는 자살하기도 했습니다.

　　　　　　　　　　　　　　　　　　　부동산 폭등장이 온다

뉴턴의 돈까지 앗아간 남해 사건

　　　　　　　튤립 투기 사건 이후 100년 가까운 시간이 흐른 1720년, 영국에서 또 다른 투기 사건이 발생합니다. 1687년 에스파니아에서 보물선을 발견한 윌리엄 핍스William Phips 선장이 영국으로 돌아오자, 국왕은 그에게 큰 상을 수여합니다. 이를 계기로 여기저기서 보물선을 인양하려는 사람들이 등장하게 되죠.

　이때 보물선을 인양하겠다며 대대적인 광고를 낸 회사가 있었는데, 그 회사의 이름이 '남해회사'입니다. 존 블런트John Blunt와 조지 카스웰George Caswell 등의 은행가에 의해 설립된 이 회사는 프랑스와의 전쟁을 치른 후 재정 문제로 큰 어려움을 겪던 영국 정부에 매력적인 제안을 합니다. 사실 존 블런트는 사기성 짙은 사업 수완으로 이름을 알리던 인물이었는데, 총 1,000만 파운드에 달하던 영국 정부의 부채를 해결할 방안을 고안해 낸 거죠. 남해회사를 이용하여 주식을 발행한 다음 막대한 양의 국채를 회사 주식과 교환하려는 계획이었습니다.

　주식 발행을 통해 영국 정부의 국채 900만 파운드를 인수하면서 연리 6%를 보장받은 남해회사는, 남아메리카에 대한 독점 무역권과 아시엔토(노예무역 독점권)까지 부여받았습니다. 이 독점권으로 엄청난 수익이 예상된다는 소문이 퍼졌고, 재무장관의 증자 계획안이 의회에 보고되면서 남해회사의 주가는 2개월 만에 3배 가까이 오르게 됩니다. 주가가 오르자 투자자들이 모여들었고, 투자자들이 모여들자 주가는 더욱 뛰어 6개월 동안 10배 이상 상승합니다.

남해회사의 주가가 엄청나게 상승하자, 같은 목적을 가진 회사들이 난립하는 상황에 이릅니다. 결국 이를 묵인할 수 없는 정부가 거품 규제법을 제정하면서, 남해회사의 주가는 폭락해 버립니다. 뒤늦게 합류한 중산층 투자자들의 피해는 굉장히 컸습니다. 막대한 손해를 입은 이 중 하나가 물리학자이자 수학자인 아이작 뉴턴Isaac Newton입니다. 뉴턴의 손실액은 2만 파운드였는데, 이를 현대 화폐 단위로 환산하면 수십억 원이 될 것으로 추정됩니다. 주식 투자로 거액을 날린 뉴턴은 다음과 같은 말을 남겼죠.

"나는 천체의 움직임까지 계산할 수 있지만, 인간의 광기는 도저히 계산할 수가 없다."

닷컴버블의 대명사 새롬기술

1999년은 우리나라에 초고속 인터넷 붐이 일던 시기였습니다. 그전까지만 해도 전화 모뎀을 통해 PC

통신을 했죠. 당시 PC 통신 프로그램 중에서도 가장 인기 있던 것은 '이야기'였는데, 새롬기술이 '새롬데이타맨'을 무료로 출시하면서 시장 점유율을 넓혀갔고, 마침내 경쟁 상대였던 이야기를 제치고 점유율 1위를 달성했습니다.

1999년 8월 13일, 새롬기술은 1,491원으로 코스닥 시장에 상장합니다. 이때 액면가는 500원이었죠. 상장되자마자 상한가를 찍은 새롬기술의 주가는 9일 연속 상한가를 기록합니다. 이후 10월에는 '다이얼패드'라는 프로그램을 출시하는데, 초고속인터넷 바람이 불던 시기에 인터넷을 통해 통화를 무료로 할 수 있게 한 서비스 덕분에 선풍적인 인기를 구사하게 됩니다. 초고속 인터넷망을 설치하는 집마다 무조건 다이얼패드를 설치해 달라고 할 정도였죠. 이렇게 닷컴버블과 함께 초고속인터넷 붐이 불고 이를 활용한 무료통화 서비스까지 맞물리면서, 새롬기술의 주가는 하늘 높은 줄 모르고 올랐습니다.

최저가 1,075원에서 시작한 주가는 2000년 3월 2일, 30만 8,000원을 기록합니다. 시가 대비 무려 300배 이상 뛴 겁니다. 당시 주가 총액이 5조 원을 넘으면서 현대자동차의 시가 총액보다 높아졌습니다. 2000년 초 새롬기술은 다음과 네이버의 인수 합병을 시도하기도 했습니다. 지금 두 회사의 위상을 감안하면, 그때 이들을 인수 합병하려고 했던 새롬기술의 위치가 어느 정도였는지 짐작이 갈 겁니다.

하지만 이렇게 쭉쭉 잘나가던 새롬기술도 내리막을 걷기 시작합니다. 다이얼패드의 기술이 신통치 않다는 것이 드러나면서부터죠. 불과 3개월 만에 새롬기술의 주가는 90% 이상 폭락했습니다. 현재는 사명까지 '솔본'으로 변경하고 시가 총액 900억 원짜리로 남게 되었죠.

새롬기술이 대표적인 사례이긴 하지만, 당시엔 닷컴버블이 한창 기승을 부렸습니다. 골드뱅크, 장미디어, 드림라인 등 회사 자체에서 큰 수익이 발생하지 않을뿐더러 심지어 매출이 제대로 나오지 않는데도, 가입자가 늘고 전망이 밝다는 이유 하나만으로

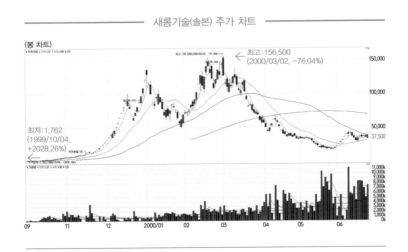

새롬기술(솔본) 주가 차트

부동산 폭등장이 온다

거액의 투자를 받기도 했습니다. 그 시기에는 회사명에 '닷컴'이 들어가거나 인터넷을 의미하는 뉘앙스만 띠어도 별다른 호재 없이 주가가 급등할 정도였죠.

그러다 2000년 말부터 폭락이 시작되었습니다. 가입자들이 계속 늘고 있음에도 인터넷 기업들의 실적이 크게 나아지지 않거나 오히려 적자가 누적되는 상황이 벌어지자, 투자자들도 하나둘 수익창출에 의문을 품게 된 것이죠. 인터넷 활성화로 장밋빛 미래가 기대되던 인터넷 기업들은 '수익'이라는 현실의 벽에 부딪히면서 거품 붕괴가 일어났습니다. 결국, 거품이 꺼지면서 수많은 닷컴기업이 도산했습니다.

순식간에 꺼져 버린 일본 부동산 버블

수출주도형의 일본경제는 한국 전쟁을 발판 삼아 급속도로 성장했습니다. 경제 성장으로 1980년대 초부터는 부동산과 주식 가격도 크게 상승했습니다.

당시 미국은 달러 가치의 상승으로 경상수지 적자 상황이 지속되자, 달러 가치를 낮추기 위한 시도를 하게 됩니다. 그중 하나가 '플라자 합의'입니다. 미국과 프랑스, 독일, 일본, 영국(G5) 재무장관이 뉴욕 플라자 호텔에 모여 외환시장에 개입해 미국 달러를 일본 엔과 독일 마르크에 대해 절하시키기로 합의한 것이죠. 미국에 대한 수출의존도가 높았던 나머지 나라들 입장에서는 강제적으로라도 환율을 낮추려는 미국의 주장을 거절하기 어려운 상황이었습니다.

플라자 합의 이후 일본은 급격한 환율 하락으로 수출에 엄청난 타격을 입게 됩니다. 그래서 전격적으로 금리 인하를 단행하게 되었습니다. 무려 1년간 5차례에 걸쳐 금리를 인하한 것이죠. 이것이 일본 부동산 거품의 시발점이 되었습니다. 사실 경제 호황으로 일본의 주식과 부동산이 가파르게 상승하고 있던 시점이었기에, 이를 어느 정도 안정화하는 전략이 필요했습니다. 하지만 플라자 합의에 의한 경제위기 가능성을 너무 과대평가한 나머지, 금리 인하를 급하게 시도한 것이 가장 큰 패착이었죠. 시중에 풀린 돈은 산업 분야가 아닌, 상승세를 타고 있던 주식과 부동산으로 흘러 들어가기 시작했습니다.

주식과 부동산 가격이 급격히 상승하자, 은행들은 이에 발맞춰 집값의 120%까지 대출을 해줍니다. 이에 따라 더 많은 돈이 부동산으로 흘러가면서 폭등하게 되었죠. 사실 일본 정부가 금리 인하를 단행하며 대출을 장려한 것은, 시중에 풀린 돈이 실물 경제로 흘러가길 바랐고, 그럴 것으로 예상했기 때문입니다. 하지만

부동산 폭등장이 온다

눈앞에서 가격이 급상승하는 주식과 부동산을 보고 있던 국민들은 군이 산업 쪽에 돈을 투자해 오랜 기간 기다려 수익을 올리는 것보다 주식과 부동산에 돈을 투자해 단기간에 수익을 올리는 것이 나을 거라 판단했던 겁니다. 그러니 돈이 부동산과 주식으로 몰릴 수밖에 없었죠. 심지어 기업들도 은행에서 거액을 대출받아 제조가 아닌, 부동산 매입에 쏟을 정도로 '부동산 투기'에 적극 가담했습니다.

뒤늦게 금리 인하 정책이 잘못되었음을 깨달은 일본 정부는 강한 규제에 나섭니다. 가장 먼저, 금리를 급격하게 인상했습니다. 1989년 5월을 시작으로 1990년 8월까지 총 5회에 걸쳐 금리를 인상했는데, 출발점은 2.5%였으나 마지막엔 6%까지 올랐죠. 두 번째, 대출총량을 규제했습니다. 부동산 융자 증가율을 융자총액 증가율 이하로 억제하는 것이었죠. 이는 신규 대출을 제한함으로써, 신규로 부동산을 매입하고자 하는 사람의 자금줄을 차단하려는 목적이었습니다. 세 번째는 징벌적 세제 규제를 단행했습니다. 이미 부동산을 소유한 사람들이 자산을 시장에 팔도록 유도하고자 보유세를 정비한 겁니다. 이어서 보유세의 과표가 되던 공시지가 또한 대폭 상승시켰습니다. 시가 대비 20~30%였던 공시지가가 70%까지 상승했죠. 이렇게 되면 세금을 올리지 않아도 국민의 실질적 세금 부담이 거의 3배 이상 커지게 되는 겁니다.

결과적으로, 부동산 가격이 폭락하게 됩니다. 은행은 대출총량을 맞추기 위해 대출자금을 회수하고, 신규 대출은 금지했습니다. 급격한 금리 인상에 과도하게 대출을 받았던 투자자들은 엄청난 타격을 입었습니다. 악순환의 시작이었죠. 부동산을 가진 이들은 이를 빨리 팔아야 함에도 사려는 사람이 없으니 가격을 급격하게 낮춰야 했습니다. 서로 빨리 팔기 위해 가지고 있던 부동산을 싸게 시장에 내놓으니, 당연히 부동산의 가치는 하락할 수밖에 없었습니다. 이로 인해 부동산 가격은 고점 대비 무려 80% 이상 폭락했습니다.

일본 부동산의 버블 사건은 우리나라 정부의 부동산 정책에도 큰 교훈이 되었습니다. 부동산 시장이 과열될 때 일본 정부는 손을 놓고 있었고, 그 결과 엄청난 폭등이 일어나 크고 작은 사회적 부작용이 발생했습니다. 부동산 가격 폭등 후엔 강력한 규제를 내놓아 시장의 폭락을 초래했고요. 이를 목격한 우리나라 정부는 시장이 과열되는 조짐이 보일 때마다 강한 규제책을 내놓아 폭등을 막고자 노력했습니다. 결과적으로 부동산 가격의 상승은 막지 못했지만, 일본 부동산처럼 상상하기도 힘든 폭등은 막을 수 있었습니다. 시장이 하락할 때도 폭등의 폭을 낮춘 덕분에 일본과 같은 폭락은 겪지 않을 수 있었던 겁니다.

손에 잡히지 않는 돈, 암호화폐

암호화폐로 대변되는 비트코인은 2007년 사토시 나카모토라는 사람에 의해 처음 생겨났는데, 사실 이 사람의 정체는 아직도 정확히 밝혀지지 않았습니다. 그럼에도 2009년, 비트코인 1.0 버전이 세상에 최초로 공개됐습니다. 비트코인의 매력은 유통량이 총 2,100만 개로 한정적이라는 점입니다. 완전히 익명으로 거래된다는 건 장점인 동시에, 범죄에 악용될 소지도 있다는 점에서 단점이기도 했습니다. 당시 비트코인의 가격은 대략 1비트코인당 0.000764달러였다고 합니다.

이후 2010년, 최초의 비트코인 거래소가 설립되었습니다. 사실 거래소가 설립된 후에도 사람들에게 거의 알려지지 않아서 거래하는 사람은 그리 많지 않았습니다. 이후 비트코인은 기술 관련 뉴스 웹사이트인 '슬래시닷Slashdot'에 처음 소개되면서 점차 사람들의 관심을 끌게 되었습니다.

비트코인에 관한 유명한 일화가 하나 있습니다. 2010년 5월 미국의 프로그래머 라즐로 하니예츠Laszlo Hanyecz는 피자 두 판을 보내주면 비트코인 1만 개를 주겠다는 글을 올렸고, 실제 누군가에게 비트코인 1만 개를 주고 피자 두 판을 샀습니다. 단순히 가상화폐가 현실에서도 통용되는지 확인하고 싶었던 그의 일화가 유명해진 건, 7년이 지난 뒤 1비트코인 가격이 2,700만 원까지 올라갔기 때문입니다. 1만 비트코인이면 대략 2,700억 원인데 그가 피자 두 판을 그 돈에 산 것이니까요.

당시만 해도 1만 비트코인이 대략 30~40달러였던 셈이었는데, 2016년까지 우여곡절을 겪으면서 1비트코인 가격이 1,000달러까지 돌파하게 됩니다. 이렇게 조용히 그들만의 리그에서 상승을 거듭하던 비트코인은 2017년에 접어들면서 전 세계적인 광풍을 맞습니다. 1비트코인 가격이 1,000달러에서 2만 5,000달러까지 치솟은 겁니다. 1년 동안 무려 25배 폭등해 버린 것. 이렇게 폭등하는 과정에서 방송을 타고 온라인과 뉴스에 오르락내리락하게 되면서 비트코인은 전 세계 사람들의 관심을 한 몸에 받게 됩니다. 순식간에 엄청난 수익을 올린 이들이 개인의 성공담을 올리고 자랑하자, 너도나도 비트코인 투자에 뛰어들었습니다. 이 열기를 이어받아 다른 가상화폐들도 거래시장에 속속 등장하게 됩니다.

이 과정에서 부작용도 만만치 않았습니다. 대학생이 자신의 등록금을 가상화폐에 투자하는가 하면 창업자금으로 비트코인을 사들였다가 사기를 당하는 등 각종 피해가 속출했습니다. 채굴이나 AI를 이용한 거래 방법 등으로 고수익을 올릴 수 있다거나 투자를 하면 고배당을 주겠다거나 하는 폰지사기도 유행했습니다.

부동산 폭등장이 온다

거래소는 밀려드는 투자자들로 과부하가 발생해 서버가 다운되기도 했고, 심지어 해킹으로 거래소가 파산하는 일도 발생했습니다.

이 같은 비트코인 광풍 속에서, 전 세계 각 나라 정부들이 대책 마련에 나섰습니다. 가상화폐의 광풍을 차단할 필요성을 느낀 것이죠. 그래서 여러 규제책을 내놓기 시작합니다. 가장 중요한 것은 가상화폐를 화폐로 인정하지 않겠다고 발표한 겁니다. 사실상 가상화폐는 전 세계에서 화폐의 기능을 수행하며 통용될 수 있고, 어느 나라의 규제도 받지 않는다는 점에서 달러나 금을 대체할 미래 수단으로 주목받은 것이었습니다. 그런데 각 정부가 이 가능성을 아예 차단해 버린 겁니다. 이와 더불어 투자자들의 자금줄도 차단했습니다. 바로 은행권에서 가상화폐 거래소로 유입되는 자금을 규제하기 시작한 것이죠.

이러한 규제가 가상화폐 시장에 엄청난 충격을 안겼습니다. 비트코인은 1년 만에 거의 90% 이상 폭락합니다. 그리고 현재는 많은 사람의 관심에서 멀어져 다시 그들만의 리그로 전락해 버렸습니다.

04

역대 투기 사례와
우리나라 부동산

· · ·

　지금까지 많은 사람의 관심을 끌면서 그 가치가 급상승했다가 한순간에 폭락해 투자자에게 큰 손실을 안긴, 역사 속 투기 사례들을 살펴보았습니다. 그렇다면 우리나라 부동산 시장은 어떨까요? 객관적인 눈으로 시장을 이해하기 위해, 이 둘 사이의 공통점과 차이점을 살펴볼 필요가 있을 것 같습니다.

공통점

　　　　　　　　 투기 사건으로 규정된 역대 사례들은 사실, 시간이 지난 후에야 그것이 투기였음이 드러난 경우입니다. 막상 그 시기에 그곳에 있었다면, 해당 상품에 돈을 넣는 것이 투기인지 투자인지 분별하기 쉽지 않았을 겁니다. 대다수의 사람들이 그렇듯 그저 그 상품이 돈이 된다니까, 그것도 많이 버는 사람이 있으니까 참여하게 되는 거죠.

　광풍　어떤 상품의 가격 상승이 거품인지 아닌지 확인하는 좋은 방법이 있습니다. 일단 주변에 그 상품에 관해 이야기하는 이들이 많아지고 이를 통해 돈을 벌었다는 사람들이 하나둘 늘어나 자신이 거둔 성과를 자랑하기 시작할 때를 주목하면 됩니다. 그러다 그 상품에 관심조차 없던 사람들마저 시장을 기웃거리면서 그들 중 일부가 투자에 참여해 돈을 벌게 됩니다. 그렇게 뒤를 이어 투자에 참여한 사람들까지 수익을 자랑합니다. 바로 이런 상황이 생기면 거품을 의심해 볼 필요가 있습니다.

과거 투기 사례들의 공통점은 많은 사람이 해당 상품으로 인해 큰돈을 벌어들이고, 그 과정을 다른 사람에게 자랑하고, 또 그 자랑을 전해 들은 사람들이 추가로 투자에 참여해 역시 돈을 벌고 또 다른 사람들에게 자랑하면서 실제로 많은 이가 투자판에 뛰어들었다는 겁니다. 그렇게 모인 대중의 광기로 상품의 가격은 폭발하듯 폭등했고요. 그러니 그 시기 그 나라에 살지 않았던 우리들까지도 유명해진 몇몇 사건에 대해 어느 정도 알게 된 것이 겠죠. 오래전 먼 나라의 사건들은 그렇다 쳐도 불과 몇 년 전에 불어닥쳤던 비트코인 광풍은 다들 기억할 겁니다. 당시에 저는 상가를 분양하는 현장에서 관리직으로 근무하고 있었습니다. 그런데 영업 직원들이 요즘처럼 일하기 힘든 적은 없었다고 한탄하면서 좀처럼 영업을 나가려 하지 않았습니다. 상가 분양의 영업 대상인 부동산 중개소 사장님들이 비트코인 거래에 빠져, 손님은 쳐다보지도 않고 컴퓨터 화면만 들여다보고 있다는 것이었습니다. 그도 그럴 것이 입 아프게 고객과 상담해서 계약을 성사시켜

부동산 폭등장이 온다

봤자 겨우 몇십만, 몇백만 원을 버는데, 비트코인으로는 하루에 수백만, 수천만 원도 벌 수 있는 상황이었습니다. 부동산 일이 손에 잡힐 리가 있겠습니까. 오히려 그 시기엔 비트코인에 관심이 없는 것이 이상할 정도였습니다.

한번은 카페에 앉아 느긋하게 커피를 마시는데 옆 테이블에서 중년 남녀 서너 명이 모여 비트코인에 관한 이야기를 나누고 있었습니다. 바로 옆자리라 굳이 들으려 하지 않아도 세세한 이야기까지 들리는 상황이었죠. 듣다 보니 폰지사기 영업이구나 싶었습니다. 침을 튀겨가며 설명에 열을 올리는 남자는 비트코인 채굴을 통해 그 비싼 비트코인을 공짜로 얻게 되니, 이게 금을 캐는 것과 다를 게 없다고 설명했습니다. 그러면서 채굴을 위해 고가의 컴퓨터를 구입하고 운영하는 데 투자하면, 30%의 수익을 매달 통장에 꽂아준다고 열변을 토했습니다. 이를 듣고 있던 나머지 분들은 연신 고개를 끄덕이며 "대박이네"라고 호응하고 있었죠. 그들 모두 거의 투자 단계에 접어든 것 같았습니다. 제삼자가 듣기에는 사기가 확실한데, 주변 분위기가 그런 허황된 이야기도 납득되게 만든 것 같았습니다.

우리나라 부동산 시장도 이와 비슷한 길을 가고 있는 중입니다. 2017년 이후 부동산 가격이 크게 상승하자, 평소에 부동산에 별생각이 없던 사람과 부정적이던 사람들까지도 부동산에 관심을 가지기 시작했습니다. 그러면서 부동산에 투자하면 어떨까가 아닌, 부동산을 사긴 살 건데 어떤 걸 사야 할지 고민하면서 여기 저기 기웃거리는 상황이 속출하고 있습니다.

개인적으로도, 평소 연락하지 않던 친구나 지인들, 또 얼굴 한 번 본 적 없는 먼 친척들까지 제게 연락을 하기 시작했습니다. 이들은 제가 부동산 업종에서 일하고 있다는 이유 하나만으로 연락한 겁니다. 그들은 자신이 뭘 사야 하는지 앞으로 부동산 전망은 어떤지 제게 묻기도 하고 자신의 견해를 밝히기도 했습니다. 부동산 재테크 카페에는 신규 가입자가 폭증하고, 게시판에는 회원들에게 어떤 물건을 사야 하는지 의견을 구하는 글도 심심찮게 올라옵니다. 특히, 무주택자들까지 이제는 내 집 마련을 하려고 하는데 정부가 이를 막고 있다며 분통을 터뜨립니다.

온라인상의 분위기는 어떤가요? 부동산 투기를 질타하는 글들이 여기저기 눈에 띕니다. 앞서 소개한 역대 투기 사건들과 비교하면서 지금과 어떤 점이 닮았고, 그러니 앞으로 어떻게 될 것 같다고 전망하는 글도 어렵지 않게 볼 수 있습니다. 투자 경험이 전무한 20대와 30대들도 대거 투자 및 내 집 마련의 장으로 뛰어들고 있습니다. 부동산 투자 광풍이 불고 있는 것이죠.

세심히 살펴보면 역대 투기 사례들의 상황과 크게 다를 바가 없습니다. 온 나라와 전 국민이 관심을 갖게 되는 상황과 그 과정 그리고 사람들이 앞다투어 투자에 뛰어들고, 마침내 전혀 관심도 경험도 없는 세대들까지 투자에 동참하는 상황…. 기시감이 들 정도 아닌가요?

지속적 상승 왜 투기 세력이 생길까요? 그 상품의 가치가 지속적으로 오르기 때문입니다. 상품의 가격이 계속 오르지 않으면 애초에 거의 모든 사람이 달려드는 상황은 벌어질 수가 없습니다. 광풍은 오르는 현상이 반복적으로 오랜 기간 지속되기 때문에 일어납니다. 앞서 거의 모든 사람들에게 관심이 번지는 과정을 설명했습니다. 누군가가 그 상품에 관해 이야기하고, 거기에 투자해 돈을 벌었다는 사람이 생깁니다. 이런 사람이 한두 명 정도라면 광풍이 될 수 없지만, 이 현상이 확대 재생산되어 투자하는 사람마다 돈을 버는 상황이 벌어져야 광풍이 붑니다.

누군가가 이야기하고 그 말을 듣고 투자한 사람이 돈을 벌고 돈을 번 누군가가 다시 주변에 이야기하고 그의 이야기를 들은 여러 사람이 투자에 참여하고 다시 돈을 벌게 되면서, 이제 늦지 않았나 싶은 시기에 뛰어든 사람까지 돈을 법니다. 상품의 가격이 오르는 상황이 지속되는 겁니다. 늦었다 싶은데도 그때도 수익이 발생하면, 사람들의 마음엔 마지막 남아 있던 약간의 거리 낌마저 사라지게 됩니다. 그렇게 되면 똑같은 상황이 반복되면서 그 시장에 참여하는 사람들이 기하급수적으로 불어나고, 그로 인해 가격은 더욱더 상승합니다.

'투기'라고 명명된 사건들엔 이 과정이 필수적으로 포함됐습니다. 튤립 사건은 초기 귀족들의 전유물이었던 튤립의 가격이 지속해서 상승하자 관심이 없던 일반인들까지 튤립 매수 대열에 끼어들었습니다. 새롬기술 사건에서도 다이얼패드가 출시되자 전화를 많이 쓰지 않던 사람도 이 프로그램을 깔아달라고 부탁하고 이를 쓰기 위해 초고속 인터넷망을 깔게 되었죠. 그렇게 번진 주식 열풍으로 새롬기술 주가는 폭등합니다. 20대는 물론 10대까지 주식 투자에 대거 뛰어들었고, 계좌 개설을 위해 아이를 등에 업고 증권회사를 찾은 엄마들도 많았습니다.

비트코인은 또 어떤가요? 비트코인이 세상에 나온 2009년에만 해도 대부분의 사람은 그 존재조차 알지 못했습니다. 비트코인의 가치가 1,000달러를 넘던 2016년에도 '그들만의 리그' 혹은 '중국인들이 많이 투자하는 상품' 정도로 취급받았습니다. 그러던 것이 2017년이 되면서 폭등과 폭락을 거듭하며 결과적으로는 400만 원에서 2,000만 원을 넘는 상황이 발생하자 뒤늦게라도 뛰어들어야 하나 망설이던 사람의 마음까지 충동질한 겁니다. 그 관심이 얼마나 뜨거웠으면 정치인과 학자 들까지 나서서 토론을 벌였겠습니까? 이때도 비트코인은 투기다, 아니다 말이 많았

부동산 폭등장이 온다

지만, 결국 당시엔 결론을 낼 수 없었습니다. 이미 비트코인 투자에 나선 많은 이가 자신이 하는 것이 투기라는 걸 인정하지 않을 테니까요.

부동산 시장은 어떨까요? 저는 오랫동안 부동산 현장에서 일하며, 현장의 분위기를 피부로 느끼며 살았습니다. 시장이 침체기일 땐 아무도 부동산을 사려고 하지 않습니다.

올 주택 구입하려는 '30대는 거의 없다' 경인일보 2012.01.11.
특히 청약 의사가 있는 관심 부동산에 대한 질문에 72.4%가 아예 투자 계획이 없다고 답했다. 부동산114 관계자는 "30대는 새로운 세대를 형성하는 연령대이기 때문에 다른 연령대에 비해 주택 구입이나 청약...

2012년 뉴스 기사 타이틀입니다. 당해 주택 구입 의사가 있는지를 묻는 설문조사에서, 30대 대다수가 주택 구입 의사가 없다고 대답했다는 내용입니다. 30대들이 집이 아닌 자동차에 돈을 쓴다는 내용의 기사가 도배되던 시절이기도 했습니다. 30대는 미래 경제와 소비의 주축이 될 세대인데, 이들이 부동산에 투자하지 않고 소비하는 쪽을 선택하고 있으니 앞으로도 부동산은 크게 오를 일이 없을 거란 전망이 우세했습니다.

당시 부동산 현장에서 저 역시 이 같은 분위기를 느끼고 있었습니다. 그나마 집에 관심을 보이며 찾아오는 이가 10명이라면 그중 고작 1명만 계약을 할까 말까 하는 상황이었습니다. 분양 상담사 직원의 경우 한 달에 한두 건의 계약만 성사시켜도 실적이 좋은 편에 속했을 정도였죠. 그만큼 사람들은 집을 사지 않았습니다. 왜 그랬을까요? 주변에 부동산 매물이 넘쳐났습니다. 집을 사려고 나선 사람들도 나온 매물이 너무 많다 보니, 오히려 부동산 가격이 내려가지 않을까 우려했죠. 가격이 오르지 않을 것 같은 상품을 적극적으로 사려는 사람이 얼마나 있겠습니까? 결국 사람들은 집값이 좀 더 떨어지면 사겠다며 발길을 돌리기 일쑤였습니다.

그런데 어느 순간부터 집값이 스멀스멀 오르기 시작했습니다. 뉴스 포털에 올라오는 기사 타이틀도 바뀌어갔습니다.

3.3㎡당 1억 아파트도 샀다…뛰는 집값 뒤 30대 큰손들

중앙일보 | E5면 TOP | 2019.10.08. | 네이버뉴스

함영진 직방 빅데이터랩장은 "30대의 일부 무리한 주택 구입과 의심스러운 거래는 불안정하고 일그러진 주택시장을 보여주고 있다"고 말했다. 정부 정책의 실패란 지적도 나온다. 정부는 2017년 11월 '사회통합형…

30대 부동산 투자 광풍… '부의 대물림 vs 빚에 눌린 삶'

머니S | 2019.11.28. | 네이버뉴스

양씨는 모델하우스를 찾은 300여명의 방문객 중 10명 안팎인 30대였다. 10억원이 넘는 분양가로 중도금… 강남 지역 한 세무사는 "최근 세무상담을 의뢰한 고객 중에 결혼 전 주택 구입자금으로 부모에게 증여받을 때…

집에 관심도 없던 사람들이 언제 그랬냐는 듯 앞다투어 시장

으로 몰려들었습니다. 불과 몇 년 전까지만 해도 소비의 주축이 될 30대가 집을 사지 않으니 부동산 가격이 오르지 않을 거란 전망이 우세했는데, 이제는 30대가 집을 가장 많이 사는 주체로 우뚝 섰다는 기사도 나왔습니다.

왜 2012년도에는 집을 사지 않던 30대들이 2019년도에는 '광풍'이란 수식이 붙을 정도로 집을 마구 사들인 걸까요? 중요한 것은 시장 흐름입니다. 그들이 변한 게 아니라, 시장이 변한 것이죠. 부동산 시장이 상승기인가 침체기인가에 따라 인간의 행동은 달라집니다. 가격이 계속 오를 것 같으니 영혼까지 끌어모아 집을 사는 겁니다. 30대가 돈이 많으면 얼마나 많겠습니까? 부자 부모에게 물려받지 않고서야, 40대나 50대, 60대보다 많은 돈을 모으진 못했을 겁니다. 이렇게 비교적 가진 돈이 적은 30대가 집을 가장 많이 산다는 건, 곧 투자 경험이 적은 사람이 분위기에 가장 쉽게 휩쓸린다는 뜻이기도 합니다.

투기 광풍 뒤에 따라오는 폭락 역대 투기 사례 속 상품들은 하나같이 가치의 폭등 뒤에 엄청난 폭락을 경험했습니다. 튤립의 가치는 4개월 만에 99% 폭락했고, 남해회사의 주가도 거의 80~90% 폭락했습니다. 새롬기술은 90% 이상, 일본 부동산도 80% 이상을 폭락해 버렸죠. 2,700만 원에 이르렀던 비트코인도 300만 원까지 내려와, 90% 폭락했습니다.

어떻게 같은 상품의 가치가 이렇게 어마어마하게 폭락한 걸까요? 이례적인 가격 폭등은 본래 그 상품이 지닌 가치와 상관없이 투기에 동참한 사람들에 의해 일어난 것이기 때문입니다. 수요가 몰리며 가격이 부풀려지는, 말 그대로 거품이 생긴 후에야 뒤늦게 사람들은 그 가치에 의문을 품게 되는데, 이를 기점으로 상품의 가치가 제자리를 찾아가는 과정이 폭락으로 이어지는 것입니다. 다만 비트코인은 다른 투기 사례들과 다른 길을 가고 있습니다. 단 한 번의 폭등과 폭락으로 마무리되지 않고, 아직도 현재 진행 중이라는 것이 약간의 차이점이라고 할 수 있습니다.

우리나라 부동산 시장도 폭락 정도의 차이가 있긴 하지만, 크게 보면 두 번의 폭락을 경험했습니다. 첫 번째는 1998년 이후 IMF와 함께 찾아온 부동산 폭락이고, 두 번째는 2008년 외환금융위기 이후 이어진 폭락입니다. 부동산 가격이 폭락하기 전, 우리나라 부동산 시장은 다른 사례들과 마찬가지로 부동산 광풍으로 인해 엄청난 폭등을 경험했습니다. 특이점이라면, 폭락의 원인이 부동산 시장 자체에만 있는 것이 아니라 세계적 경제위기라는 강한 외부 충격에서 기인한다는 점이죠. 다만 상품의 가격 폭등 뒤에 찾아오는 폭락을 피하지 못했다는 점에서 여타의 투기 사례들과 비슷하다고 볼 수 있습니다.

상승폭 역대 투기 사례들을 좀 더 자세히 살펴보면, 어느 정도 가격이 상승하던 상품이 본격적인 상승, 즉 폭등을 맞이하게 되면 그 상승률이 상상을 초월할 정도로 높아진다는 걸 알 수 있습니다. 튤립 투기 사건의 경우 폭등했을 때 뿌리 한 개로 고급 저택을 살 정도였다는 것만 봐도, 그 가치가 수백 배 상승했을 거라 짐작됩니다.

초기 100파운드였던 남해회사의 주가는 최고치로 올랐을 때 1,050파운드를 기록했는데, 무려 10배 이상의 폭등입니다. 새롬 기술의 경우 출발점은 1,000원이 약간 넘는 정도였으나 최고가는 30만 8,000원이었죠. 거의 300배 이상 폭등한 것이죠. 비트코인의 경우 처음 가격을 고려할 때 상상하기 어려울 정도로 폭등했는데, 투기 장세였던 2017년 가격변동폭을 보면 1,000달러대에서 출발해 2만 5,000달러까지 치솟았습니다. 불과 1년 동안 무려 25배 상승한 겁니다.

역대 투기 사례들에서, 해당 상품의 상승폭은 사람들의 상식을 뛰어넘는 수준에 이릅니다. 그러니 더욱 사람들이 투기에 빠져든 게 아닐까 싶습니다. 이 정도면 떨어지겠지 했는데 더 오르고, 이제는 정말 떨어지겠지 했는데 더 많이 오르다 보니, 떨어질 것을 기다리기보다 빨리 시장에 들어가서 거래하는 게 현명하겠다는 판단이 선 겁니다.

대한민국 부동산 시장의 상승폭은 어떤가요? 역대 투기 사건과 비교하기 민망할 정도로 상승폭이 그리 크지 않습니다. 상승을 시작한 시점에서 보면 많아야 2배 정도입니다. 왜 그럴까요? 이유는 여러 가지일 테지만, 역대 투기 사건과 비교할 때 가장 큰 차이점은 정부의 대응입니다. 다른 투기 사례에서는 상품에 대한 대중의 관심이 커지고 투기 과열로 이어진 후, 그것이 심각한 사회적 문제로 대두될 때에야 정부가 개입해 규제책을 실시했습니다. 정부의 대응이 이처럼 늦다 보니, 이미 가격이 크게 오를 대로 올라버린 상품이 규제 폭탄을 맞은 후 큰 폭으로 하락한 겁니다.

우리나라 부동산 시장은 달랐습니다. 과열 조짐이 있을 때 정부의 대응이 비교적 신속하게 이뤄졌습니다. 앞선 일본의 부동산 버블 붕괴 사건이 본보기가 되었기 때문인 것 같습니다. 다른 투기 사건에 비해 정부의 정책적 대응이 빠르고 강하다는 걸 알 수 있습니다. 정부가 내놓은 정책의 효과나 의미 등에 관해서는 뒤에 기술할 사이클의 기본 요소에서 더 자세하게 다루며 이야기하겠지만, 어찌 됐든 이로 인해 우리나라 부동산 시장의 상승폭은 역대 투기 사례들과 비교할 때 현저히 작다는 것이 주목해야 할 차이입니다.

하락폭 '산이 높아야 골이 깊다'라는 속담이 있습니다. 상승폭이 크면 당연히 하락폭도 큽니다. 역대 투기 사례들과의 공통점에서 살펴보았듯, 투기 사례 속 상품의 가치가 상승한 폭도 엄청났지만, 하락폭 또한 만만치 않았습니다. 그래서 시장에 뒤늦게 참여한 투자자들이 망연자실했고, 심지어 스스로 목숨을 끊은 사람까지 속출했지요. 고점 대비 80~90% 폭락했다는 건 상품의 가치가 처음 상태로 되돌아갔다고 봐도 무방할 겁니다.

우리나라 부동산의 시세 변화를 살펴보면, 그 하락폭이 상대적으로 작다는 걸 알 수 있습니다. 1998년과 2008년에 부동산 폭락 시장에서도 평균 부동산 가격은 고점 대비 30% 떨어지는 수준에 그쳤습니다. 하락폭은 상승폭에 비례하는 편인데, 앞서 말했듯 우리나라 부동산의 경우 상승폭이 다른 사례들과 비교할 때 그렇게 크지 않았으니, 하락폭도 당연히 작을 수밖에 없습니다.

하락폭이 생각보다 크지 않았던 또 다른 원인은 '전세제도'에서 찾을 수 있습니다. 우리나라에만 있는 이 제도가 매매가격의 하락을 어느 정도 막아주는 역할을 하는 겁니다. 매매가격이 하락하다가 전세가격 근처에 다다르게 되면 그로 인해 가격 하락이 멈춥니다. 이것이 일본 부동산 버블 사건과 비교했을 때 가장 큰 차이죠. 일본 부동산의 가격은 고점 대비 80% 이상 하락했습니다. 일본의 경우 우리나라처럼 지지선 역할을 해줄 전세제도가 없기 때문에, 여타의 투기 상품과 다를 바 없이 폭락해 버린 것입니다. 이에 대해서는 뒤에서 좀 더 자세하게 다루겠습니다.

반복되는 상황 역대 투기 사건의 경우, 단 한 번의 폭등과 폭락을 경험한 다음 해당 상품은 세상의 관심에서 완전히 사라졌습니다. 이후 같은 상품으로 똑같은 상황이 벌어진 적이 없다는 겁니다. 물론 비트코인이 예외적으로 폭락 이후 다시 한번 크게 오른 적이 있긴 합니다만, 전 국민의 관심을 얻기에는 역부족이었고, 현재는 대중의 관심에서 멀어진 채 그들만의 리그에서 등락을 거듭하고 있는 실정입니다.

대한민국 부동산은 크게 세 번의 폭등과 두 번의 폭락을 겪었습니다. 폭등과 폭락이 일정한 주기를 두고 반복되고 있다는 것이 역대 투기 사례와 가장 큰 차이입니다. 1998년 IMF 시절 본격적인 폭락이 있기 전에는 폭등이 있었습니다. 그리고 이어진 폭락은 우리나라 부동산 시장에서는 처음 맞는 상황이라, 많은 이가 당황했죠. 이때 우리나라 부동산도 일본 부동산처럼 폭락할 것이라는 전망이 우세했습니다. 그러나 생각보다 하락폭은 작았습니다. 고점 대비 30% 정도 하락한 부동산 가격은 하락안정기를 지나며 다시 상승하기 시작합니다. 2002년부터 시작된 상승은 2007년까지 갑니다. 2006년 부동산 시장은 역대 투기 사건들이 떠오를 정도로 비슷하게 흘러갔습니다. 전 국민이 부동산에 관심을 가지면서 대다수가 투자에 뛰어들었고, 정부는 규제를 하다 하다가 이를 이겨내는 시장에 손을 들었을 정도였습니다. 진짜 광풍이 불어닥친 겁니다. 하지만 2008년 외환위기와 함께 다시 한번 대한민국 부동산은 하락세로 접어듭니다. 내리 하락 길을 걷던 부동산은 2013년부터 서서히 상승하더니 2017년 이후 다시 투기 시장화되었습니다. 이미 가격이 오를 대로 오른 곳은 머지않아 하락 상황이 벌어지겠지만, 정부의 강력한 규제와 코로나19란 전례 없는 이슈로 잠시 눌려 있던 수도권 및 지방 일부 시장엔 부분적으로 폭등의 조짐도 보입니다.

05

투기 시장에서
투자하려면

．．．

    지금까지 역대 투기 사례와 대한민국 부동산 시장이 흘러온 역사를 살펴보았습니다. 비슷한 점도 있지만, 분명한 차이도 있었죠. 주목해야 할 것은 우리나라 부동산 시장이 다른 사례와 달리, 폭등과 폭락을 반복하고 있다는 겁니다. 이처럼 시장을 분석할 줄 알아야 합니다. 왜 그럴까요? 혹시 역대 투기 사례들을 살펴보면서 이런 생각을 하지 않았나요?

    '투기 시장이긴 하지만, 시장 초기에 들어갔다가 떨어지기 직전에 빠져나왔다면 엄청난 수익을 올릴 수 있었겠군.'

    솔직히 투자자라면 누구나 꿈꾸는 상황이 아닐까 싶습니다. 가치가 크게 오를 만한 상품을 찾아서 초기에 돈을 투자하고 계속 보유하다가, 평소 관심도 없던 사람들까지 시장에 대거 진입하는 시점에 상품을 되팔고 조용히 빠져나오는 것 말이죠. 환상이 아니냐고요?

    저는 우리나라 부동산 시장에선 이것이 가능하다고 말씀 드리고 싶습니다. 앞에서 폭락과 폭등을 반복하는 부동산 시장을 주목해야 한다고 말한 것도 이 때문입니다. 반박할 사람도 있긴 하겠지만, 저는 우리나라 부동산 시장을 투기 시장으로 봅니다. 살펴보았듯, 부동산이 상승세로 접어들면 사람들이 관심을 가지기 시작하고, 가치가 더욱 오르는 상황이 지속되면 여기저기서 돈을 벌었다는 사람들이 등장하며, 이 상황이 확대 재생산되면서 광풍이 불어닥친다는 점에서 흡사합니다. 이러한 상황이 반복적으로 일어난 것이 우리나라 부동산의 역사입니다.

대한민국 부동산은 투기 시장

투자와 투기를 구분하기는 어렵습니다. 그래서 다소 먼 길을 돌고 돌아서 역대 투기 사례와 비교하며 느낌상으로라도 구분해 보자고 했습니다. 어떤가요? 우리나라 부동산 시장이 이성적이고 합리적인 투자가 진행되는 정상적인 시장인 것 같습니까? 정상적인 시장이라면 사람들이 광분하며 몰려드는 사태가 벌어지지 않아야 합니다. 부동산 투자자들은 차분하고 이성적으로 생각하며 계산기를 두들겨 본 후 투자를 진행하고, 부동산에 그다지 관심이 없는 사람은 여타의 수단으로 재테크를 하면서, 다양한 방식으로 돈을 벌면 됩니다.

그런데 일단 가격이 오른다 싶으면 관심이 집중되면서 부동산

　　　　　　　　　　　　　　　　　　　부동산 폭등장이 온다

의 'ㅂ' 자도 모르는 사람들까지 투자에 나섭니다. 평소에는 돈이 없어서 집을 사지 못한다고 했던 사람들까지 언제 그렇게 돈을 모았는지 대범하게 부동산을 매수합니다. 어느 시장이건 일단 과열 양상이 보이면, 그것이 투기 시장화되고 있다고 판단하면 거의 틀리지 않습니다. 이러한 이유로 우리나라 부동산 시장은 투기 시장으로 보는 게 맞습니다.

단, 알아야 할 것은 대다수의 사람이 '투기'라는 단어에 반감을 품는다는 겁니다. 사실 이 같은 심리가 시장을 제대로 보려는 노력 자체를 애초에 차단하고 있는 게 아닐까 싶습니다. 사람들은 본인이 하는 행위는 절대 투기가 아니라고 생각합니다. 그리고 남들이 하는 투자, 특히 그로 인해 상당한 수익을 올릴 경우 이를 투기로 매도하며 비난합니다. 사람 심리가 그렇습니다. 물론, 가장 좋은 건 장기적 안목을 가지고 안전한 투자처인지 이성적으로 따져본 후 금전을 투입해 이익을 거두는 겁니다. 하지만 역사를 통해 보듯, 일단 어떤 것이 돈이 된다고 하면, 이를 통해 돈을 벌 수 있다고 하면 많은 사람이 우르르 몰려가 묻지도 따지지도 않고 돈을 투입합니다. 우리나라 부동산 시장도 상승기엔 늘 투기 논란이 있었지만, 지금까지도 근절되지 않고 있습니다.

인간 본성에서 출발하는 문제입니다. 자본주의 사회에선 당연한 일인지도 모릅니다. 이런 현상이 지속적이고 반복적으로 일어나고 있다면, 이를 '투기' 행위라고 배척하고 비난하며 질타만 할 것이 아니라, 이에 관한 근본적인 연구를 병행해야 하지 않을까요? 투기 시장에 대한 거부감과 편견을 버리고 나면, 시장을 보다 객관적으로 바라볼 수 있을 겁니다.

저는 욕 먹을 각오를 하고 우리나라 부동산 시장을 '투기 시장'이라 규정짓고 이야기하려 합니다. 정상적인 시장과 투기 시장에 관한 분석은 그 방법부터 다르기 때문이죠. 정상적인 시장이라면 인간을 합리적인 의사결정을 하는 존재로 가정한 주류 경제학 이론을 접목해서, 대중 분위기에 휩쓸리는 투기 시장이라면 인간을 비합리적인 의사결정을 내리는 존재로 규정한 행동경제학을 접목해서 분석해야 합니다.

부동산 시장을 투기 시장으로 보는 저는 대중심리를 기반으로 시장을 분석합니다. 사람의 심리를 파악하는 건 정말 어려운 일입니다. 하지만 상품의 가치가 오르내리는 시장을 대하는 대중의 심리를 파악하는 건 그렇게 어렵지 않습니다. 상품의 가치가 폭등하고 폭락하는 상황은 인간의 이성이 아닌 인간의 본성을 적용해 생각해야 합니다. 뒤에서 자세하게 언급할 인간의 욕심과 두려움 그리고 분위기에 휩쓸리는 인간의 본성 말이죠. 이러한 인간의 본성을 하나하나 분석하고 이해한 후, 이를 시장에 접목하면 상승장과 폭락장에서 사람들이 보이는 이상 행동을 충분히 이해할 수 있게 됩니다. 그리고 대중을 이해하게 되면 시장을 앞서 읽고 현명한 투자를 진행할 수 있게 되는 것입니다.

많은 사람이 부동산 시장은 예측하는 것 자체가 불가능하다고 말합니다. 그들이 그렇게 주장하는 건 시장 참여자인 인간을 합리적 의사결정권자로 전제하고 분석하기 때문이 아닐까 생각합니다. 인간이 정말 이성적이고 합리적으로 생각하며 의사결정을 하는 존재라면, 투자를 결정하기 전에 부동산 가격에 영향을 미치는 금리의 등락이나 인구의 증감, 경기 상황, 공급 및 수요 등의 요인을 면밀히 살펴볼 겁니다. 하지만 오랜 시간 현장에서 사람들을 만나며 알게 된 것은, 대부분의 사람이 그렇지 않다는 것이었습니다.

애초에 분양이 뭔지도 모르면서 모델하우스부터 훑어보고 서로 먼저 계약하겠다며 싸우는 사람이 있는가 하면, 지역주택조합에 관해 알아보지도 않고 단지 분양가가 저렴하다는 이유로 덜컥 계약부터 하고 후회하는 경우도 허다합니다. 부동산 상담사만 봐도, 부동산 시장을 제대로 파악하고 고객에게 정확하게 설명해주면서 해당 물건의 장단점을 객관적으로 알려주는 이보다 그저 인맥이 좋아 많은 사람을 끌어들인 후 "나만 믿고 따라와요, 프리미엄을 받아줄 테니까!" 하며 계약서부터 쓰게 하는 이의 성과가 좋고 더 인정받습니다. 모두 인간이 얼마나 비이성적이고 비합리적인가를 보여 주는 실례입니다.

이처럼 시장을 움직이는 주체에 대한 정의가 잘못되면 출발선에서부터 어긋날 수 있습니다. 일단 시장을 제대로 파악해야 투자를 잘할 수 있습니다. 정부 역시 그래야만 시의 적절하고 효과적인 대책을 내놓을 수 있겠죠. 저는 우리나라 부동산 시장을 비합리적인 의사결정을 내리는 대중이 움직이는 투기 시장으로 규정했습니다. 그래서 감히 이 시장을 예측할 수 있다고 말합니다. 대한민국 부동산 시장에 미치는 영향이 대단히 큰 전세와 선분양 제도, 정부의 부동산 정책 그리고 시장 변화에 가장 기본이자 핵심 요인이 되는 대중심리를 잘 이해하고 파악한다면 가능합니다. 그 가능성을 전작《전세가를 알면 부동산 투자가 보인다》를 통해 이미 증명하기도 했습니다. 우리나라 부동산 시장이 어떻게 흘러갈 것이라고 예측했던 내용이 정확하게 맞아들어가고 있으니까요. 이는 시장 분석에 기본이 되는 요인들을 제대로 적용했기 때문이라고 자평합니다.

시장을 제대로 이해하고 파악한다면, 투기 시장에서도 이를 이용해 효과적으로 투자할 수 있습니다. 투기 시장을 이용한 투자란, 한마디로 '대중심리에 흔들리지 않고 오히려 이를 분석해 안전하게 높은 수익을 올리는 투자'를 뜻합니다. 투기 시장이기 때문에 높은 수익을 올리는 것이 가능하지만, 대다수의 사람은 상품의 가치가 언제부터 오르는지 또 언제 떨어질지 몰라 접근하기 두려워합니다. 그런데 어떤 요인에 의해 어느 시점에 가격이 오르는지, 또 어떤 이유로 어느 시점에 가격이 내려가는지 알 수 있다면, 그야말로 안전하게 높은 수익을 올릴 수 있지 않을까요?

이것이 바로 부동산 사이클을 알아야 하는 이유입니다. 자, 그럼 이제부터 저와 함께 본격적으로 대한민국 부동산 사이클을 결정짓는 몇 가지 요소들을 살펴봅시다.

2장

부동산 사이클을
결정짓는 힘

입지보다
중요한 것

투자자가 가장 소중하게 여겨야 할 것은 수익률과 리스크입니다. 투자는 돈을 벌기 위한 행위인데, 한 번의 투자로 최대한의 수익을 올리는 것이 가장 효율적이겠죠. 또한 최대한의 수익을 올리려면 리스크를 최소화하는 것이 필수입니다. 이 두 가지를 위해 알아야 할 것이 바로, 사이클입니다.

　　만약 주식에 투자한다면, 대부분의 사람이 가장 먼저 삼성전자 종목을 고려할 겁니다. 삼성전자는 애플이나 구글, 마이크로소프트, 아마존 같은 세계적인 기업들과 어깨를 나란히 할 만큼 반도체와 스마트폰 분야에서 최고의 실적을 올리고 있는 회사이기 때문입니다. 이 정도의 회사는 망할 가능성이 거의 없으므로 비교적 안전하고 지속적인 수익을 기대할 수 있습니다.

　　그럼 삼성전자 주식을 사면 무조건 수익을 올릴 수 있을까요? 이렇게 묻는다면, 아무리 '주알못'(주식을 알지 못하는 사람)이라고 해도 "그렇지 않다"고 대답할 겁니다. 지금 잘나가고 있는 삼성전자라고 해도 끊임없이 등락을 거듭하고 있다는 걸, 정확한 수치로 설명할 순 없어도 감으로는 인지하고 있을 테니까요.

삼성전자 주가 차트

(봉 차트)

최고:62,800
(2020/01/20, -12.26%)

4

2

1

최저:36,850
(2019/01/04, +49.53%)

3

삼성전자의 주가 차트를 보며 이야기해 볼까요? 차트 1번 동그라미를 보면, 2019년 1월 4일 삼성전자 주식이 최저가 3만 6,850원을 기록했다는 것을 알 수 있습니다. 투자자 A라는 사람이 이 가격에 삼성전자 주식을 매입했다고 가정해 봅시다. 주식을 보유하던 A 씨는 점차 주가가 올라 약 4만 7,000원대에 이른 2구간에서 주식을 매도했습니다. 그렇다면 약 27.5%의 높은 수익을 올렸겠죠. 그런데 만약 A 씨가 2구간에서 주식이 더 오를 거라 기대하면서 더 보유하다가 3구간에 이르렀을 때 매도했다면 약 4만 1,000원에 매도한 것이니, 수익률은 11%로 뚝 떨어집니다. 물론 그렇다고 해도 투자자 A 씨는 삼성전자 주식을 최저점에서 매수했기에 어느 구간에서 매도하든 수익률의 높고 낮음의 차이만 있을 뿐, 어쨌든 이익을 거둡니다. 그런데 만약 A 씨가 주식에는 평생 관심이 없다가 차트상 주가가 가장 높은 5구간에서 삼성전자 주식을 처음 매수했다면, 현재 수익률이 어떻게 될까요? 5구간의 매수 가격은 6만 2,800원이고 현재 삼성전자의 주가는 5만 5,100원입니다. 그렇다면 수익률은 -12%입니다.

삼성전자 주식 = 강남 부동산

이처럼 이미 글로벌 회사로 자리매김한 삼성전자의 주식이라고 해도, 이를 언제 사고 언제 파느냐에 따라 수익률은 천차만별이 될 수 있습니다. 주식 투자를 하려는 사람이 가장 먼저 배우고 공부하는 게 무엇일까요? 바로 '차트'입니다. 차트는 주식 변동, 즉 주가의 흐름을 보기 위함이며, 이 사이클을 이해하고 볼 줄 알아야 높은 수익을 올릴 수 있다는 건 상식입니다.

그런데 말입니다. 부동산에 투자할 때는 어떻습니까? 대다수의 사람이 부동산을 매입할 때 가장 먼저 고려하는 건 '입지'입니다. 그러면서 해당 지역에 호재가 있는지도 따져 보지요. 이를 잘 생각해 보면, 결국 '부동산의 삼성전자를 사라!'는 말과 크게 다르지 않습니다. 부동산의 삼성전자처럼 아주 좋은 입지와 호재까지 갖춘 강남의 아파트를 산다면, 무조건 수익을 올릴 수 있을까요?

무조건은 아니라고 해도, 그래도 입지 좋은 부동산의 가격이 올라가지 않겠느냐고 되물을 수 있습니다. 이는 정말 잘못 알고 있는 겁니다. 2009년 이후 이어졌던 부동산 하락시장에서 지금은 그렇게들 선호하며 열광하는 강남 아파트의 가격도 줄줄이 하락했습니다. 모든 부동산의 가치가 동반 하락하는 시장에서는 아무리 똘똘한 한 채라고 해도, 혼자서만 꿋꿋이 높은 가격을 유지할 수 없는 것이죠. 특히 우리나라 아파트 가격은 지역에 따라 그 움직임이 비슷합니다. 결론부터 이야기하면, 부동산에서 가장 중요한 것은 입지가 아니라, 지역별 사이클을 이해하는 겁니다.

수익은 상관없고 그냥 환경 좋고 살기 좋은 지역에 살고 싶은 거라면, 평생 한 채를 마련해 그곳에서 죽을 때까지 살면서 그 집을 자식에게도 물려줄 거라면, 굳이 부동산 사이클까지 공부하지 않아도 됩니다. 그런데 일단 부동산을 매입할 계획이고, 언젠가 다른 곳으로 이사해 해당 부동산을 매도하게 될 때 조금이라도 괜찮은 수익을 거두고 싶다면, 먼저 부동산 사이클을 이해하고 공부해야 합니다. 사이클에 대한 이해 없이, 그저 입지 좋은 부동산을 그만큼 비싼 가격에 덜컥 구입한다면, 오히려 사이클을 공부하고 B급 지역의 아파트를 바닥 가격에 매수해 좋은 시기에 매도한 사람보다 결코 높은 수익을 올릴 수 없습니다. 중요한 것은

부동산 폭등장이 온다

수익률이라는 걸 기억해야 합니다. 그러니 부동산에 투자할 거라면 가장 먼저 사이클을 고려하고, 사이클상에서 가격이 올라가는 시점에, 입지 좋은 물건을 고르는 순서를 지켜야 합니다. 그것이 투자자가 추구하는 높은 수익을 올리는 정석입니다.

그리고 사이클을 이해하면 자연스럽게 리스크를 최소화할 수가 있습니다. 내가 투자한 아파트의 가격이 하락하는 시점을 어느 정도 예측할 수 있기 때문이죠. 많은 부동산 전문가가 부동산 시장은 예측이 불가능하다고 얘기합니다. 안타깝게도 사이클에 대한 정확한 이해가 동반되지 않았기 때문입니다. 사이클은 단순히 가격이 오르고 내리는 현상만을 나타내는 것이 아닙니다. 사이클의 기본 요소들이 유기적으로 상호연관작용을 하여 그것이 대중심리로 발현되고 결국에는 가격으로 표현되는 원리입니다.

지금까지 부동산 사이클을 알아야 하는 이유가 무엇인지 짚어봤습니다. 이제 사이클을 만드는 기본 요소들을 살펴봅시다.

부동산 사이클의
기본 요소

• • •

　부동산 사이클의 기본 요소란, 시장 움직임에 영향을 미치는 주요 요인을 뜻합니다. 대중심리, 전세와 선분양 제도, 정부 정책 등이 이에 해당합니다. 이들을 주요 요인으로 꼽은 것을 의아하게 여기는 사람이 많을 겁니다. 많은 부동산 전문가가 강조하고 있는 입지 혹은 수요와 공급, 호재나 악재, 금리, 인구, 경기 상황 등이 아니니까요.

　이처럼 그동안 그다지 중요한 요소로 언급된 적 없던 것들을 부동산 사이클에 영향을 미치는 주요 요인으로 보고 시장을 분석하는 데 활용하는 건, 앞서 말했듯 제가 대한민국 부동산 시장을 투기 시장으로 규정짓고 분석하기 때문입니다.

시장의 성격

　　　　대중심리와 전세, 선분양, 정부 정책 등을 기본 요소로 보는 이유는 첫째, 우리나라 부동산 시장의 고유한 성격 때문입니다. 해당 시장의 특성을 파악한 뒤 그에 최적화된 요인을 살펴야 올바른 분석이 가능한데, 대다수의 전문가가 핵심을 간과하고 있다는 생각이 듭니다.

앞서 언급한 바와 같이 우리나라 부동산 시장은 투기 시장과 유사한 점이 많습니다. 투기와 투자를 완벽하게 구분할 수 있는 정확한 기준이 없어서 증명하긴 힘들지만, 국민의 대다수가 그렇게 인지하고 정부도 그렇게 보고 있습니다. 그것이 맞든 틀리든 일단 투기 시장과 비슷한 신호가 감지되면, 이에 맞는 요인을 적용해 분석하는 것이 타당합니다. 이야기했듯 투기 시장에서는 시장 참여자들이 대개 합리적인 의사결정 과정을 거치지 않고 분위기에 휩싸여 투자를 결정합니다. 상품의 가격이 지속해서 오르면 평소 관심이 없던 사람들의 투기 심리까지 자극하고 이것이 대중 심리가 됩니다. 이러한 현상이 지속되어 전 국민의 관심이 최고조에 이를 때, 상품 가격이 폭등한 후 다시 거품이 꺼지는 과정으로 이어지는 것이죠.

하지만 대부분의 부동산 전문가는 우리나라 시장을 이성적이고 합리적인 사람들이 참여하는 정상적인 시장으로 가정하면서, 실제로 시장을 움직이는 요인보다 다른 것에 집중합니다. 노벨경제학상을 수상한 행동경제학자들의 이야기에 귀 기울여야 하는 이유가 여기에 있습니다. 이들은 인간이 많은 정보와 정확한 데이터, 이론을 통해 자신에게 이익이 되는 부분을 꼼꼼히 따져서

부동산 폭등장이 온다

의사결정을 내릴 것 같지만 실제는 그렇게 하지 않고 비합리적이고 비이성적으로, 특히 분위기에 크게 휩쓸려 의사를 결정한다고 봅니다. 이러한 인간의 비합리적 행동으로 상품의 폭등과 폭락이 나타난다는 사실 또한 주목해야 합니다.

결국, 자본주의 사회에서 돈을 버는 사람은 시장의 옳고 그름을 판단하기보다 시장의 흐름을 예상하고 적기에 자본을 투입한 이들입니다. 불과 몇 년 전, 몇백 원, 몇만 원 하던 비트코인의 가치 폭등을 예상하고 저점에서 이를 매수한 사람은 비트코인 광풍이 불어 3,000만 원까지 올랐을 때 수십억 원을 벌었을 테니까요. 물론, 상품의 가치 변화를 예측하는 것 자체가 불가능에 가깝기에 현재의 위험을 감수하는 사람이 적은 거겠지만 말이죠.

그런데 부동산, 그중에서 아파트는 시장 사이클에 영향을 미치는 요인을 분석함으로써 그 가치가 오르는 시점을 예측하는 것이 어느 정도 가능합니다. 우리나라에만 있는 전세제도는 부동산 하락 시장에서도 매매가격의 폭락을 막습니다. 최근 서울 및 수도권 부동산의 가격이 폭등하자, 너도나도 아파트에 관심을 갖기 시작했습니다. 관심은 곧 집중으로 바뀌었고, 별생각이 없던 사람들도 뭐라도 사야 하지 않을까 싶어 시장을 기웃거리다 매수에 동참하기 시작했습니다.

시장이 이렇게 흘러가면 어떤 정책이 나와도 이미 오른 부동산 가격이 웬만해서는 내려가지 않을 거란 분위기가 형성됩니다. 이때 앞서 분양한 아파트의 분양가격에 수억 원의 프리미엄이 형성되고, 이제 막 분양을 시작하는 아파트 청약에 수십 대 일, 수백 대 일의 경쟁률을 기록하며 다수의 사람이 뛰어들면서 투기 시장화됩니다. 이에 대응하여 정부가 각종 부동산 규제 정책을 내면 시장 분위기 역시 흔들리게 되죠. 제가 꼽은 주요 요인이 부동산 사이클에 어떤 영향을 미치는지는 다음 장에서 구체적으로 살펴보겠습니다.

호재. 인구. 금리

부동산 사이클의 기본 요소를 알아야 하는 이유는 최고의 수익을 안겨 줄 투자 타이밍을 잡기 위해서입니다. 많은 부동산 전문가가 강조하는 요인들로는 투자의 정확한 타이밍을 잡을 수 없습니다. 대다수의 사람은 어떤 지역에 호재가 있으면 집값이 올라갈 것으로 예상합니다. 너무나 당연한 이야기 같죠. 물론 완전히 틀린 말은 아닙니다. 하지만 막상 투자하기 위해 현장에 나가 대상 물건을 살펴보면, 현실적인 문제들이 나타납니다.

부동산 폭등장이 온다

일단 호재가 있는 지역을 둘러보면 이미 해당 부동산의 가격이 많이 상승해 있는 것을 알게 됩니다. 이때 집을 사려고 한다면 다음 같은 고민을 해야 합니다.

'이미 가격이 오를 대로 오른 건 아닐까?' '산 이후에 가격이 떨어지지는 않을까?' '앞으로 더 오를 거라면 어느 정도 더 오를까?' '지금 산다면 언제쯤 다시 팔아야 할까?'

투자한 부동산으로 수익을 올리려면, 해당 부동산의 가격이 산 가격보다 더 올라야 하고, 오르고 나서도 가격이 떨어지기 전에 팔아야 합니다. 그런데 이를 '부동산 호재'로만 판단할 수 없다는 게 문제입니다.

제게 상담받은 한 분의 이야기입니다. 그는 2018년 우리나라 동계 올림픽이 열리기 전, 평창에 땅을 샀습니다. 올림픽 개최일이 다가오자 땅값이 크게 올랐습니다. 그는 높은 수익을 예상하며 매도하려고 중개소를 찾았는데, 살 사람이 없었습니다. 결국, 그는 시세보다 매우 저렴한 가격에 땅을 매도해야 했죠.

또 다른 이야기입니다. 2012년 말, 수도권 지하철 7호선 온수역에서 부평구청역 구간이 개통했습니다. 당시 부천 아파트들이 엄청난 침체기를 겪고 있었기에, 7호선 연장 개통에 대한 기대감이 상당했습니다. 그도 그럴 것이 그때만 해도 부천에서 서울로 가려면 지하철 1호선을 이용해야 했는데, 1호선 라인은 부천 1기 신도시가 자리 잡은 중심부가 아닌, 구도심인 남쪽 외곽 지역을 지나고 있었습니다. 그런데 새롭게 연장되는 7호선 라인은 부천 시청과 각종 편의시설이 자리 잡은 신도시 중심부를 지나고, 이를 통해 서울 강남까지 한 번에 갈 수 있으니 정말 호재였죠. 그런데 정작 7호선이 연장 개통을 했음에도, 그렇게 기대하던 아파트 가격이 오르지 않았습니다! 한번 살펴볼까요?

지도에서 보듯, 대우 D 아파트의 경우 연장되는 지하철 7호선 부천시청역 바로 앞에 위치하고 있기에, 역세권 혜택을 가장 기대할 수 있는 아파트입니다. 그런데 당시 거래되었던 실거래가를 봅시다. 실거래가표를 보면, 지하철 개통 전인 2011년 11월에는 15층이 3억 9,000만 원, 2012년 4월에는 2층이 3억 9,500만 원입니다. 로열층이라면 아마 4억~4억 1,000만 원 정도였을 겁니다. 그런데 개통 이후 거래가를 봅시다. 2013년 2월에는 14층이 4억 1,000만 원, 같은 해 3월에는 12층이 3억 9,500만 원입니다. 그리고 이후에는 오히려 가격이 더 떨어지는 것을 알 수 있습니다. 심지어 1년 뒤 4월에는 15층이 3억 6,000만 원까지 떨어지죠.

지하철 연장 개통으로 인한 부동산 가격 상승에 대한 기대가 컸던 만큼 사람들의 실망도 컸습니다. 이처럼 큰 호재에도 가격

부천시청역 인근 지도

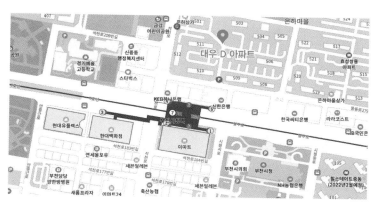

자료원: 네이버 부동산

D 아파트 실거래가

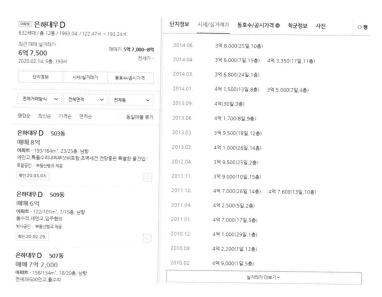

자료원: 네이버 부동산

변화가 없자 매물들이 대거 쏟아져 나왔고, 공급 초과로 부동산 가격이 하락하게 된 것이죠. 그러니 호재 소식만 듣고 투자를 서둘렀던 사람이라면, 오히려 손해를 보았을 겁니다.

그런데 왜 그 같은 호재에도 역세권 아파트의 가격이 오르지 않은 걸까요? 바로 이때가 부동산 사이클상 하락기에 해당했기 때문입니다. 부동산 하락기에서는 본래 시장에 매물이 많이 나오게 마련이고, 매물이 많아도 이를 사려고 하는 사람이 없습니다. 공급은 많은데 수요가 적으니 아무리 큰 호재가 있다 해도 가격이 오를 수 없죠. 이처럼 호재는 성공적인 투자의 충분조건이 될 수 없습니다. 수익을 결정하는 건 매수 및 매도 타이밍인데, 호재를 그 판단 기준으로 삼을 수 없기 때문입니다.

실거래가표를 꼼꼼히 살펴본 사람이라면 이런 질문을 할 수도 있습니다. 표의 왼쪽을 보면 현시점 같은 평형대 아파트의 호가가 6억 원입니다. 그렇다면 결국에는 이 아파트의 가격이 오르지 않았느냐고 말입니다. 맞습니다. 올랐죠. 그런데 이는 당시 지하철 연장선 개통이란 호재 때문이 아닙니다. 호재 때문이라면 호재가 없는 지역의 부동산 가격은 오르지 않아야 했는데, 그와 상관없이 다른 지역 아파트들의 가격도 모두 올랐습니다. 물론 호재와 상관없이 일단 투자한 부동산을 보유하면서 계속 버텼다면 수익을 올렸을 겁니다. 하지만 지금 결과를 아는 상황이니 할 수

부동산 폭등장이 온다

있는 이야기입니다. 당시로선 두 번 다시 없을 호재라고 기대를 모았던 지하철 연장 개통에도 꿈쩍 않는 부동산 가격에, '부천은 안 되겠군' 하며 너도나도 가진 부동산을 급매물로 내던지는 분위기였죠. 미래를 알 수 없는 사람들은 희망보다 절망에 힘을 실었을 겁니다.

부동산 전문가들이 가격에 영향을 미치는 요인 중 하나로 보는 '인구'도 살펴봅시다. 인구가 줄어들면 집값이 떨어질 거라는 예측은 어떤가요? 당연히 그럴 것 같습니다. 논리 자체에 무리가 없어 보입니다. 현시점, 우리나라 전체 인구는 늘어나고 있는 상황입니다. 그렇다면 집값이 오르는 것이 맞겠죠. 그런데 통계청이 2019년에 발표한 장래인구 특별추계에 따르면, 우리나라의 총인구는 2028년 정점을 찍고 이후 감소하기 시작합니다. 지금의 출산율을 감안하면, 빠르면 2024년부터 전체 인구가 줄어들 것이라는 전망이 우세합니다. 그렇다면 이를 기점으로 대한민국 부동산 가격이 떨어질까요?

우리나라에서 실제 인구가 줄고 있는 도시가 있습니다. 바로 대구광역시입니다. 그렇다면 대구의 부동산 가격이 어떻게 변화하고 있는지 살펴보면, 우리나라 부동산의 미래에 관한 힌트를 얻을 수 있지 않을까요?

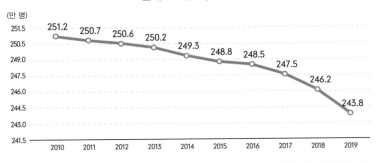

전체 243만 2,883명

자료원: 2020.02, KOSIS (행정안전부, 주민등록인구현황)

대구광역시의 인구는 2010년 251만 2,000명 정점을 찍은 후, 매년 해마다 그 수가 줄어들어 2020년 2월 기준 243만 2,000명 수준입니다. 인구가 줄어들면 집값이 내려간다는 논리대로라면, 당연히 대구시 아파트 가격은 2010년을 기점으로 매년 하락해 현재 집값이 최저 수준이어야 맞습니다. 그럼 대구광역시 아파트 가격을 살펴볼까요?

통계가 시작된 2011년부터 대구광역시의 아파트 매매가격과 전세가격은 인구의 감소 추세와 반대로 계속 올라가고 있다는 걸 알 수 있습니다. 인구가 줄고 있는데도 집값은 올라가는 이상 현상이 발생하고 있는 겁니다. 이를 보면 집값에 미치는 인구의 영향을 크게 보고 적용하는 데는 무리가 있을 듯합니다.

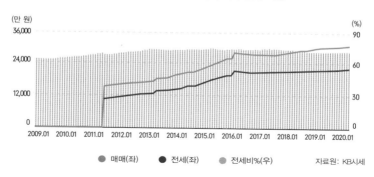

대다수 전문가가 부동산 가격에 영향을 미치는 요인으로 보는 금리 변화는 어떤가요? 이들은 금리가 올라가면 집값이 내려가고 금리가 내려가면 집값이 오른다고 주장합니다. 정말 그럴까요? 혹 그런 주장이 옳다고 해도, 금리가 얼마만큼 올라가면 집값이 내려가고 얼마만큼 내리면 집값이 오른다는 정확한 기준이 있나요?

2017년 부동산 가격이 폭등에 가깝게 상승하자, 미국 금리가 인상되면 부동산 가격이 내려갈 것으로 기대하거나 우려한 이들이 많았습니다. 그런데 정작 미국 금리가 인상된 뒤에도 부동산 가격이 상승하자, 그렇게 주장한 사람들은 미국 금리가 아니라 우리나라 금리가 인상되어야 한다며 말을 바꾸기 시작했죠. 우리나라는 경기 상황이 미국과 달라서 금리를 인상하기 어렵습니다.

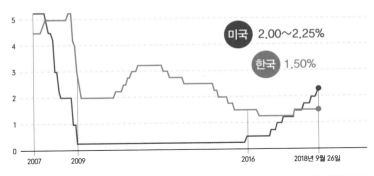

한·미 기준금리 추이(현지시간 기준)

미국 2.00∼2.25%
한국 1.50%

2007   2009   2016   2018년 9월 26일

자료원: 한국은행, 미국 연방준비제도

위 그래프는 2007년 이후 한·미 양국의 기준금리 변동을 나타내는 그래프입니다.

현재 부동산 가격이 오르는 원인을 금리가 낮기 때문으로 본다면, 실제 금리가 떨어지고 있던 시기를 살펴봅시다. 그래프에서 2009년 금리가 급격하게 떨어지는 것이 보일 겁니다. 그런데 이 시기에 우리나라 아파트 가격은 급속도로 하락하고 있었습니다. 금리는 5%대에서 2%로 무려 3%나 떨어졌습니다. 현시점 전문가들은 금리가 0.5%만 올라도 난리가 날 것처럼 말하는데, 정작 떨어질 때는 3% 넘게 떨어졌습니다. 이 정도면 거의 폭탄급 수준입니다. 그들의 논리대로라면 이 정도로 금리가 떨어질 때는 아파트의 가격도 폭등해야 합니다. 하지만 실제로는 반대로 폭락했습니다. 결론은 같습니다. 금리라는 요인을 부동산 투자에 적용하여 판단 기준으로 삼기 어렵다는 겁니다.

이로써 기존의 부동산 전문가가 부동산, 특히 아파트 시장을 분석하는 기준으로 삼고 있는 요인들로는 투자의 타이밍을 잡는 데 도움을 얻을 수 없다는 걸 알았습니다. 그럼 이제부터 본격적으로 제가 주장하는 부동산 사이클의 기본 요소인 전세와 선분양 제도, 대중심리, 정부 정책에 따라 어떻게 투자 타이밍을 잡을 수 있는지 알아봅시다.

전 세계 유일의
전세제도

• • •

'전세'라는 임대제도가 있는 나라는 전 세계에서 우리나라가 유일합니다. 보통은 집을 사거나 월세나 연세로 집을 빌리죠. 전세가 임차인에게 좋은지 혹은 나쁜지에 관해서는 많은 논란이 있습니다. 그런데 전세로 거주하고 있는 당사자들은 정작 이 제도의 매력을 크게 느끼지 못하는 것 같습니다. 미국의 할리우드 배우 앤젤리나 졸리Angelina Jolie가 연세대학교에 입학한 입양아들 매덕스의 집을 얻기 위해 한국에 왔다가, 우리나라 임대 방식에 놀랐다는 기사를 접한 적이 있습니다. 실제로 그녀는 서울 광화문 소재의 한 아파트를 전세 계약했는데요, 그녀가 놀란 것은 다름 아닌 전세라는 말도 안 되게 좋은 시스템 때문이었죠.

어느 나라에서든 어떤 물건이든, 이를 빌려 쓰려면 임대료를 지급해야 합니다. 그런데 우리나라 전세제도는 매달 내야 하는 임대료 없이 일정 보증금을 주인에게 맡겼다가 계약 기간이 만료되면 보증금 그대로를 고스란히 돌려받는 시스템이죠. 이렇게 임차인에게 좋은 제도를 다른 나라에서는 찾아보기 힘듭니다. 하지만 우리나라의 대다수가 당연하게 활용하고 있는 제도이기에 국민들은 장점을 크게 느끼지 못합니다. 말로는 세입자에게 가혹한

제도라니, 전세금 상승이 큰 부담이니 하면서도, 막상 월세와 전세 중 어떤 방식으로 거주할지 선택해야 할 때는 대부분이 전세를 택합니다. 전세가 월세 거주 방식보다 월등하게 임차인에게 유리하기 때문이라는 건 그들의 행동으로 알 수 있죠.

무엇보다 우리나라에만 있는 전세자금 대출 제도도 대박입니다. 월세 보증금 정도의 소자본만 있어도 전세자금 대출을 받으면, 집주인에게 매달 지급해야 할 월세 정도의 이자를 은행에 내면서 전세로 거주할 수 있습니다. 사실 은행에 지급해야 할 대출이자는 월세에 비하면 월등하게 적습니다. 그러니 임차인들은 월세보다 전세를 선호하게 되는 것이죠.

이렇게 우리나라에만 존재하는 전세제도는 부동산 매매 시장과 매우 밀접한 관련이 있고 꽤 큰 역할을 담당하고 있습니다. 구체적으로 살펴봅시다.

대한민국 부동산이 폭락하지 않는 이유

우리나라 부동산이 일본 부동산처럼 폭락할 것이라고 예견하는 이들은 10년 전에도 있었고, 지금도 있습니다. 그들의 주장에도 그럴 듯한 부분이 있긴 합니다만, 가장 큰 문제는 그들이 일본에는 없지만 우리나라에서는 많은 임차인이 선호하는 전세제도를 간과하고 있다는 점입니다. 집은 필수재입니다. 비트코인이나 주식, 채권 등과 같은 투자재인 동시에 사람이 살아가는 데 필요한 세 가지인 의식주 중 하나라는 말입니다. 따라서 집은 가치가 떨어질 때 손절매한 후 쳐다보지 않아도 되는 여타의 상품과는 다릅니다. 어찌 됐든 누구에게나 거주하고 생활할 공간은 필요할 테니까요. 단지 그 집에 매매로 거주하느냐 임대로 거주하느냐의 차이만 있을 뿐입니다. 그런데 매매와 월세의 중간자적 성격을 지닌 전세라는 제도 때문에 부동산 가격이 내려갈 때 희한한 일이 벌어집니다.

처음 부동산의 매매가격이 하락하기 시작할 때는 매매가격과 전세가격 모두 동시에 떨어집니다. 그 원인에 대해서는 3장에서 자세히 설명하겠지만, 간단하게 말하자면 하락하는 현장에서 반드시 나타나는 '미분양' 때문입니다.

미분양 물건이 있는 아파트들이 신규 입주할 때는 '역전세난'이 일어납니다. 전셋집 물량은 많은데 이를 찾는 수요는 적어 집주인이 세입자를 구하지 못해 겪는 어려움을 말합니다. 대규모로 입주하는 아파트의 경우 일반적인 부동산 계약 상황과 달리, 2~3개월이라는 비교적 짧은 기간 내에 잔금을 치러야 합니다. 그렇지 못하면 연체이자가 발생하기 때문이죠. 어서 잔금을 치르고 임대차를 맞춰야 하는 집주인은 하루라도 빨리 세입자를 구하기 위해 전세가격을 내리는데, 이때 미분양까지 있다면 더욱 임대 맞추기가 쉽지 않죠. 결국 신규 아파트를 분양받고도 잔금을 치르기 어렵게 된 집주인이 계약금을 포기하거나 마이너스 프리미엄으로 시장에 부동산을 매도하는 일이 발생합니다. 이로써 시장에서 부동산의 떨어지는 매매가격과 더불어 전세가격도 하락하는 것이죠.

부동산의 매매가격과 전세가격이 동시 하락하면 사이클상에서도 시장의 하락이 시작됩니다. 그런데 일정 기간 부동산 가격이 지속해서 하락하면, 전세 시장에 새로운 변화가 생깁니다. 전세가격이 서서히 안정을 찾아가면서 상승 전환이 일어나는 겁니다. 부동산의 매매가격이 계속해서 떨어지면 주택을 보유한 사람도 전세로 갈아타기를 시도하면서 수요가 늘어나고 전세 물량이 줄어들기 때문이죠.

부동산 시장을 투기 시장으로 간주할 때, 부동산의 매매가격이 하락을 시작하기 직전은 대중의 투기 과열로 부동산 가격이 폭등한 상황일 겁니다. 부동산의 매매가격 대비 전세가격이 차지하는 비율을 뜻하는 '전세가율'은 하락 직전에 최저치를 기록합니다. 전세가격은 어느 정도 안정적인 흐름으로 올라가는데 매매가격만 크게 오른 상황이라 전세가율이 낮은 것이죠. 이는 부동산의

부동산 폭등장이 온다

매매가격과 전세가격의 갭이 커진다는 이야기와 같습니다. 이렇게 낮아진 전세가율은 부동산의 매매가격이 하락하면서 점차 상승합니다. 그러다가 전세가율이 70% 정도에 근접하게 되면, 드디어 매매가격도 하락을 멈추고 옆으로 횡보하는 안정적인 흐름으로 이어지죠.

이것이 바로 대한민국 부동산이 흘러온 역사입니다. 전 세계에서 유일한 전세제도로 인해 전세가격이 매매가격 하락을 가로막는 일이 벌어집니다. 따라서 일본 부동산처럼 6억 원짜리 아파트가 1억 원까지 떨어지는 과정을 겪을 일이 없습니다. 2,700만 원대 비트코인이 300만 원대로 폭락하는 사태와 같은 상황도 일어나지 않을 겁니다.

1998년 IMF와 2008년 외환 금융위기 때, 많은 전문가가 이러한 악재로 우리나라의 부동산이 일본처럼 대폭락할 것이라고 예견했죠. 그러나 알다시피, 예측은 빗나갔습니다. 우리나라 부동산은 외부 충격으로 가격이 하락하긴 했어도 엄청나게 폭락하지는 않았습니다. 많은 전문가가 간과한 전세제도가 주택 가격의 하락을 일정 선에서 막아 준 덕분입니다. 결국, 그들의 예견대로 대폭락을 맞을 것처럼 큰 폭으로 떨어지던 우리나라 부동산은 전세가격을 지지선으로 반등해, 전체적으로 볼 때 지속적인 우상향 곡선을 이어가고 있습니다.

부동산 가격 상승의 주범

　　　　　　　　　　2012~2013년에 서울 및 수도권 부동산 매매 시장은 바닥을 기고 있었습니다. 이때 분위기를 감안하면, 부동산으로 돈 버는 시기는 끝났구나 싶었죠. 떨어질 대로 떨어진 부동산 가격이 오를 일도 없어 보였고, 앞으로 우리나라 아파트의 가격이 오르지 않을 거란 전망이 대세를 이루었습니다. 이를 뒷받침하는 근거들도 하루가 멀다고 쏟아져 나왔습니다.

　　이후 부동산 가격이 크게 올라 2020년 4월 현시점 서울의 아파트 가격이 어느 정도인지 알고 있는 사람이라면, 실제 그런 일이 있었던가 싶을 겁니다. 이러한 상황을 짐작할 수 있는 주요 뉴스들을 찾아봤습니다.

올해 서울**아파트**값 하락폭, IMF 이후 최고　동아일보 ┃ 2012.12.27. ┃ 네이버뉴스
국민은행의 주간**아파트가격**동향에 따르면 서울 아파트 값은 12월 들어서도 3주간(12.3~17) 연속으로 0.1%씩 내려 연간 최종 하락폭은 더 커질 것으로 보인다. 서울 아파트 값은 2010년 2.2%, 2011년 0.4% 떨어지는 등…
└ 서울 **아파트** 값, 크게 떨어졌다　경향신문 ┃ 2012.12.27. ┃ 네이버뉴스
└ 서울 **아파트**값 IMF 이후 낙폭 가장 커　파이낸셜뉴스 ┃ 2012.12.27. ┃ 네이버뉴스
└ 올해 서울**아파트**값, IMF 이후 가장 …　연합뉴스 ┃ 2012.12.27. ┃ 네이버뉴스
└ 올해 서울**아파트**값 4.1% 하락…IMF　서울경제 ┃ 2012.12.27. ┃ 네이버뉴스

[20·30·40인식조사] 재테크 - "강남 **아파트**? 살 생각 없어요"
매경이코노미 ┃ 2012.01.01. ┃ 네이버뉴스 ┃ ↗
응답자의 24%가 '강남3구 **아파트** 가격은 영원히 **안** 떨어질 것'이라고 인식하고 있었다. 반면 14%는 '3년 **이상** 장기 하락세를 보일 것'이라고 예상했다. 강남3구 **아파트** 가격이 **오른**다는 내용의 문항에 동의한…

　　　　　　　　　　　　　　　　　　　　　　　　부동산 폭등장이 온다

수도권 **아파트** 52주 연속 하락.. 장기침체 '우려'

연합인포맥스 | 2012.12.28. | 네이버뉴스

이는 닥터아파트가 주간 단위 **아파트 가격**조사를 시작한 2007년 이후 처음이다. 닥터아파트는 수도권 75개구 1만3천698개 아파트 단지를 대상으로 매주 가격 동향을 조사하고 있다. 올해 첫 주와 마지막 52주 아파트...

서울 **아파트** 시장, 대선 후 '잠잠'..전세는 오름세 지속   조선비즈   2012.12.30.   네이버뉴스

관악은 봉천동 '관악드림타운' 대단지 **아파트**의 **가격**이 하락했다. 강남은 개포동 '주공2단지', 대치동 '청실' 등 재건축 **아파트**를 비롯해 대치동 '대치PARK', '삼성래미안', '도곡렉슬', '은마...

ㄴ [**아파트** 주간 시세] 철산동 주공4 전…   서울경제   2012.12.30.   네이버뉴스

동아일보는 서울 아파트 가격이 IMF 이후 최고 하락폭을 기록했다고 보도합니다. 그리고 앞으로 하락세가 지속할 것이라고 전망합니다. 매경이코노미 기사를 보면, 지금은 그렇게 사고 싶어도 쉽게 살 수 없는 강남의 아파트를 20~40대가 당시에는 사지 않겠다고 대답했다는 것을 알 수 있습니다. 부동산 가격이 오를 거란 기대보다 하락할 거라는 견해가 주를 이루었기 때문이겠죠. 연합인포맥스는 수도권 아파트가 장기간 하락을 지속하고 있다는 기사를 냈습니다. 그래서 장기 침체에 빠질 수 있다는 전망을 내놓았죠. 조선비즈는 서울아파트 시장이 대선이라는 큰 이슈를 맞았음에도 불구하고 잠잠한 분위기이며, 전세가격은 상승하고 있다고 보도했네요.

이처럼 언론은 하나같이 부동산 시장의 부정적인 미래를 점쳤으나, 웬만해서는 오를 일 없어 보였던 서울 수도권의 아파트 가

2장 부동산 사이클을 결정짓는 힘   **97**

격은 2013년 바닥을 찍고 상승하기 시작합니다. 그런데 우리는 상승 직전에 일어났던 일을 주목할 필요가 있습니다. 부동산의 전세가격이 상승해서 매매가격에 근접했다는 겁니다. 입지가 좋거나 학군이 괜찮거나 아니면 브랜드가 있으면서 대단지인 아파트처럼 사람들에게 인기가 많은 주택의 경우, 전세가격이 매매가격에 근접하게 오르면서 매수자들이 등장해 액션을 취합니다. 따라서 인기 좋은 아파트는 먼저 상승을 시작하기도 하죠.

문제는 인기 없는 아파트들이죠. 이들은 다 그럴 만한 이유가 있어 인기가 없고 사람들의 선택지에서 밀려나는 겁니다. 당연히 아파트 가격도 좀처럼 오르지 않고요. 그런데 부동산 전세가격의 상승이 지속되면 이런 아파트들의 전세가율이 85~90%에 임박하게 됩니다. 인기 아파트를 시작으로 많은 부동산의 전세가격이 점점 상승하면서 전세 매물이 사라짐에 따라 자금이 부족한 임차인은 인기가 없는 아파트도 감지덕지해야 하는 상황으로 몰리게 됩니다. 인기가 없어서 매매가격이 오르지 않은 건데, 전세가격이 계속 상승하므로 전세가격이 매매가격 바로 턱 밑까지 올라오는 일이 벌어지는 겁니다.

이때 일반적인 상식으로 이해하기 어려운 또 다른 상황이 발생합니다. 애초에 인기가 없어서 매매 거래가 잘 일어나지 않는 아파트 단지에서는 팔리지 않은 매물이 중개소에 이미 수십 채가 나

부동산 폭등장이 온다

와 있고, 전세 매물은 점점 씨가 말라가서 한두 채 나와 있습니다. 매물로 나와 있는 수십 채의 물건들은 대개 매매가격 2억 원, 1억 9,500만 원, 2억 500만 원이고, 그중 전세 매물은 1억 8,000만 원짜리 딱 한 채뿐입니다.

얼마 후 마지막 1억 8,000만 원짜리 전세 매물이 거래됩니다. 그러면 곧이어 다음 전세 매물이 등장하는데, 전세가격은 1억 8,500만 원입니다. 워낙 전세 매물이 귀한 데다 전세가격이 오르고 있는 장세이므로 임대인 입장에서 충분히 취할 수 있는 행동이죠. 그런데 이 전세 매물의 등장으로 재미있는 일이 벌어집니다. 이미 나와 있던 매물의 호가에 변화가 생기는 것이죠. 먼저 1억 9,500만 원짜리 매물들이 사라집니다. 거래가 되어 없어지는 게 아니라, 매도자들이 매물을 거둬들인 겁니다. 물론 아예 거둬들인 게 아니라 호가를 올린 뒤 다시 내놓으려는 목적에서죠. 그렇게 어떤 건 2억 원에, 어떤 것은 2억 500만 원에 나옵니다.

이러다가 1억 8,500만 원짜리 전세 매물이 거래됩니다. 그리고 얼마 있지 않아 다시 다른 전세 매물이 나오죠. 이 매물의 전세가격을 얼마일까요? 1억 9,000만 원이 되겠죠. 그럼 또다시 매매 호가가 변합니다. 2억 원짜리 매물이 사라지고 2억 500만 원, 2억 1,000만 원짜리 그리고 그 위에 2억 2,000만 원짜리 매물도 나옵니다. 조만간 그 전세 매물이 거래되고 나서 나오는 매물의 전세가격은 2억 원이 될 겁니다. 그리고 매매 매물의 호가가 또다시 변하면서 2억 2,000만 원, 2억 3,000만 원짜리 매물이 나옵니다.

이런 식으로 시간이 지남에 따라 인기 없는 아파트의 전세 매물이 거래되고 매매 호가가 올라가고 그에 따라 다시 더 높은 가격의 전세 매물이 나오고 다시 매매 호가가 올라가는 일이 반복됩니다. 이런 과정에서 매매 물건이 하나 정도 오른 가격에 거래되면, 그것이 기준이 되어 해당 아파트의 매매가격이 되고 호가가 더 올라가는 상황이 발생하죠.

분명한 건, 해당 아파트의 가치가 오른 게 아니라는 겁니다. 매매가격은 오르지 않는데 전세 수요자가 늘면서 오른 전세가격이 매매 호가를 밀어 올린 것뿐이죠. 정말 이런 현상이 발생하느냐고요? 인기 없는 나홀로 아파트나 입지 측면에서 가치가 떨어지는 구축 아파트와 빌라 들에서 흔히 발생하는 일입니다. 보통은 인기가 없어서 부동산 하락장에서는 아무도 거들떠보지 않는 것들인데, 전세난이 시작되면 전세가격이 매매가격 턱 밑까지 쫓아와서는 이들의 매매가격까지 밀어 올리는 겁니다.

인기 없는 부동산이 이 정도이니 인기 있는 아파트는 말할 필요도 없죠. 인기 많은 아파트의 경우 매매가격에 비해 전세가격

부동산 폭등장이 온다

이 저만치 아래에 있어 그 갭이 클 때는 거래도 거의 없고 매매가격이 오르지도 않습니다. 그러나 전세가격이 점차 올라 그 갭이 줄어들면서 전세가율이 70%대에 육박하면 비로소 거래가 이뤄지면서 매매가격을 올리는 상황이 발생합니다. 결론이 무엇일까요? 부동산 매매가격 상승의 근본 원인은 사실상 해당 부동산의 전세가격 상승이라는 겁니다.

투기 열풍의 진원지

　　　　　2015년부터는 전세난이 심화되었습니다. 전세 매물이 귀해지자 당연히 주택의 전세가격이 상승하고 앞에 설명한 이유들로 매매가격까지 동반 상승했습니다. 아파트 매수에 적극적이지 않았던 사람들도 이런 시장 분위기에 따라 적극적으로 부동산 매수에 가담하기 시작했죠. 상황이 이렇게 흘러가면 아파트의 전세가율이 최고조에 도달하게 되므로, 전세가격과 매매가격의 차이를 이용해 전세를 끼고 아파트를 매수하는 이른바 '갭 투자'가 유행처럼 번지게 됩니다.

갭 투자가 성행하는 근본 원인은 레버리지 투자가 가능하기 때문입니다. 아파트는 여타의 투자 상품에 비해 투입되는 금액 자체가 월등하게 큽니다. 그러니 쉽게 매매하기 어려운 물건이죠.

부동산 하락시장에서 매수자들에게 철저하게 외면받는 것도 부담스러운 가격 때문입니다. 이러한 부담감을 제거해 주는 것이 바로 갭 투자 방식입니다. 높아진 전세가율로 인해서 필요한 자기자본금의 규모가 훨씬 줄어드니까요.

아파트에 투자해서 돈을 버는 방법은 두 가지입니다. 비교적 큰 금액의 대출을 받아 아파트를 매수한 뒤 월세 세입자를 구해 월세를 받는 법과 매매가격과 전세가격의 갭만큼의 자금을 마련해 전세를 끼고 아파트를 매수한 뒤 전세가격 상승분을 취하는 방법입니다. 둘 다 장단점이 있죠. 그런데 아파트 가격이 오르는 시기에는 정부가 집값 폭등에 대한 국민의 아우성에 부담을 느끼면서 부동산 규제책을 내놓게 마련입니다. 그 규제책 중 반드시 포함되는 것이 대출 규제입니다. 빚을 내서 부동산 시장으로 뛰어드는 사람들을 막기 위해서죠. 이에 따라 대출한도가 축소되면 투입해야 할 자기자본금이 늘어납니다. 따라서 비교적 큰 투자금이 필요한 월세 투자보다는 갭 투자가 더욱 활개를 치게 되는 것입니다.

대출 받기도 어려워졌는데 **갭투자해볼**까 1억원 미만 투자해 고수익 기대
매일경제 | 2017.11.22. | 네이버뉴스 |
'**갭투자**'는 말 그대로 전세가율, 즉 매매가 대비 전세가격 비율이 높은 아파트를 전세를 끼고 매입해 시세차익을 기대하는 투자법이다. 보통 **갭투자**에 나서는 이들은 주택을 구매한 후 전세를 놓을 때 시세를 조금...

부동산 폭등장이 온다

비교적 적은 자기자본금을 투자해서 아파트를 샀는데 갭 투자 열풍이 불면서 투자 수익이 늘어나면, 평소 부동산 투자에 관심이 없던 사람들까지 대거 투자 대열에 참여합니다. 그 결과 다주택자가 급속도로 늘어나죠.

'갭투자' 열풍에…다주택자 1년새 10만여명 늘었다

한국경제 PiCK | A2면 TOP | 2017.11.17. | 네이버뉴스

지난해 집값이 크게 오르면서 **갭투자**(매매가와 전세가 차이만큼만 투자해 시세차익을 노리는 것) 방식으로 아파트를 산 투자자 등이 늘었기 때문이라고 전문가들은 분석했다. 그러나 정부가 올해 부동산 규제를…

결론을 내려봅시다. 갭 투자 열풍의 근본 원인은 무엇인가요? 연합뉴스 기사 제목이 설명하듯, 결국 전세가격 상승입니다.

아파트 전세가율 75% 육박…'**갭투자**' 부추겨

연합뉴스 | 2017.07.17. | 네이버뉴스

박천규 부동산시장연구센터장은 "전세가율의 상승으로 전세를 끼고 최소한의 금액으로 주택을 구매해 시세차익을 얻는 **갭투자**의 가능성이 커지고 있다"고 경고했다. 이와 함께 주택매매시장 소비심리지수는…

└ 아파트 전세가율 75% 육박…'**갭투자**'… 스포츠조선 | 2017.07.17. | 네이버뉴스
└ 아파트 전세가율 75%…'**갭투자**' 부… SBS CNBC | 2017.07.17. | 네이버뉴스
└ 아파트 전세가율 75% 육박…'**갭투자**'… SBS | 2017.07.17. | 네이버뉴스
└ 아파트 전세가율 75% 육박…'**갭투자**… SBS | 2017.07.17. | 네이버뉴스

지금까지 부동산의 전세가격이 매매 시장에 어떤 영향을 미치는지 살펴봤습니다. 전세는 부동산 사이클 변화에 영향을 미치는

주요 요인일 뿐만 아니라 영향력도 생각보다 큽니다. 이를 모르면 우리나라 부동산 시장의 향방을 정확하게 예측하기 어렵습니다. 안타까운 건 지금까지 우리나라에서 이 독특한 전세제도에 대한 연구가 전문적으로 이뤄진 적이 없다는 겁니다. 그 결과 '전세'라는 단어가 들어간 책도 발견하기 힘듭니다. 대한민국 부동산 가격을 움직이는 전세에 관한 연구가 절실히 요구됩니다.

희열과 공포를
선사하는 분양

· · ·

아파트 가격이 크게 상승함에 따라, 청약에 대한 열기가 더욱 고조되고 있습니다. 그런데 이런 청약제도 역시 우리나라에만 있다는 걸 알고 있나요? 이를 제대로 이해하려면 '선분양제도'라는 것이 시작된 배경부터 알고 넘어가야 합니다.

선분양제도란 건설사나 시행사(토지 매입과 건물의 판매부터 고객의 입주까지의 전 과정을 책임지고 계획하고 운영하는 회사)가 아파트를 짓기 위한 토지를 확보한 뒤, 착공과 동시에 혹은 착공 바로 전에 입주자를 모집하는 제도입니다. 쉽게 말하면, 아파트를 짓기 전 모델하우스를 만들고 건축될 아파트의 조감도와 모형도를 제공해, 해당 아파트를 분양받고자 하는 사람에게 미리 '입주 신청'을 하게 하는 것이죠.

전 세계에서 선분양제도가 있는 나라는 대한민국이 유일합니다. 왜 그럴까요? 우리나라는 1970~1980년대 인구가 폭발적으로 증가했고, 이와 더불어 도시로 진입하는 사람들 또한 늘었습니다. 좁은 땅덩어리에 많은 인구를 수용할 수 있는 집단주거시설이 대규모로 필요해졌지요. 이 같은 필요에 따라 탄생한 것이 바로 아파트입니다. 당시 이제 막 사업을 키워나가고 있던 우리나라 건설사들은 자금력이 그리 좋지 않았습니다. 국가 차원에서는 대규모의 주택 건설이 필요한데 이를 실행해 줄 건설사는 자금력이 달리고. 그런 상황에서 짜낸 묘안이 바로 '선분양'이었죠. 사실 다른 나라 역시 비슷한 상황을 거쳤는데 유독 우리나라에만 이 제도가 정착된 데는 정책자의 의지가 크게 작용했기 때문이라고밖에 달리 설명할 방법이 없습니다.

도입된 선분양제도는 우리나라의 주거 부족 현상을 해소하는 데 크게 일조했습니다. 다만 이 제도가 주택 시장에서 자리 잡아가는 과정에서 수많은 문제가 드러나고 이를 보완하면서 이른바 '누더기 청약제도'가 탄생했죠. 최근에는 선분양을 없애고 후분양으로 가야 한다는 목소리가 높아지고 있습니다.

초과 공급을 부르는 선분양제도

분양이 잘 되기만 하면 좋은데, 항상 그렇지는 않습니다. 주변 아파트 가격이 오를 때는 잘 되고, 아파트 가격이 내려갈 때는 잘 안 되는 게 아파트 분양이죠. 이러한 이유로 건설사들은 분양이 잘 되는 시기, 즉 아파트 가격이 오르고 있을 때 적극적으로 분양합니다. 이 같은 시기에 분양하면 '이

보다 더 좋을 순 없는' 상황이 연출됩니다. 아파트 가격이 오르고 있으니 똑같은 땅에 분양해도 분양가격을 더 높게 책정할 수 있죠. 또 일반적으로 분양가격이 높으면 분양이 잘 안 되는 게 맞는데, 주변 아파트 가격이 계속 오르고 있으니 사람들이 그리 높다고 생각하지 않으면서 몰려듭니다. 그러니 아파트 가격이 상승하는 시점이나 지역에서는, 특별한 제약이 없는 한 분양물량이 늘어나게 마련이죠.

문제는 이렇게 늘어난 공급물량이 '선분양제도' 아래에서 일어났다는 점입니다. 선분양으로 팔린 아파트는 아직 집이 아닙니다. 분양 시점에서 최소 2년, 일반적으로 3~4년 이상은 지나야 비로소 주거 공간으로서의 집이 되는 것이죠. 그러니 주택이 공급되긴 했어도 일반 사람들 입장에서는 실질적으로 공급이 늘었다고 느끼지 못합니다. 1~2년 전 분양한 아파트들도 아직 건설 중이니까요. 그런데 이러한 상황에서도 건설사들이 신규 아파트를 추가로 분양합니다. 시장 분위기가 괜찮다 보니 이 역시 잘 팔립니다. 해당 지역마다 필요한 '적정 물량'이 있는데, 추가 분양으로 이를 넘어서는 물량이 쏟아졌는데도 당시에는 투기수요와 실수요가 동시에 작용해 이들 모두를 소화해 냅니다.

그러다 일정 기간이 지나면, 그동안 분양한 물량이 집으로 변하는 순간이 도래합니다. 이때 무슨 일이 생길까요? 집이 넘쳐나게 됩니다. 수요는 한정적인데 공급이 과다한 것이죠. 이것이 비단 아파트에서만 일어나는 문제는 아닙니다. 상가와 오피스텔, 분양형 호텔, 사무실 등 '선분양제도'가 적용되는 부동산이라면 모두 이런 일을 필연적으로 겪습니다. 현시점 지방 부동산 시장이 이런 상황입니다. 주택 보급률이 100%를 넘어, 106~110%에 이르는, 초과 공급 상태죠.

─────── 우리나라 주택 보급률(2018년 기준) ───────

값	LEVE1					
구분	가구 수	주택 수	보급률	가구 수	주택 수	보급률
전국	–	–	–	19,979.2	20,818	104.2
수도권	–	–	–	9,686	9,588.1	99
지방	–	–	–	10,293.2	11,229.9	109.1
서울	–	–	–	3,839.8	3,682.4	95.9
부산	–	–	–	1,363.6	1,412.9	103.6
대구	–	–	–	957.5	966.1	104
인천	–	–	–	1,094.7	1,107.8	101.2
광주	–	–	–	578.6	616.5	106.6
대전	–	–	–	602.2	611.9	101.6
울산	–	–	–	431.4	476	110.3
세종	–	–	–	119	130.9	110
경기	–	–	–	4,751.5	4,798	101
강원	–	–	–	628.5	688.7	109.6
충북	–	–	–	641	729.7	113.8
충남	–	–	–	851.1	959.5	112.7
전북	–	–	–	733	802	109.4
전남	–	–	–	737.4	829.5	112.5
경북	–	–	–	1,094.5	1.271	116.1
경남	–	–	–	1,306.4	1,438.8	110.1
제주	–	–	–	249	266.4	107

자료원: 국토부 통계누리

도표는 2018년 기준 우리나라 주택 보급률입니다. 서울을 제외한 거의 모든 지역이 주택 보급률 100%를 초과하고 있죠. 110%를 넘는 곳도 많은데, 울산, 충북, 충남, 경남, 경북의 부동산은 실제 가격 하락이 심해 10%를 상회합니다.

정리해 봅시다, 선분양제도로 인해, 부동산 시장 분위기가 좋을 때는 분양물량이 증가하고, 일정 기간이 지난 후엔 초과 공급으로 부동산 가격이 하락하는 일이 반복되고 있습니다.

효과적인 레버리지

우리나라의 선분양제도 역시 투기 열풍의 원인이 됩니다. 투자자는 보통 두 가지 선택을 할 수 있습니다. 기존 아파트를 사거나 신규 분양 아파트를 사거나. 그런데 아파트 가격이 상승하는 부동산 상승장에서는 기존 아파트 갭 투자보다 신규 분양 물건 투자가 더 인기를 끕니다. 전세 보증금이나 대출 등 타인자본을 지렛대처럼 이용해 자기자본의 투입금을 줄이고 수익률을 극대화하는 레버리지 방식을 갭 투자보다 훨씬 유리하게 활용할 여건이 마련되기 때문이죠. 갭 투자의 경우 아무리 인기 없는 아파트를 매입한다고 해도 최소 20% 이상의 자기자본이 투입되어야 합니다. 인기 있는 아파트일 경우 적으면

30%, 많으면 40~50% 이상의 자기자본이 필요하죠. 그런데 신규 분양 아파트를 매입하는 데는 계약금 10%만 있으면 됩니다.

어떻게 이것이 가능하냐고요? 이는 우리나라의 건축물 분양 방식 때문입니다. 보통 건물을 분양받을 때는 계약금 10%를 건설사에 지급하고 분양 계약서를 씁니다. 그 이후에 중도금 60%를 내야 하는데, 이때 대부분의 사람이 자기자본이 아닌 중도금 대출을 받아 지급합니다. 중도금대출은 건설사의 보증을 통해 분양받은 사람의 신용대출로 이뤄집니다. 중도금대출에서 발생하는 이자 지급 방식은 시장 상황에 따라 다른데, 대개는 시장이 안 좋을 때는 무이자 방식, 시장이 좋아 분양이 잘 될 때는 이자후불제 방식이 적용되죠. 그리고 나머지 30% 잔금은 분양받은 사람이 입주할 때 내면 됩니다.

따라서 신규 아파트를 분양받은 사람은 입주할 때까지 아파트 전체 금액의 10%만 있어도 투자를 진행할 수 있는 겁니다. 3억 원짜리 아파트라면 3,000만 원으로 투자할 수 있고, 심지어 여기에 프리미엄이 5,000만 원 붙는다면 167%(5,000만 원/3,000만 원×100)의 투자 수익을 올릴 수 있습니다. 그런데 어디 부동산 가격이 오를 때 프리미엄이 5,000만 원 정도에서 멈추나요? 높을 땐 억 단위가 되기도 합니다. 만약 프리미엄이 1억 원 붙는다면 수익률이 무려 333%(1억 원/3,000만 원×100)가 됩니다. 이러니 분양 시장에 부는 광풍이 이상할 것도 없죠.

시장이 이런 식으로 흘러가면, 분양의 'ㅂ' 자도 모르는 사람도 분양 시장을 기웃거리게 됩니다. 신규 아파트를 분양받아 큰돈을 벌게 된 사람이 거기에서 멈출까요? 수익으로 재투자를 하고 동시에 주변 사람들에게 자랑합니다. 알다시피 전문가의 백 마디 말보다 지인의 한 번의 경험이 더 소중하게 받아들여지죠. 결국, 부동산 상승 초기 분양 시장에 진입한 이들이 프리미엄이 형성되는 것을 경험하고 투자에 성공해 다른 곳에 재투자하면, 이후에는 그동안 부동산 시장에 부정적이었거나 관심조차 없던 사람들마저 분양 시장으로 들어옵니다. 청약 경쟁률이 수십 대 일에 그쳤던 분양 물건이 나중에는 몇백 대 일, 심하면 몇천 대 일까지 치솟는 것도 이 때문이죠.

이렇게 경쟁률이 높아지면 청약에서 떨어진 사람은 프리미엄을 주고서라도 아파트를 매입하려고 하고, 이에 따라 빠르게 프리미엄이 형성되는 과정이 반복됩니다. 시장이 투기화되는 거죠. 결과가 빤히 보이는데 왜 그렇게 어리석게 행동하는지 이해 안 될 수도 있겠지만, 여기서 자유로울 수 있는 사람은 극히 드뭅니다. 비트코인 광풍이었던 불과 몇 년 전 상황처럼 사람들은 분양 시장으로 몰려갑니다. 부동산 청약 시장의 과열 양상은 더욱 심해지고 이로 인한 투기는 점차 거세게 확산합니다.

부동산 폭등장이 온다

부동산의 선분양제도가 아파트 시장에 미치는 영향은 상당합니다. 이뿐만이 아닙니다. 이렇게 분양된 물건이 입주 시점엔 어떤 문제를 발생시키는지도 좀 더 자세히 들여다봅시다.

입주물량이 늘면 가격이 하락한다?

입주물량이 늘어나면 아파트 매매 시장에 부정적인 영향을 미칠까요? 대다수는 당연한 말 아니냐고 반문할 겁니다. 많은 부동산 전문가가 그렇게 이야기합니다. 그런데 이는 대단히 잘못된 생각입니다. 단순히 입주물량이 많은 게 문제가 아닙니다. 정확히 말하면 입주물량의 상태, 즉 분양권이 어떤 상황에 있는지 따라 그 영향은 확연히 달라집니다.

입주물량은 매매 시장뿐 아니라, 전세 시장에도 아주 큰 영향을 줍니다. 따라서 입주물량의 영향을 분석할 때는 반드시 두 시장에 미치는 영향을 구분 지어서 살펴봐야 하고, 매매 시장의 경우 분양권이 어떤 상태에 있는지에 따라 미치는 영향이 부정적일 수도 있고 긍정적일 수도 있다는 걸 고려해야 합니다. 그럼 하나씩 분석해 봅시다.

입주물량이 아파트 매매 시장에 미치는 영향을 분석할 때 반드시 살펴야 할 것은, 분양권에 붙는 프리미엄 여부와 그 프리미엄의 크기입니다. 먼저 프리미엄이 많이 붙어 있는 경우입니다. 붙는 프리미엄의 크기는 분양가격에 따라 달라지긴 하지만, 일반적으로 분양가격의 10%를 기준으로 많다 적다를 나누면 됩니다. 이 기준을 넘어설 경우에는 갑작스러운 충격이 있지 않은 한 지속해서 상승하고 그 미만일 경우에는 분위기에 따라 프리미엄이 사라질 수도 있습니다.

2018년 말부터 2019년 초, 많은 전문가가 총 9,510세대가 입주하는 서울 송파구의 헬리오시티 때문에 서울 부동산 가격이 떨어질 거라고 전망했습니다. 대규모 입주물량으로 역전세난이 일어나고 그로 인해 아파트 전세가격이 폭락할 것이며, 전세가격 폭락으로 잔금을 치르기 어려워진 분양받은 사람들이 물량을 대거 쏟아낼 거란 예측도 나왔죠.

그런데 결과는 그렇지 않았습니다. 그들은 프리미엄을 전혀 고려하지 않았던 것이죠. 헬리오시티의 분양가격은 59㎡가 7억 2,000만 원, 84㎡는 9억 2,000만 원 정도였습니다. 그런데 완공 후 입주 시점의 시세는 59㎡가 약 13억 원, 84㎡는 15억 원 정도가 되었죠. 헬리오시티의 프리미엄이 약 6억 원 정도로 형성된 겁니다. 이처럼 프리미엄이 높게 형성되면 양도세를 고려하지 않을 수 없습니다. 만약 분양받은 사람이 입주 시 분양권을 매도한다

부동산 폭등장이 온다

면 양도세를 50% 이상 내야 합니다. 양도세 규정에 따르면, 일반 지역의 경우 주택을 보유한 지 1년 이내 매도 시 50%, 2년 이내 매도 시 40%를 내야 하는데, 조정 대상 지역 같은 규제 지역일 경우엔 보유 기간과 상관없이 50%의 양도세를 내야 하죠.

당시는 서울 전 지역이 조정 대상 지역 및 투기 과열 지역으로 묶여 규제를 받고 있는 상황이었습니다. 따라서 보유 기간과 상관없이 양도세를 50% 내야 했죠. 이럴 경우 분양받은 사람들은 어떻게 행동할까요? 양도세가 많아 잔금을 치르기 어려우니 모두 매도할까요? 이렇게 생각하면 오류에 빠질 수 있습니다. 그들 대부분은 아파트 가격이 오른 것에 기뻐하면서 양도세를 줄일 수 있는 방법이 없을까 고민하고 찾으려고 노력할 겁니다.

헬리오시티를 분양받은 사람이 무주택자라면 어떨까요? 무주택자가 아파트를 분양받아 입주하면 1주택자가 됩니다. 이 사람이 그곳에 2년만 거주한다면 매도하더라도 비과세 혜택을 받을 수 있죠. 9억 원 초과분에 대한 양도세가 부과되더라도 일반 세율이 적용됩니다. 전매하는 경우보다 양도세를 많이 줄일 수 있습니다. 그러니 어떻게든 버틸 가능성이 커집니다.

1주택자라면 어떨까요? 이 사람도 일단 헬리오시티에 입주한 뒤 기존에 가지고 있던 주택을 2년 안에 매도한다면 일시적 1가구 2주택에 해당하기에 비과세 혜택을 받을 수 있습니다. 앞서 말한 무주택자의 상황과 크게 다르지 않죠. 따라서 지금 당장 주택을 매도하기보다 버티면서 양도세를 줄이기 위해 노력할 겁니다.

2채 이상을 소유한 다주택자일 경우엔 조금 다른 고민을 하겠죠. 다주택자에겐 비과세 혜택이 없으므로 어차피 내야 할 양도세는 고민의 대상이 아닙니다. 하지만 막상 입주 시점에 주택을 팔기엔 문제가 있습니다. 보통 이 시기에는 이미 많은 매물이 시장에 나와 있습니다. 물론 그 모든 매물이 주인이 적극적으로 팔기 위해 내놓은 매물은 아닙니다. 대부분이 양도세까지 고려해 시세보다 좀 더 높게 책정된 가격의 매물이고, 시장 상황을 간 보기 위해 내놓은 매물이죠. 이때는 적극적으로 매수하고자 나서는 이들도 많지 않습니다. 이에 더해 부동산 시장을 압박하려는 정부의 대출이나 양도세 규제 같은 정책도 적용되는 상황이라면, 아파트를 매수하려는 사람은 더욱 줄어들어 있을 거고요.

이런 상황에서 자신의 물건을 꼭 매도해야 한다면 시세에 내놓아서는 안 될 겁니다. 비슷한 매물 속에서 본인의 매물에 확실히 좋은 무언가가 있지 않은 한, 팔릴 가능성을 키우는 건 시세보다 저렴한 가격에 '급매물'로 내놓는 방법밖에 없죠. 그런데 이렇게 할 경우, 매도자로서는 손해가 이중으로 발생하는 것이나 다름없습니다. 시세보다 싸게 팔아야 하니 첫 번째 손해, 그렇게 팔

부동산 폭등장이 온다

아도 결국에는 50%의 양도세를 내야 하니 두 번째 손해. 결국, 다주택자 역시 그 정도의 손해를 감수하면서까지 물건을 팔기보다는 상황을 봐가면서 버티자고 생각할 가능성이 큽니다.

무엇보다 이들 모두가 분양받은 아파트를 보유하기로 결정할 또 다른 이유가 있습니다. 집으로 완성되지 않은 분양권 상태에서만 약 6억 원의 프리미엄이 형성됐습니다. 그렇다면 막상 입주할 시점이 되면 가격이 더 오르지 않을까 싶어지는 겁니다. 시간이 지날수록 기대는 더욱 커집니다. 실제로 이렇게 형성된 프리미엄이 입주한 뒤 더 크게 오른 사례들을 목격해 왔기에 그러한 기대는 믿음으로, 믿음은 확신으로 변하게 되죠.

이 같은 가정은 결국 현실화되었습니다. 송파구 헬리오시티는 입주 당시 매매 시장에 별다른 영향을 주지 않고 입주를 마쳤습니다. 그리고 이후 가격은 더 크게 올라 2020년 4월 현재 84m^2 기준 매매가격이 17억 원을 상회하고 있습니다.

입주물량과 역전세난

입주물량이 쏟아질 때 전세 시장의 가격도 떨어질까요? 그렇게 주장하는 이들은 분양받은 사람이 잔금 문제로 짧은 입주 기간 안에 세입자를 빨리 구해야 하므로 해당 물건의 전세가격이 시세보다 크게 하락할 것으로 예측합니다. 역전세난으로 인해 분양받은 이들이 잔금을 치르기 어려울 거라는 겁니다. 그런데 높게 형성된 프리미엄이 이러한 위험도 말끔히 해소합니다.

일단 대규모의 입주물량이 일시적으로 전세가격을 하락시키는 상황을 만드는 건 사실입니다. 하지만 그들은 높은 프리미엄으로 인해 형성될 전세가격이 생각보다 높을 거라고는 생각 못 합니다. 예를 들어봅시다. 송파구 헬리오시티의 처음 분양가격은 $59m^2$ 기준 7억 2,000만 원이었습니다. 만약 투자자가 이 가격에 분양권을 샀다면 어떤 자금운용 계획을 세웠을까요? 처음 계약할 때 10%를 내고 입주 시점에 90%의 자금을 마련하면 되는데, 이때 전세를 맞추면 자기자본금이 줄어들겠죠. 예상하는 전세가격이 분양가격의 60% 선이라면 30%의 금액만 잔금 시점에 준비하면 문제없습니다. 금액으로 계산해 보자면, 계약금은 7,200만 원, 입주 당시 예상 전세가는 4억 3,200만 원(7억 2,000만 원×60%) 그리고 잔금 때 준비해야 할 현금은 2억 1,600만 원(7억 2,000만 원×30%)입니다.

그런데 헬리오시티의 경우 형성된 프리미엄이 6억 원입니다. 그렇다면 입주 당시에 매매가격의 시세가 13억 2,000만 원이겠

부동산 폭등장이 온다

죠. 이때 전세가격은 어느 정도 될까요? 1만 세대에 가까운 대규모의 입주물량으로 분명 역전세난이 일어났을 겁니다. 실제 입주 당시 전세가율은 40~50% 정도였습니다. 주변 아파트 전세가율이 55~60%였으니 역전세난이 벌어진 건 맞습니다. 그렇다면 헬리오시티의 전세가격을 구해봅시다. 시세인 13억 2,000만 원의 40%는 5억 2,800만 원입니다. 처음 예상했던 전세가율 60%보다 훨씬 떨어진 40%이긴 하지만, 높은 프리미엄으로 인해 전세가격 자체는 예상한 4억 3,200만 원보다 거의 1억 원 가까이 높아졌습니다. 그럼 50%로 계산해 볼까요? 6억 6,000만 원입니다. 여기에 처음 넣었던 계약금 7,200만 원을 더하면 7억 3,200만 원이죠. 이는 처음 분양가격을 상회하는 금액으로, 이 가격에 전세 세입자를 구한다면 추가로 투입해야 할 자기자본금이 한 푼도 필요 없게 됩니다.

크게 오른 프리미엄으로 인해 입주 당시 전세가격이 분양 당시 예상한 전세가격을 훨씬 뛰어넘는 상황이 되었습니다. 대규모의 입주물량이 입주 시점에 세입자를 구하기 힘들게 만드는 것은 사실이나, 현실적으로 보면 잔금 기간을 넘어서까지 세입자를 구하지 못한 사람들은 대개 시장에 분양권을 매도하기보다 세입자를 구할 때까지 버팁니다. 그리고 아이러니하게도 세입자를 구하는 시점이 늦어질수록 전세가격은 올라갑니다. 결국, 잔금 기한까지 세입자를 구하지 못한 투자자에게 벌어지는 위험이란, 그저 연체이자에 대한 압박뿐입니다. 사실 이러한 연체이자도 투자자를 크게 압박할 순 없었습니다. 그 연체이자율이 시중금리보다 조금 높은 2%대 후반~3%대 초반 정도였으니까요. 이 정도는 6억 원이 넘는 프리미엄을 확보한 분양권 투자자를 압박하기에는 터무니없이 약합니다. 세입자를 구하지 못한 투자자들은 잔금 기한을 3~4개월 정도 넘긴 후 대부분 무사히 잔금을 치렀습니다. 높게 형성된 프리미엄 덕분이었죠.

단, 프리미엄이 5,000만 원 미만이거나 프리미엄이 아예 붙지 않은 상황에서 입주가 시작될 경우에는, 매매 시장에 부정적인 영향을 미칠 수 있습니다. 사실 분양권에 투자할 경우, 계약할 때는 분양가격의 10%, 잔금을 치를 때는 분양가격의 30% 정도의 현금이 필요하다는 걸 알고 그에 대비해야 합니다. 문제는 많은 투자자가 10%의 계약금만 마련되면 무작정 뛰어든다는 겁니다. 이들은 그저 프리미엄이 형성될 것을 기대하고 분양권을 사고, 분양가격의 30%의 여유자금이 있더라도 이를 잔금 치를 때를 대비해 보유하기보다 또 다른 분양권을 매입하는 데 써버립니다. 입주 시점에 분양권을 보유해야 할 경우 30%의 자금이 필요하다고 해도, 그냥 다른 분양권을 매도해 그 금액을 마련하면 된다고 쉽게 생각하는 겁니다. 물론 프리미엄이 높게 형성되어 가격이 오를 것이 확실하다면야, 30%의 현금을 보유하고 있는 것보다 분양권을 매입했다가 프리미엄을 받고 입주 전에 매도하고 하나만 보유하는 것이 현명할 겁니다. 문제는 예상이 빗나갈 때 일어 납니다.

이렇게 계획을 무리하게 세워 분양권을 매입했는데, 프리미엄이 붙지 않은 상태에서 입주 시점이 다가온다면 어떻게 될까요? 예를 들어, 헬리오시티가 프리미엄이 붙지 않은 상황에서 입주를 맞이했다고 가정해 봅시다. 프리미엄이 붙지 않았으니 처음 분양 시 예상했던 전세가격보다 낮은 가격에 세입자를 구해야 합니다. 거의 1만 세대에 가까운 대규모의 물량이 공급된 상황이므로 당연히 역전세난이 발생했겠죠. 전세가율은 주변 아파트들보다 낮은 40~50% 정도로 형성될 겁니다.

분양 시 예상했던 전세가율 60%보다 훨씬 밑도는 전세가율이 문제입니다. 만약 40%에 전세를 맞춘다면 잔금을 치르기 위해 필요한 자기자본금이 50%입니다. 이렇게 되면 투자자가 잔금을 치르는 것 자체가 불가능해집니다. 세를 맞추기 위해 잔금 기한이 지난 후까지 버티는 것도 프리미엄이 붙어 있을 때나 여유를 가지고 할 수 있는 것이지, 프리미엄이 없는 상황에서 버티는 건 심리적 압박이 너무 큽니다. 결국 마이너스 프리미엄이 붙은 가격에 분양권을 팔아야 하는 상황까지 발생할 수 있습니다. 잔금에 필요한 현금을 준비하지 못한 투자자도 있겠죠. 이들은 대개 현금이 아닌 분양권을 여러 개 들고 있을 가능성이 큽니다. 해당 아파트에 프리미엄이 전혀 붙지 않은 상황이라면 다른 지역에 있는 아파트 또한 크게 다르지 않을 가능성이 크고요. 이러한 현실을 맞닥뜨린 투자자라면 그야말로 '멘붕'이 됩니다. 여러 현장에서 자금 압박이 들어올 테니까요. 프리미엄이 붙지 않은 상황이니 입주를 하더라도 가격이 오를 거라는 희망을 품기도 어렵습니다. 결국 이 투자자는 헐값에 분양권을 매도하거나 건설사와 계약 해지에 관해 협상하고자 시도할 가능성이 큽니다.

이렇게 떨어진 전세가격은 해당 아파트뿐 아니라, 주변 아파트의 전세가격까지 떨어뜨리는 역할을 합니다. 세입자 입장에서는 새로 입주하는 아파트가 주변의 오래된 아파트보다 훨씬 좋죠. 신축에다 전세가격까지 저렴하니 가능하면 주변 구축 아파트에서 고생하느니 새 아파트에서 거주하는 걸 적극적으로 고려할 겁니다. 따라서 대규모로 입주하는 새 아파트가 주변 아파트의 세입자들을 블랙홀처럼 흡수하겠죠. 그렇게 되면 주변 아파트들의 전세가격도 폭락할 수밖에 없습니다.

지금까지 입주물량이 부동산 시장에 어떤 영향을 미치는지 살펴봤습니다. 과도한 입주물량이 부동산 시장에 무조건 부정적인 영향을 미칠 거란 많은 이의 생각과 달리, 입주 당시 형성되는 프리미엄의 크기에 따라 그 영향이 달라질 수 있다는 것도 알게 되었죠. 분양권 투자에 관심이 있다면, 입주 시점 생성될 프리미엄의 크기와 이로 인한 전세가율 변화, 필요한 잔금까지 세심하게 계산하고 접근하기를 바랍니다.

부동산 하락의 주범

아파트 가격이 상승하는 시기에는 웬만한 아파트 분양권엔 프리미엄이 형성됩니다. 상승기 막판에는 반드시 '폭등'이 발생하죠. 이것이 투기 시장의 전형적인 모습입니다. 이렇게 주택 가격이 폭등하면 자연스럽게 정부의 규제가 더해지면서 부동산을 매수할 사람이 줄어듭니다. 매수세가 넘쳐나서 폭등이 일어나는 건 아닙니다. 폭등하기 직전 반드시 나타나는 전조현상이 있는데, 매도물량이 줄어드는 겁니다. 부동산을 소유한 사람들이 가격이 더 오를 거란 기대로 매물을 거둬들이기 때문이죠. 이때 매수세가 조금만 붙어서 추격매수가 이뤄지면서 가격이 폭등합니다. 그리고 폭등이 어느 정도 완성되면, 대중은 가격이 부담스러운 그 지역보다 가격이 덜 오른 지역을 찾아 떠납니다. 결과적으로 해당 지역의 부동산은 부담스러운 가격을 유지한 채 오랜 기간 정체를 겪게 되고요.

이 같은 시기에는 분양권 시장도 크게 다르지 않습니다. 이곳저곳의 분양 현장에서 높은 가격에 아파트를 분양하면 매수자들도 부담스러워하는 상황이 벌어집니다. 이때 필연적으로 나타나는 현상이 미분양입니다. 이렇게 발생한 미분양 물건이 이후 점차 소진되기는 하지만, 이 영향으로 다른 분양 현장에서도 미분양이 발생합니다. 여기저기서 미분양이 발생하면 그 전에 급등한 가격으로 매수자들이 부담스러워 사지 않은 물건까지 더해지면서, 급속도로 투자 관망세로 전환됩니다.

사실 이때까지만 해도 부동산이 크게 하락할 기미는 보이지 않습니다. 청약 단계에서 발생한 미분양은 입주 시점까지 천천히 팔려도 됩니다. 건설사 입장에서는 모두 팔기만 하면 되는 것이죠. 투자 관망세는 나타나도 그동안 이어져 온 상승 분위기로 인해 바로 부동산 가격이 하락세로 돌아서진 않습니다.

부동산 시장이 하락 전환하려면, 적극적으로 그리고 지속해서 시세보다 싼 가격에 부동산을 매도하는 행위가 이어져야 합니다. 정체기에 있다가 한두 사람이 싼 가격에 급매물을 내놓았다고 바로 하락장으로 이어지는 게 아닙니다. 그 이후 연달아 그 가격보다 더욱 저렴한 가격의 물건들이 나와야 하죠. 그런데 이런 일은 쉽게 일어나지 않습니다. 특히 부동산 상승장이 꽤 오랜 기간 지속되어 왔을 때는 말이죠.

그럼, 부동산 가격이 하락세로 전환하는 상황은 어떨 때 발생하는 걸까요? 바로 시장에 '공포'를 느끼는 사람들이 많아질 때입니다. 그럼 어떤 상황에서 사람들은 공포를 느낄까요? '입주 미분양'이 발생할 때죠. 입주 미분양이란 처음 청약 시점에 발생한 미분양 물건을 이후 건설사가 팔기 위해 노력했음에도 불구하고 입주 시점까지 해소되지 않은 상황을 뜻합니다. 이렇게 되면, 앞서 입주물량을 검토할 때 프리미엄이 붙지 않은 상황보다 더 심각한 결과로 치닫게 됩니다. 입주 미분양 물건이 있으면 당연히 그 현장의 분양권에 프리미엄이 형성될 수 없고, 분양을 받은 사람 중 잔금을 치르기 어렵게 된 이들 중 일부가 매물을 팔려고 시장에 내놓아도 팔지 못하게 되는 것이죠. 미분양 물건이 남아 있으니까요.

이때부터 악순환이 계속됩니다. 해당 아파트의 전세가격이 더욱 떨어지니 잔금을 치르는 건 더더욱 어려워지고, 이때 대출 규제 같은 정부의 각종 규제까지 겹치면 잔금을 마련하는 것 자체도 거의 불가능해지는 겁니다. 그러니 이들의 마음속에 '공포'가 자리 잡게 됩니다. 잔금을 치르는 게 거의 불가능한데, 매물을 팔려고 해도 팔리지 않고, 계약금을 포기해서라도 해결하려는데 건설사가 해지를 쉽게 받아주지 않습니다. 당연합니다. 건설사 입장에서는 아직 분양되지 않은 물건이 있는데 계약 해지 물건까지 덜컥 받으면, 팔아야 할 물건만 더욱 쌓이게 되는 겁니다. 건설사의 위기만 커지는 것이죠.

이 같은 공포 분위기는 쉽게 전염됩니다. 어려움에 처한 투자자가 잔금을 치르기 위해 기존에 보유하던 부동산을 급하게 정리하면서, 또 다른 현장에 급매물이 나옵니다. 공포에 휩싸인 투자자의 다음 행로가 그렇습니다. 이와 같은 상황이 여기저기서 벌어지면, 그때야 비로소 부동산 상승장이 끝나고 하락장으로 넘어갑니다.

그러니 부동산 하락장을 만드는 주원인은 바로 미분양 물건이라 할 수 있습니다. 꽤 오랫동안 지속해서 이어진 상승장에서 사람들은 쉽게 공포심을 느끼지 않습니다. 급매물이 나오긴 하지만 연속적으로 나오기도 드물죠. 단, 그 모든 것을 바꾸는 것이 바로 '입주 미분양'입니다. 넘쳐나는 미분양 물건으로 공포에 휩싸인 사람들은 기존 매물까지 급하게 처분하게 되고, 이로써 본격적인 하락장에 접어듭니다.

부동산 폭등장이 온다

05

부동산 정책이
가져오는 부작용

• • •

　정부는 국민의 투표로 탄생합니다. 정권을 잡으려면 유권자의
표심을 얻는 게 중요하죠. 우리나라 정당은 대개 보수 혹은 진보
성향을 가지고 있고, 이에 따라 각 정당을 적극적으로 지지하는
유권자들도 있습니다. 그런데 특별한 정치 성향이 없고 적극적으
로 지지하는 정당이 없어서 상황이나 정책에 따라 표를 주는 부
동층의 국민들이 무려 30%에 달합니다. 정부는 이 부동층에 있
는 유권자들을 절대 무시할 수 없습니다. 확실한 지지 성향에 따
라 투표하는 유권자만으로는 정권을 창출하기도, 유지하기도 어
렵기 때문이죠. 그러니 정권을 잡으려면 반드시 부동층의 유권자
들을 흡수해야만 합니다.

　결국, 유권자들의 선택을 받은 정부는 다음처럼 정책을 펼치게
됩니다. 부동산 정책을 예로 들어봅시다. 정부는 처음에는 그 정
권의 기본 가치관과 이를 지지하는 유권자들의 성향에 맞는 정책
을 펼칩니다. 하지만 이로 인해 새로운 문제가 발생하고 지나치
게 한쪽으로 치우치고 과열되는 양상이 드러나면, 그 가치관에서
조금씩 벗어나는 정책을 펼칠 수밖에 없습니다. 부동층의 유권자
들은 대개 중도적 성향을 가지고 있기에, 정책이 극단적으로 치

　　　　　　　　　　　　　　　　　　　　부동산 폭등장이 온다

우치는 걸 반가워하지 않기 때문이죠.

정부는 표를 먹고 자란다

중도 성향의 유권자들도 개혁을 바라긴 하지만, 그 개혁으로 인해 본인에게 어떤 피해가 오거나 과하다 싶은 생각이 들면 바로 보수적 성향으로 변합니다. 또 어떨 때는 안정적인 보수를 지향하다가도, 잘못된 점이 눈에 훤히 보이는데도 이를 바꾸지 않고 그대로 유지하려는 보수 정당의 모습을 목격하면 바로 개혁 성향으로 바뀌죠. 그러니 정부는 안정적으로 정권을 유지하고 원하는 방향으로 정치를 해나가기 위해서라도, 이들의 생각과 행동 변화에 촉각을 곤두세울 수밖에 없습니다.

역대 정부가 어떤 부동산 정책을 펼쳤는지, 그 역사를 보면 무슨 뜻인지 쉽게 이해할 수 있을 겁니다. 대략 살펴보면 김대중 정부, 노무현 정부, 문재인 정부는 진보 및 개혁 성향, 이명박 정부, 박근혜 정부는 보수 성향의 정부였죠.

먼저 김대중 정부의 부동산 정책을 살펴봅시다. 김대중 정부는 IMF 경제위기가 시작되면서 출범했습니다. 그래서 이 위기를 헤쳐 나가는 데 온 정책을 집중시켰죠. IMF 경제위기는 단순한 외환위기를 넘어서는, 국가부도 위기에 가까웠습니다. 중·소기업들은 물론, 결코 무너질 리 없어 보였던 거대 기업도 대거 도산했고, 구조조정에 따른 대규모 실업 사태, 환율과 금리 폭등으로 인한 투자심리 위축으로 부동산 가격도 폭락했습니다.

대한민국 부동산 역사 속에서 나름 굳건하게 자리 잡았던 '부동산 불패 신화'가 한순간에 깨지면서, 일부 언론과 전문가 들은 앞다퉈 '이제 부동산 시대는 끝났다! 부동산 가격은 더 이상 오르지 않는다. 일본처럼 장기 침체가 이어질 것이다'와 같은 부정적인 전망을 내놓았습니다.

이때 김대중 정부가 어떤 정책을 펼쳤을까요? 부동산 규제 완화 정책을 매우 적극적으로 시행했습니다. 무너진 경제를 회생하고 폭락을 거듭하는 부동산 시장을 살리기 위해서였죠. 분양권 재당첨 금지기간을 단축하고, 청약자격 제한을 완화하는 등 '5.8 규제 완화 대책'을 시작으로 분양가 자율화, 양도세 한시적 면제, 취·등록세 감면, 토지거래 허가제 및 신고제 폐지, 분양권 전매 허용 등 굵직굵직한 규제 완화 정책을 내놓았습니다.

시간이 흐르고 어느 정도 외환위기를 극복하게 되자 이 같은 규제 완화 일변도의 정책이 새로운 문제를 발생시켰습니다. 2001년 이후 부동산 시장이 뜨겁게 달아오른 겁니다. IMF 이후 신규주택

부동산 폭등장이 온다

공급이 크게 줄면서 부동산 투자심리가 완전히 살아났습니다. 결국 투기 시장으로 변해가자 정부는 규제를 강화하는 방향으로 부동산 정책을 전환합니다. 국민임대주택 100만 호 건설 같은 임대주택 확대 정책, 투기 과열 지구 분양권 전매 강화 및 청약요건 강화, 재건축 안전진단 강화 등 투기 억제 정책을 펼쳤죠.

앞서 말했듯, 김대중 정부는 진보 성향의 정부였습니다. 기본 가치관에 따르면, 부동산에 관한 한 규제 위주의 정책을 펼쳤어야 합니다. 하지만 이 정부는 당시 경기 상황에 따라 오히려 보수 정권보다 강력한 규제 완화 정책을 펼쳤고, 부동산 시장이 과열되고 나서야 다시 규제 정책을 시행했죠.

다음은 노무현 정부입니다. 노무현 대통령의 임기 기간 내내 부동산 시장은 활화산처럼 불타올랐습니다. 그래서인지 아니면 정부의 성향 때문인지, 오로지 규제 일변도의 정책을 시행했습니다. 분양권 전매 제한, 재당첨 제한, 수도권 투기 과열 지구 지정, 재건축 조합원지분 전매 제한, 소형 60% 의무화, 1주택 비과세 요건 강화 등이 해당합니다. 그리고 이 정부의 대표적 정책인 3주택 양도세 중과, 종합부동산세 도입, 투기지역 LTV 강화 같은 강력한 규제책이 시행되었죠. 이 같은 규제에도 2006년 부동산 가격은 폭등했습니다. 폭등 이후 실거래가 등기부 등재, 분양가 상한제 확대, 종합부동산세 강화, DTI 도입, 2주택 양도세 중과, 재건축 초과이익 환수제 등 더욱더 강력한 규제책이 나왔지요.

　노무현 정부 시절엔 대통령 임기 내내 부동산이 상승가도만 달렸기에, 정부 입장에서는 규제 일변도의 정책을 펼칠 수밖에 없었을 겁니다. 그런데도 결국에는 집값은 잡지 못하고 규제만 남발했다는 평가를 받게 되었죠.

　다음은 이명박 정부입니다. 2008년 출범한 이 정부는 그동안 급등한 집값을 안정시키려는 목적으로 보금자리주택 수도권 100만 호, 지방 50만 호 공급 정책을 펼쳤습니다. 그해 9월 외환위기로 인한 경기 침체가 시작됐고, 부동산 시장도 하락세로 전환했습니다. 이때부터 이 정부의 부동산 대책은 거의 규제 완화로 방향을 잡습니다. 강남 3구를 제외한 지역에는 투기 과열 및 투기지역을 해제하고, 미분양 주택 해소를 위해 한시적으로 양도세를 감면해 주는 정책을 펼쳤죠. 취득세를 감면해 주고 분양권 전매 제한을 완화했습니다. 그리고 다주택자 양도세 중과 배제 기간을 연장하고 매입 임대사업자에게 세제 지원을 했습니다.

　이명박 정부는 노무현 정부와 반대로 외환위기로 인해 침체에 빠진 부동산 시장을 살리기 위해 규제 완화 정책을 펼쳤습니다. 하지만 외환위기가 오기 직전인 정부 출범 직후에는 시장 안정화를 위한 대규모의 주택 공급 정책을 썼죠. 물론 상황에 따라 주택 시장이 회복될 조짐을 보이면 DTI 완화 정책을 종료하는 등 규제 정책을 쓰기도 했습니다. 이로 인해 부동산 시장 분위기가 침체되는 상황이 벌어지기도 했고요.

다음은 박근혜 정부입니다. 박근혜 정부는 주택시장 거래 활성화를 위한 규제 완화와 공급을 억제하는 정책을 시행했습니다. 다만 임기 말쯤 주택 시장이 과열되자 예상보다 강한 규제 정책을 내놓아 시장을 잠시나마 얼어붙게 만들었죠.

박근혜 정부 시절 부동산 시장은 양분되어 흘러갔습니다. 매매 시장은 침체, 전세 시장은 상승세였죠. 그래서 부동산 정책은 전세난 해소를 위한 대책이 주를 이루었고, 이 때문에 그 유명한 "빚내서 집 사라"라는 말이 나온 겁니다. 전세난을 해소하는 방법은 매매 시장 활성화뿐이라고 생각한 것 같습니다. 매매 시장 활성화를 위한 규제 완화에 초점을 맞춘 것도 이 때문이죠. 그런데도 치솟는 주택의 전세가격을 당장 해결할 수 없어 집 없는 전세 서민을 위한 지원 정책으로, 전세대출 확대와 보증보험 적극 지원 정책을 펼치기도 했습니다. 이러한 정책이 어느 정도 효과를 거두면서 침체된 주택 시장이 활기를 찾았는데, 다시 임기 말에는 과열 양상을 보이자, 2016년 '11.3 대책'이라는 아주 강력한 규제 정책을 내놓았죠.

다음은 문재인 정부입니다. 문재인 대통령이 출범한 시기 부동산 시장은, 주로 규제 완화 정책을 펼친 이명박 정부와 박근혜 정부의 영향으로 이미 과열 양상을 띠고 있었습니다. 문재인 정부는 뜨거워진 부동산 시장을 안정시키기 위한 각종 규제 정책을 내놓고 고군분투하고 있지만, 뚜렷한 성과를 내지 못하고 있다는 평가를 받고 있습니다.

정권이 시작됨과 동시에 계속해서 강력한 규제 정책을 내놨는데, 2017년 '8.2 대책', 2018년 '9.13 대책', 2019년 '12.16 대책' 등은 전례가 없을 만큼 강력한 부동산 규제 정책입니다. 하지만 9.13 대책이 발표된 이후 하락세로 돌아서는 듯 보였던 부동산 시장은 오히려 더욱 과열되었습니다. 아마 경기 활성화 방침으로서의 부동산 규제 완화 정책은 검토조차 하지 못할 만큼 문재인 대통령 임기 내내 부동산 시장은 뜨겁게 흘러갈 것 같습니다. 노무현 정부의 정책과 닮았다는 평가가 있을 정도죠.

지금까지 대한민국 역대 정부가 어떤 부동산 정책을 펼쳐 왔는지 살펴봤습니다. 정부의 정책을 시장 상황에 대입해서 살펴보면, 정권의 가치관에 따른 정책보다는 시장 상황에 대응하기 위한 정책이었다는 걸 알 수 있습니다. 쉽게 말해, 시장이 침체되면 완화 정책을, 과열되면 규제 정책을 펼친 것이죠. 부동산 시장의 과열 양상이 유독 심했던 노무현 정부와 문재인 정부에서는 완화 정책을 좀처럼 찾아볼 수 없는데, 이를 두고 이 정권의 진보 성향 때문이라고 설명하는 사람도 있지만, 저는 공교롭게도 이 정부들이 출범한 시기가 부동산 시장이 과열될 때와 겹쳤다는 것도 간과해선 안 된다고 봅니다.

가정해 봅시다. 만약에 노무현 정부나 문재인 정부가 부동산 시장이 가장 침체되어 있던 2010~2013년도에 정권을 잡았다면 어떤 정책을 펼쳤을까요? 침체된 시장을 더욱더 하락으로 몰고 갈 강력한 규제책을 펼치진 않았을 겁니다. 그렇다면 침체된 시장을 되살리기 위해 규제 완화 정책을 썼을까요? 진보 성향이니 그렇지 않았을 거라고요? 하지만 저는 시장 상황이 그랬다면 당연히 규제 완화 정책을 펼쳤을 거라고 생각합니다. 이명박 정부나 박근혜 정부처럼 보수 성향의 정권도 전반적인 정책 기조는 규제 완화였으나, 임기 동안 시장이 과열 양상을 띨 때는 바로 규제 정책으로 방향을 바꿨으니까요.

정부의 임기는 5년

아파트가 공급되는 데는 최소 3년에서 4년 이상이 소요됩니다. 심지어 빈 땅이 없는 서울 같은 거대 도시일 경우 재개발이나 재건축을 통해서만 아파트를 공급할 수 있기에, 10년 이상이 소요될 수도 있습니다. 부동산은 이동할 수 없다는 고유의 특성 때문에 다른 재화들처럼 공급이 부족하다고 해서 바로 제작해 공급을 늘려 시장을 안정화시키는 방법을 쓰기가 매우 어렵습니다. 어느 한 지역에 사람들이 몰려 수요가 증가했을 경우, 공급을 늘려 안정화하는 데는 많은 시간과 비용이 요구되죠.

궁극적으로 부동산 시장을 안정화하려면 보다 장기적인 안목을 가지고 중·장기적 대책을 세워야 하는데, 문제는 정부의 임기가 5년밖에 되지 않는다는 겁니다. 상황이 이렇다 보니 정부는 지금 당장의 효과는 기대할 수 없고 먼 미래에나 효과가 있을 만한 부동산 정책을 고심해서 계획하고 시행해야 할 필요성을 못 느끼겠죠. 부동산 시장이 과열될 경우 이를 근본적으로 해결하는 방법은 지금 당장 많은 주택을 공급하는 겁니다. 하지만 바로 대규모의 분양을 한다고 해도 이것이 지금의 수요를 해결할 수 있는 집은 아니기에, 시장을 빠르게 안정시키는 데 효과를 볼 수 없습니다. 그리고 혹여 대규모 분양을 통해 다음 정부에서 부동산 시장이 안정화된다고 해도, 이를 지난 정부의 노력 덕분이라고 평가할 리도 만무하죠. 혹여 다음 정권에서 알아준다고 해도 임기 내에 눈에 보이는 성과를 내지 못할 경우 반대 정권에 자리를 빼앗길 수 있으므로, 현 정부가 나중을 위한 정책을 펴나갈 이유를 찾을 수 없습니다.

부동산 폭등장이 온다

결국, 정부는 지금 당장 효과를 낼 수 있는 정책에 집중할 수밖에 없는 한계를 안고 있습니다. 비록 그것이 나중에는 부작용을 낼 수 있는 정책이라고 해도, 지금 당장 약간이라도 시장 안정화에 도움이 된다면 그런 정책을 수행하겠죠.

역대 정부의 부동산 정책에 대한 옳고 그름을 따지려고 하기보다 이 역대 정권의 정책들을 살펴보면서 확실한 한 가지만 배우면 됩니다. 그게 무엇이냐고요? 모든 정부는 정권을 잡은 시점을 기준으로 부동산 시장이 침체되어 있을 땐 규제 완화 정책을, 시장이 과열되어 있을 땐 규제 강화 정책을 시행했다는 겁니다. 아주 단순하고 당연해 보이죠. 물론 그러한 정책의 부작용으로 규제 완화 정책 뒤에는 시장 과열이, 규제 강화 정책 뒤에는 시장 침체가 이어진 것도 반복적으로 발생했죠. 이렇게 된 데는 앞서 설명했듯 정부의 임기가 비교적 짧은 5년이기 때문이고요.

모든 정부는 안정을 추구한다

일부 전문가는 부동산 시장을 전망하면서, "정부의 정책으로 인해 부동산 시장이 침체로 돌아설 것이다"라고 말합니다. 그런데 한 가지 생각해 볼 게 있습니다. 각종 부동산 정책을 내놓는 정부의 본심이, 정말 시장 침체를 위함일까요? 이는 정부의 역할과 의도를 제대로 이해하지 못해서 하는 이야기입니다.

앞에서도 언급했듯, 정부는 중도층을 무시하지 못합니다. 이들은 시장이 과열되는 것도, 침체되는 것도 바라지 않습니다. 살아가는 데 불편함을 느끼지 못할 만큼의 적당한 시장 상황을 원하죠. 따라서 모든 정부가 추구하는 것은 '시장 안정'입니다. 역대 정책을 유심히 들여다보면 각 정부가 원하던 방향이 무엇이었는지 확실해질 겁니다. 침체도 과열도 아닌, 안정이죠. 그래서 시장이 침체되면 규제 완화 정책을 쓰다가도 시장이 살아나기 시작해 과열 양상을 보인다 싶으면, 바로 규제 강화 정책을 내놓았죠. 노무현 정부와 문재인 정부는 임기 기간 내내 규제 위주의 정책을 펼쳤지만, 이는 시장 탓이 큽니다.

한 가지 더 생각해 봅시다. 부동산 가격이 확실히 내려가야 한다고 주장하는 사람들은 노무현 정부와 문재인 정부가 내놓았던 전례 없는 강력한 규제 정책에도 불만을 터뜨렸습니다. 왜일까요? 기대했던 대로 부동산 시장이 하락세로 전환되지 않았기 때문입니다. 정부가 무능해서일까요? 전 오히려 이 정부가 부동산 시장이 침체되는 걸 바라지 않았기 때문이라고 봅니다. 돌아가는 시장 상황을 보건대, 초유의 강력한 규제 정책을 내놓아도 바로 침체로 이어질 것으로 생각하지 않았기에 그 정도의 정책을 펼친

부동산 폭등장이 온다

게 아닐까요? 물론 그 결과, 시장은 규제를 이기고 더욱 과열 양상으로 치솟게 되었습니다.

반대로 이명박 정부 시절엔, 부동산 시장이 침체되었으므로 규제 완화 정책을 시행했습니다. 하지만 중간중간에 시장이 살아날 기미만 보이면 완화했던 규제를 다시 제자리로 돌려놓곤 했죠. 이러한 이유로 시장은 완전히 살아나질 못하고 임기 내내 침체가 이어졌고요. 부동산 경기를 살리기 위해 그렇게 규제를 완화했건만 결국 시장은 살아나지 않았습니다. 만약 이명박 정부가 부동산 시장 활성화를 넘어 과열되기까지 바랐다면, 지속해서 규제 완화 정책을 내고, 약효가 보이지 않으면 더욱더 강력한 규제 완화 및 부양책을 썼을 겁니다. 하지만 그렇게 하지 않았죠. 이 역시 이명박 정부가 추구한 건 시장 과열이 아닌, 시장 안정화였다는 증거입니다.

이렇듯 모든 정부는 시장이 어느 한쪽으로 완전히 치우치는 것을 극도로 꺼립니다. 특정 정당을 지지하는 입장에서는 어떤 정책이 나왔을 때 강력하게 보인다고 해도 아쉬움이 남을 수밖에 없지요. 결국, 정부는 시장의 방향이 급속도로 선회해 반대로 치닫는 걸 우려하며, 시장의 안정을 최우선으로 바라고 있다는 걸 명심합시다.

전면 규제는 불가능하다

부동산은 투자재인 동시에 의식주 중 하나에 속하는 필수재입니다. 사실 우리나라는 내 집 마련을 위해 서민들이 집을 구매하는 것을 적극적으로 권장하는 편입니다. 다만 부동산 중에서도 우리나라 국민이 가장 선호하는 아파트는 그 특수성으로 인해 투기 시장화되었을 때 이를 막을 수 있는 수단이 거의 없다는 게 문제입니다. 아파트는 필수재에 해당하기에 전면 규제가 불가능한 겁니다.

예를 들어, 비트코인이 투기 시장화되었을 때 정부는 비트코인의 통화 기능을 전면 부정하고 금융 시장에서 비트코인 거래를 위한 진입을 차단하는 등 투기 세력이 다른 수단을 통해 거래할 수 있는 통로를 완전히 막았습니다. 이로 인해 비트코인을 보유한 이들이 공포에 휩싸여 대거 매도에 나서면서, 비트코인의 가격 폭락으로 이어졌죠.

부동산에 대한 강력한 규제 정책 중 하나인 9.13 대책을 보면, 다주택자를 투기 세력으로 규정하고 이들의 매수자금 마련을 차단하는 규제 내용이 포함됩니다. 유주택자의 규제지역 내 주택담보대출을 금지하고, 9억 원 초과 고가 주택에 대한 실거주 목적 외 주택담보대출 금지, 2주택자 이상의 경우 전세자금 대출의 공적

보증 금지 등 강력한 대출 규제를 내놓은 겁니다

하지만 아파트의 실수요자를 투기 세력으로 규정하지 않았기에 규제 이후 실수요자에 의한 아파트 가격 상승을 막을 수 없었고, 다주택자의 경우 대출은 막혔지만 전세를 끼고 집을 매수하는 이른바 '갭 투자'를 하는 것이 가능했기에 전면적인 부동산 투기 억제책이 될 수 없었던 겁니다. 역대 정부의 대책들을 보면 하나같이 '큰 구멍'이 숭숭 나 있어서 우회로를 통한 주택 매수가 현실적으로 가능한 상황이었지요. 그렇다면 왜 이 모든 것을 막을 수 없었던 걸까요? 앞서 말했듯 우리나라의 기본 기조는 무주택자가 내 집 마련을 위해 주택을 매수하는 걸 권장합니다. 이를 규제로 막을 경우 반발이 매우 커질 수 있다는 걸 우려한 정부가 실수요자의 대출까지 막을 수는 없었던 겁니다.

정리해 봅시다. 부동산 시장이 투기화되면 그 열기가 매우 뜨거워서 이를 누르려면 반드시 매수 세력을 잡아야 합니다. 하지만 아파트는 투자재인 동시에 필수재에 해당하므로 전면 규제를 통해 매수 자체를 막기 힘듭니다. 무엇보다 시장의 열기를 식히려면 보유자들이 가진 물건을 대거 매도하게 만들어야 하는데, 그렇게 만들 정책이 마땅치 않습니다. 따라서 주택 보유자들은 정부가 부동산 규제 정책을 내놔도 공포에 휩싸이기보다 버틸 수 있는 체력을 키우게 되는 것입니다.

부동산 시장과 정부 정책, 승자는?

정부는 강력한 힘을 지녔습니다. 이론상으로는 이기지 못할 시장이 없죠. 그런데 이론상으로만 그렇지, 현실적으로는 시장을 이길 수 없습니다. 정부가 마주한 현실적 한계 때문이죠. 혹자는, 특히 부동산 폭락론자들은 정부가 보유세를 강화하면 부동산 시장이 하락세로 돌아설 거라고 주장합니다. 그러면서 재산세와 종합부동산세를 통칭하는 보유세를 올리지 않는 정부를 탓합니다. 그런데 이 보유세를 얼마나 높이면 부동산 시장의 상승세를 막을 수 있을까요?

여러분은 아시나요? 아무도 그 적정 범위를 알지 못합니다. 지금까지 그 길을 가본 적이 없기 때문이죠. 그렇다면 지금 정부가 역대 정부와 비교할 때 보유세 비율을 낮게 책정하고 있나요? 안타깝게도, 역대 정권 중 문재인 정부가 보유세를 가장 높게 설정하고 있습니다. 보유세를 늘리는 방법은 두 가지입니다. 하나는 세금요율을 올리는 것, 다른 하나는 과세표준이 되는 공시가격을 높이는 것이죠.

세금요율 자체를 올리는 건 매우 어려울뿐더러 저항이 만만치 않습니다. 그래서 주로 공시가격을 높이는 방법을 씁니다. 우리나라의 경우 부동산의 공시가격과 실거래가격에는 차이가 매우 큽

부동산 폭등장이 온다

니다. 일정한 날짜를 기준으로 그 가격을 정해버리는 공시가격은 실시간으로 가격이 바뀌는 부동산 실거래가격의 변동을 반영하기엔 근본적인 한계를 가지고 있으니까요. 다만 우리나라는 고도의 산업화를 기반으로 부동산 가격이 거듭 급등했습니다. 정부 입장에서는 부동산 가격이 급등한 후 다시 급락할 경우 공시가격을 올렸다가 또 내려야 하므로 급등한 가격을 공시가격에 반영하기 어렵습니다. 이런 문제로 시간이 흐르면서 공시가격과 실거래가격의 격차가 점차 벌어지게 된 겁니다.

결국 낮은 공시가격을 바탕으로 세금을 내다 보니, 사실상 부동산 보유자에게 세금이 크게 부담되진 않았습니다. 다만 이 같은 부동산 공시가격을 현실화해야 한다는 요구가 커짐에 따라, 정부는 공시가격을 실거래가격 대비 80%로 맞추고자 매년 조금씩 올리고 있습니다. 보유세율을 크게 올리지 않으면서도 공시가격을 높여 보유세 인상 효과를 얻고 있는 겁니다. 문재인 정부의 공시가격 현실화율이 가장 높으므로 이로써 거둔 세금이 역대 최고인 것만은 확실해 보입니다. 그럼에도 불구하고, 시장은 그에 반응하지 않았습니다.

이렇게 부동산 공시가격을 올린 정책만으로도 문재인 정부는 엄청난 반발에 직면했습니다. 가장 거세게 반발하는 층은 집을 산 후 특별히 집을 팔 생각 없이 20~30년 동안 같은 집에서 살고 있는 사람입니다. 세월이 흐르면서 자연스럽게 주택 가격이 오른 경우죠. 집값이 올랐다고 해도 이를 매도해서 현금화하지 않았기에 실제로 수익이 없는데도 내야 할 세금만 기하급수적으로 늘어난 겁니다.

결국, 부동산 보유세를 인상해 시장을 안정화시키는 방법은 누구도 시도해 보지 않았기에 적정 구간을 찾을 수 없습니다. 정부가 정말 각오하고 보유세를 올렸는데 시장이 방향을 선회하지 않는다면, 정부는 세금만 늘리고 집값은 잡지 못했다는 비판을 고스란히 감수해야 할 겁니다. 또 만약 보유세를 인상해 시장이 방향을 선회했다고 해도 바로 부동산 경기 침체로 이어져 미분양 물건이 넘쳐나고 국내 경제에 부정적인 영향을 미친다면, 이 또한 거센 비난을 피하기 힘들겠죠. 문제는 일단 어렵게 보유세를 인상했을 경우 상황이 예기치 않게 흘러간다고 해도 이를 바로 되돌리지 못한다는 겁니다. 그러니 어떤 정부가 이 같은 부담을 짊어지려고 하겠습니까?

부동산 폭락론자의 의견처럼 보유세를 한 30% 정도로 지정한다면 시장은 폭락할 겁니다. 하지만 그런 모험을 정부가 할까요? 이는 이상이고 이론일 뿐입니다. 확실한 건, 정부는 이런 정책을 시행할 수 없다는 겁니다. 정부는 명확한 한계를 안고서 정책을 시행할 수밖에 없습니다. 이상과 이론을 현실화하려면, 정부가 차

부동산 폭등장이 온다

기 정권을 반대 정권에 넘겨줄 각오로 해야 합니다. 넘어야 할 산이 너무 높습니다. 부동산 시장을 잡고 정권을 빼앗기는 걸 감수할까요? 부동산 가격 폭락이 경기 침체로 이어진다면, 정권이 유지되기 힘들 겁니다.

결론을 내려 봅시다. 정부는 이 같은 모험을 감수하지 않을 것이기에, 반드시 시장과의 싸움에서 질 수밖에 없습니다. 시장을 이길 수 없다는 말입니다. 시장은 두려울 게 없습니다. 정부가 내는 정책에 움찔하긴 할 테지만, 정부가 아무리 무서운 정책을 내놓으며 규제한다고 해도 결국엔 시장을 이길 수 있는 정책을 낼 수 없다는 현실적인 이유로 시장은 승리를 거둘 겁니다.

정부의 정책이 사이클에 미치는 영향

그렇다면 이 시점에서 한 가지 의문이 생길 것입니다. 결국에는 시장을 이길 수 없는 정부의 정책이 부동산 사이클에 영향을 주는 요인이 되는가 하는 것이죠. 아무리 부동산 시장에 영향을 미칠 효과적인 정책을 시행한다고 해도 시장을 이기지 못하고 시장은 가고자 하는 방향으로 갈 것이 뻔하다면, 정부의 정책이 사이클에 어떤 영향을 주는 것일까요?

그건 바로, 정책의 부작용입니다. 정부가 단기간에 효과를 거두기 위해 무리하게 시행한 정책이, 당시에는 바라던 효과를 내지 못하고 일정 시간이 흐른 뒤 원치 않았던 결과를 초래하게 되는 상황을 말합니다.

노무현 정부 시절, 과열된 부동산 시장을 안정화하고자 내놓았던 다양한 규제 정책들은 정작 노무현 대통령의 임기가 끝날 때까지 그 어떤 효과도 내지 못했습니다. 그런데 이명박 정부로 정권이 넘어가면서 우리나라는 외환위기를 맞습니다. 이때부터 부동산 시장이 하락하기 시작하는데, 그 하락의 강도를 강하게 만드는 역할을 한 것이 바로 노무현 정부가 줄기차게 시행했던 규제책들입니다. 당시의 규제책이 잔존해 부동산 매수 심리를 크게 위축시킨 겁니다.

또한 이명박 정부 시절 침체된 부동산 시장을 활성화하고자 규제 완화 정책을 대거 시행했지만, 정작 이명박 대통령의 임기 동안에는 시장 침체가 이어졌습니다. 그러다가 박근혜 정부로 정권이 넘어가면서 전세난이 시작되고, 그로 인해 부동산 시장이 과열 양상으로 치달았죠.

결국 박근혜 정부는 전세난을 잡기 위해 양동 작전陽動作戰을 썼습니다. 전세 공급 측면에서는 먼저 빚을 내서라도 집을 살 수 있

부동산 폭등장이 온다

게 대출한도를 확대시켜주면서 사람들이 쉽게 주택을 매수할 수 있게 만들었습니다. 그렇게 되면 자연스럽게 전세 매물도 늘어날 테니까요. 또한 '뉴 스테이 정책'을 펼쳐 임대주택을 공급했죠. 전세 수요 측면에서는 수요를 억제하는 데 뚜렷한 방법이 없자, 전세난으로 집을 구하기 힘든 서민들을 위해 전세대출 한도를 확대하고 보증보험 한도를 늘려서 임대인의 동의가 없어도 전세대출을 받을 수 있는 정책을 시행했습니다.

그런데 박근혜 대통령 임기 내에서는 이러한 정책으로도 전세난이 해결되지 않았습니다. 오히려 시장은 전세 대란으로 이어지면서 문재인 정부에 들어와서 '갭 투자 투기 붐'으로 번졌습니다. 또한 전세대출 한도를 늘린 정책으로 가계대출 부실화가 촉진되는 상황으로 흘러갔죠.

문재인 정부는 이명박 정부와 박근혜 정부의 경기 부양 정책으로 인한 부동산 시장 과열 양상을 잡고자 역대 최고의 강력한 규제 정책을 시행했고, 또 시행하고 있습니다. 그러나 시장 안정화는커녕 더 큰 폭등 상황이 예고되어 있습니다. 결국, 이번 정부의 강력한 규제 정책은 시간이 흘러 부동산 시장이 하락장으로 변할 때 하락의 규모와 기간을 늘리는 역할을 하게 될 겁니다.

정리해 볼까요? 모든 정부는 부동산 시장을 안정시키고자 나름대로 최선의 정책을 시행했지만, 그 정책의 효과는 정작 해당 정부의 임기 내에서는 거두지 못했습니다. 특히 그러한 정책이 다음 정부에 이르렀을 때는 기대했던 효과를 넘어 과열이나 침체를 가속하는 원인이 되었습니다.

부동산 시장을 전망하는 일부 전문가는 대한민국 부동산 사이클이 10년마다 반복된다며, '10년 주기설'을 주장합니다. 하지만 그 예측이 빗나가는 건, 결국 앞서 소개한 정부 정책의 부작용 때문입니다. 정책 부작용에 따른 부동산 가격 상승 혹은 하락의 여파가 길어질 수 있다는 점을 고려하지 않는다면, 예측은 당연히 틀릴 수밖에 없습니다. 현명한 투자자라면 정부의 정책으로 인한 부작용이 부동산 사이클의 상승 및 하락 기간을 더욱 길게 만들 수 있다는 점 또한 기억해야 합니다.

06

시장을 움직이는
절대 힘, 대중심리

부동산의 가격은 시장 참여자들의 사고파는 행위로 결정됩니다. 사고파는 행위의 주체는 사람입니다. 그리고 사람의 의사결정은 결국 '심리'에 달렸습니다. 여러 사람의 심리가 모여 대중심리가 되고, 대중심리는 부동산 시장에 엄청난 파동을 일으킵니다. 사람들의 사고파는 행위가 합리적이었든 비합리적이었든, 대중심리가 모여 시장이 과열되면 결국 부동산의 가격은 폭등했습니다. 대중심리가 상품의 가치를 폭등시키기도, 폭락시키기도 한다는 건 앞서 튤립 투기, 새롬기술, 비트코인, 일본 부동산 버블 사건 등에서 확인했죠.

경제학 분야에서는 사람의 개별심리와 대중심리의 상관관계를 밝히는 연구가 화두가 되었습니다. 사실 개인의 심리가 대중심리로 변화하는 과정을 알아내는 건 쉬운 일이 아닙니다. 그래서인지 경제와 부동산 분야 전문가 들은 시장을 움직이는 요인으로 대중심리를 언급하면서도, 실제 대중심리가 어떤 영향을 미치는지 구체적으로 설명하지 못합니다. 대중은커녕 개인의 심리를 파악하기도 어렵습니다. 그러니 '열 길 물속은 알아도 한 길 사람 속은 모른다'라는 말이 있는 거겠죠. 이처럼 다양한데다 시시각각

부동산 폭등장이 온다

으로 변하는 사람의 마음을 예측하고 파악하는 건 불가능에 가까운 일인지도 모릅니다.

2002년 노벨경제학상을 수상한 심리학자 대니얼 카너먼 교수는 시상식에서 이렇게 말했습니다. "저는 고정관념에 기초한 인간의 두루뭉술한 사고와 편향성에 관해 연구했습니다. 인간이 모두 비합리적이라고 말하는 건 아닙니다. 다만 합리성이라는 개념은 매우 비현실적입니다. 저는 합리성이란 개념 자체를 부정하고 싶을 뿐입니다." 카너먼 교수는 인간이 결정과 판단을 내릴 때 얼마나 비합리적일 수 있는지, 인간이 어떤 방식으로 경제활동을 하는지를 들여다보았습니다. "인간은 주관에 휘둘려 충동적으로 행동하며, 집단으로 똑같이 행동하면서 자기 과신과 편향에 빠집니다. 때로는 자신이 보는 대로, 남들이 하는 대로 따라서 결정하는 존재입니다."

그의 말을 종합해 보면, 결국 사람은 비합리적인 의사결정을 내리며 분위기에 휩쓸려 남들이 하는 대로 따르는 '대중심리'에 쉽게 빠져드는 존재라고 할 수 있겠죠. 사실 사람이 비합리적으로 의사결정을 하는 건 그것이 본성이기 때문입니다. 그럼, 좀 더 자세히 살펴봅시다.

인간의 욕심이 가져오는 변화

인간에겐 다른 동물에게 없는 것 하나가 있죠. 욕심입니다. 국어사전은 욕심을 '분수에 넘치게 무엇을 탐내거나 누리고자 하는 마음'으로 정의합니다. 그런데 식욕이나 수면욕, 성욕 같은 것은 인간이라면 누구에게나 있는 기본적 욕구이므로 욕심과 구분할 필요가 있습니다. 인간은 돈에 대한 욕구도 가지고 있습니다. 이를 사람들은 '재물욕'이라고 부릅니다. 자본주의 사회에서 살아가려면 돈이 필요합니다. 돈이 없으면 생계를 유지하기 힘들기에 아주 기본적인 것이라 할 수 있습니다. 그런데 사람들은 돈에 대한 욕구를 무조건 욕심으로 치부하곤 합니다. 욕구가 욕심이 되려면 분에 넘치게 탐내고 누리고자 해야 합니다. 분에 넘친다는 건 본인에게 맞는 그릇이 있는데 이 그릇이 넘칠 정도로 터무니없이 많은 걸 원할 때 쓰는 표현이죠. 물론 돈에 대한 욕구는 욕심과 명확히 구분하기 어려울 때가 많습니다. 부동산 시장에 모인 사람들이 내리는 의사결정 또한 그것이 욕심의 결과인지 기본적인 욕구를 해결하기 위해 합리적으로 생각해 나온 결과인지 구분하기 어렵습니다.

예를 들어 봅시다. 누군가가 제게 다음과 같은 메일을 보내왔습니다. "서울 목동의 A 아파트를 싸게 분양하기에 분양권을 샀습니다. 그런데 계약하고 나서 알아보니 '지역주택조합'이라고 하는데, 이게 뭔가요? 인터넷에서 알아보니까 조금 위험한 물건 같기도 한데 괜찮겠죠? 여기는 위치도 좋고 주변 아파트값도 엄청 올라서 일단 다 지어지면 가격이 많이 오를 것 같은데, 어떤가요? 그리고 상담해 준 사람이 그러는데 나중에 2차, 3차 분양할 때 프리미엄이 최소 몇천은 붙을 테니 그때 팔고 싶으면 프리미엄을 붙여 팔아주겠다네요? 잘 되겠죠?"

질문 내용을 보니, 이분은 A 아파트가 싸게 분양한다는 말에 계획에 없던 아파트를 분양받은 것 같습니다. 그러니 아파트 분양 물건이 지역주택조합인지도 몰랐을 테고요. 이를 알았다면 아파트를 분양하는 시행사의 토지 매입 상태나 분양 진행 정도 등을 알아봤을 겁니다. 하지만 이런 과정이 없었고 A 아파트에 관해서도 아는 것이 거의 없어 보입니다. 이분이 A 아파트를 분양받은 건 주변 아파트에 비해 터무니없이 싼 것 같은 분양가격 때문입니다. 여기에 혹해서는 계획도 없이 아파트를 덜컥 분양받은 것이죠. 아마 나중에 프리미엄을 붙여 팔아주겠다는 상담사의 말에 흔쾌히 계약서에 사인했을 겁니다.

물건을 저렴한 가격에 사는 건, 합리적인 의사결정처럼 보입니다. 하지만 그 '싸다'라는 단어 하나에 현혹되어 이분은 그 물건을 사기 전 알아보고 분석하는 과정을 아예 생략해 버렸습니다. 무엇보다 A 아파트가 왜 그렇게 싼지 알아봤어야 하는데, 하지 않

있습니다. 또 상담사가 말한 싼 가격이 진짜 싼 건지 다른 것과 비교하지 않았고, 싼 것을 가장한 사기 물건은 아닌지 의심해 보지 않았으며, 당장은 싸지만 나중에 더 많은 돈을 지급해야 하는 물건은 아닌지 확인하지 않았습니다. 이 정도는 해야 합리적이라고 할 만한 의사결정을 내릴 수 있지 않을까요?

이러한 확인이나 절차 없이 싼 물건이라는 상담사의 말만 믿고 계약서를 썼다면, 그는 분명 비합리적인 의사결정을 내린 것이겠죠. 그런데 어쩌다 이분이 이런 결정을 한 걸까요? 그 진짜 원인은 인간의 욕심 때문입니다. 인간은 누구나 욕심이 앞서면, 이로 인해 당연히 해야 할 의심이나 검증 과정을 통해 예상되는 리스크를 최소화하는 행위를 생략하거나 대충해 버립니다. 투자를 권유하는 사람들은 이를 알고 있기에, 상대가 욕심을 낼 만한 요인을 제공한 뒤에 그가 의사결정을 내리기까지 합리적으로 검증할 만한 시간적 여유를 주지 않습니다. 쉽게 말해, 생각할 시간을 주지 않는다는 겁니다. 일단 투자하기만 하면 일확천금을 벌 수 있을 것 같은 부푼 기대로 가득 찬 투자자라도, 약간의 시간이 흐르면 심리적 안정을 되찾아 이성적으로 따져 보면서 결국 투자하지 않을 수 있으니까요.

본인이 내리는 의사결정이 '욕심'에 의한 것인지 인지하지 못하는 경우도 허다합니다.

부동산 폭등장이 온다

"실거주용으로 부동산을 매입하려고 합니다. B 아파트가 좋을까요? C 아파트가 좋을까요?" 이분은 자신이 아파트를 사려는 건 실거주하기 위해서임을 강조합니다. 사실 이분이 이런 질문을 한 시점에 아파트 가격은 지속해서 상승하고 있었습니다. '아파트의 가격이 이렇게 지속해서 오르는 원인은 투기꾼 때문이며, 나는 투기가 아니라 실거주할 목적으로 아파트를 사려는 것이다.' 그는 이렇게 말하고 싶었던 것 같습니다. 하지만 그의 질문을 곱씹어 보면, 실거주 목적일 때 해야 할 질문이 빠져 있음을 알 수 있습니다. 부부가 일하는 직장의 위치와 원하는 출·퇴근 소요 시간, 자녀의 학령과 학군, 지금 보유하고 있는 자금력 등. 그러니 이분이 진짜 묻고 싶은 건 "B 아파트 가격이 많이 오를까요, C 아파트 가격이 많이 오를까요?"가 아니었을까요?

이분의 부동산 매수 목적이 실거주보다 투자에 있음이 분명한데, 정작 본인은 이를 모르고 있습니다. 중요한 건 투자용으로 가치가 있을, 바꿔 말해 향후 가격이 오를 아파트가 어느 것인지 알고 싶은 건데, 명확한 기준이 없습니다. 어떤 결정을 내리기 전에 우리는 자신만의 기준을 세워야 합니다. 우선순위 요건을 충족하는지 따져봐야죠. 이런 기준을 세울 시간과 노력을 기울이지도 않은 채, 그저 남을 통해 좋은 결과를 얻으려 하는 건 욕심입니다. 분에 넘치는 행위에 해당합니다.

부동산과 인간의 욕심을 연결한 유명한 속담이 하나 있습니다. '사촌이 땅을 사면 배가 아프다.' 이는 아무리 가까운 사람이라도 그가 큰돈을 벌거나 잘 되면, 기쁘기는커녕 오히려 시샘이 난다는 뜻이죠. 본인은 땅을 사볼 생각조차 안 했으면서 일단 남이, 그것도 가까이서 지켜봐야 할 사촌이 땅을 사서 부자가 되면, 처음엔 부럽고 나중엔 질투와 시샘이 나는 겁니다. 그리고 주변에서 이와 같은 상황이 반복되면 평소엔 관심도 없던 사람들까지 하나둘 그 대열에 참여하면서 가격이 오르는 것이 우리나라 부동산의 폭등과 폭락의 과정이었죠. 이 과정에 내재한 것이 바로 인간의 욕심입니다. 다른 사람이 투자로 돈을 벌면 그저 너무 쉽게 번 것처럼 느껴지고 질투가 나서 나 역시 그렇게 벌고 싶다는 욕심이 눈덩이처럼 커지는 것이죠.

분위기에 휩쓸리는 사람들

부동산 현장에서 일하며 사람들을 만나면서 무척 당혹스러울 때가 많았습니다. 시장 상황이 바뀌면 사람들은 분위기에 휩쓸려 언제 그랬냐는 듯 자신이 했던 말이나 행동을 거리낌 없이 바꿔버리곤 했으니까요.

서울 강서구 마곡동에서 일할 때였습니다. 2014년 마곡 초기

분양 시절, 마곡 M 아파트에 대거 미분양이 났습니다. 당시 마곡에 대한 사람들의 시선이나 생각은 대동소이했습니다. 별다른 관심이 없었죠. 그때만 해도 마곡지구에는 건물들이 많지 않았기에 제법 도시의 형태를 갖춘 5호선 발산역 주변을 제외하고는 거의 허허벌판이었으니 그럴 만도 했습니다. 하지만 LG그룹과 대우조선, 코오롱, 롯데 같은 대기업과 중소기업이 대규모로 입주할 예정이었고, 이화여대병원도 건축을 앞두고 있을 정도로 여러 굵직굵직한 이슈가 많았기에, 마곡지구는 향후 발전 가능성이 큰 지역임이 분명했습니다. 그런데도 마곡의 아파트를 바라보는 사람들의 시선에는 온도 차가 있었습니다.

사실상 강서구는 서울이긴 해도 향후 발전 가능성이 다소 떨어지고, 특히 근처에 김포공항이 있어 고도 제한도 문제였습니다. 무엇보다 그 시점 서울 아파트 시장은 전체적으로 분위기가 다운되어 있었기에 발전 가능성을 크게 보는 사람이 거의 없었죠. $85m^2$ 기준 아파트가 4억 원대에 분양됐는데도 마곡 M 아파트는 미분양이 났습니다. 모델하우스를 구경하고 나오는 사람들은 하나같이 이렇게 말했습니다. "좋은 게 없네요. 자재도 엉망이고, 구조도 맘에 안 들고, 브랜드도 별로고. 굳이 이 아파트를 이렇게 비싸게 분양받아야 할 이유를 모르겠어요."

그런데 시간이 흘러 마곡 M 아파트 가격이 3배 가까이 상승하자 그때 분양받지 않은 분이 해당 아파트를 매수하려고 다시 찾아왔습니다. 당시에는 별로라며 매수하지 않은 아파트를 왜 지금 사려고 하는지 묻자, 그는 대답했습니다. "어찌 됐든 마곡 아닌가요? 그러니까 앞으로도 계속 가격이 오르겠죠." 이미 가격이 많이 올랐으니 주춤하지 않을까 우려 섞인 질문을 던지자, 그는 확신에 찬 목소리로 대답했습니다. "마곡은 서울에 있는 마지막 신도시잖아요. 또 대기업들도 입주하고 있고요. 상가도 가격이 엄청 오르지 않았나요? 그러니 당연히 아파트 가격도 오를 거예요!"

여기까지는 어느 정도 이해가 됩니다. 그런데 마곡의 아파트 가격이 크게 상승하자 그 뒤를 이어 마곡의 상가에도 과열 양상이 보였습니다. 초기 평당 3,000만 원 초반대에 분양되던 것들이 4,000만 원을 넘어서 5,000만 원대에 이르자 전국에서 투자자들이 몰려들었죠. 분양하기만 하면 서로 가져가려고 싸움이 날 정도였습니다. 그런데 가격이 너무 급하게 오른 탓일까요? 막상 건물이 준공되고 입주를 시작했는데, 1층의 자리 좋은 상가조차 임대를 맞추지 못해 공실 상태로 시간을 흘려보냈습니다.

그런데도 주변 공인중개소 사장님들과 마곡에 투자한 이들은 어쨌든 '마곡이기 때문에' 공실이 생겨도 프리미엄은 계속 유지되더라면서, 가격이 계속 올라갈 것으로 전망했습니다. 결과가 어땠을까요? 분위기는 정말 한순간에 뒤집히더군요. 분양한 마곡지역

부동산 폭등장이 온다

13블록과 12블록에 미분양이 나자, 상가 투자에 대한 열기가 급속도로 식어버렸습니다. 어제만 해도 "가즈아!"를 외치던 중개소 사장님과 투자자 들조차 이제는 "상가는 너무 비싸!"라며 한목소리를 냈습니다. 하루아침에 이렇게 극단적으로 바뀔 수 있나요? 이처럼 바뀌기 쉬운 게 사람 마음입니다.

서울 아파트만 봐도 증명됩니다. 부동산 시장이 침체를 이어가던 2010~2013년만 해도 서울의 아파트 가격이 오를 거라고 말하는 이가 없었습니다. 실수요 위주의 매수자만 드문드문 모습을 드러내는 상황이었죠. 오죽하면 아파트 가격이 오르지 않을 거란 전망에 전세를 끼고 집을 산 갭 투자자들까지 물건을 모두 월세로 전환해, 앞으로 전세 물건이 없어질 거란 전망이 대세가 되었겠습니까. 대다수의 전문가도 전세 물건이 없어질 거란 전망에 동의했습니다. 갭 투자자들이 활개를 친 최근 상황을 아는 입장에서는 진짜 웃음이 나올 이야기였는데 말이죠.

지금은 어떻습니까? 서울 아파트의 가격은 영원히 떨어지지 않을 것 같은 분위기입니다. 전문가들은 말합니다. "서울 아파트를 사라. 그것도 소형으로!" 앞으로 분위기가 어떻게 바뀔지도 모르면서, 너무나 쉽게 그리고 자연스럽게 말과 행동을 바꿨습니다. 왜 그럴까요? 미래에 대한 확신도 없고, 현재를 판단하는 명확한 기준도 없기 때문입니다.

어느 심리학자가 한 가지 실험을 했습니다. 인간이 위기 상황에 처했을 때 평소 본인이 알고 있던 상식이나 재난 대응 지침을 어떻게 활용하는지 알아볼 요량이었죠. 일단 서로를 전혀 모르는 100여 명을 한 건물 안에 모았습니다. 그리고 건물에 갑자기 불이 납니다. 부옇게 올라온 연기가 시야를 가리고 뜨거운 온기가 느껴지자 사람들은 당황하기 시작합니다. 물론 연출한 상황이었습니다. 사실 사람들 몰래 바람잡이 역할을 할 이들을 미리 심어놓은 상태였는데요. 이들은 미리 짠 대로, 원래 탈출구가 있는 계단 쪽이 아닌 다른 방향으로 몰려갑니다. 나머지 사람들이 어떻게 행동했을까요? 거의 모두가 바람잡이 역할을 하는 사람들을 뒤쫓아 탈출구와는 전혀 다른 방향으로 몰려갔습니다.

이처럼 위기 상황이 되면, 사람들은 평소 갖추고 있던 지식이나 대응 지침은 잊어버립니다. 아무것도 확신할 수 없는 상태로 분위기에 휩쓸리는 겁니다. 그저 다수가 가는 방향에 동참하는 대중의 심리를 이 실험에서 확인할 수 있죠.

저도 그렇고, 여러분도 마찬가지일 겁니다. 결정적 순간 지금까지 상식이라 여겼던 것과 전혀 다른 방향으로 상황이 흘러가고 수많은 사람이 그곳으로 몰려갈 때, 처음엔 당황하고 어찌할 바를 몰라 주춤하겠지만, 결국에는 여러 사람이 가는 방향에 동참하게 되는 것이죠. 우리가 기존에 알고 있던 상식이나 지식 들은,

부동산 폭등장이 온다

사실 경험으로 형성된 것이 아닙니다. 다른 누군가가 공부해서 이론화하고 경험을 통해 증명해 낸 것을 간접적으로 보고 듣고 읽으며 습득한 거죠. 문제는 이러한 상식이나 지식이 언제나 똑같은 상황과 결과로 이어지는 건 아니란 겁니다. 평소에는 맞는 것 같아도, 위기 상황이 되면 흔들릴 수 있습니다. 선택을 잘못하면 목숨이 위태로울 수도 있고요. 그러니 사람들은 다수가 가는 길이 안전하겠거니 지레짐작하면서 따르는 겁니다.

부동산 투자를 하면서 처하게 되는 위기 상황이란 어떤 걸까요? 남들은 다 돈을 버는데 나 혼자 돈을 벌지 못할 때, 그것이 위기가 됩니다. 자본주의 사회에서 돈 없이 살아가는 건 불가능하다 보니, 인간은 본능적으로 돈을 벌지 못할 때를 위기 상황으로 인지하는 것이죠. 결국, 이 같은 위기 상황이 올 때 인간은 대중심리와 분위기에 매몰됩니다.

인간은 손실을 극도로 싫어한다

2016년에 분양 상담사로 일하는 지인이 서울 송파구 위례에 있는 아파트를 매입했습니다. 해당 아파트엔 약 4억 원가량의 프리미엄이 형성되어 많은 투자 수익을 기대할 수 있었죠. 당시 그는 경상북도 구미에서 아파트를 분양하고 있었는데, 그때 구미는 여러 부동산 현장에서 미분양이 발생하면서 팔아야 할 물건이 적체되고 있는 상황이라, 시장 분위기가 다운되었고 매수자들도 관망세로 돌아선 분위기였죠.

그러던 중 갑자기 부산에서 다수의 투자자가 관광버스를 대절해 구미를 찾아서는, 그동안 쌓여 있던 미분양 아파트를 대거 계약하기 시작했습니다. 이를 기점으로 부산뿐 아니라 대구에서도 투자자들이 대거 몰려와 미분양 물건을 계약하기에 이르렀죠. 이같은 분위기가 지속되자 분양 상담사들이 투자자가 방문하기 전미리 물건들을 찍는 상황이 발생했습니다. 여기서 '찍는다'는 건분양 상담사들이 고객과 상담하는 데 시간이 지체되는 경우 남은 물건이 없어서 계약하지 못하는 걸 방지하고자, 자금력을 동원해남은 물건 중 괜찮은 자리의 물건을 상담사가 건설사와 미리 계약하는 걸 의미합니다. 단, 정식 계약이 아닌 가계약 형태이며, 해당 물건에 대해서는 물건을 찍은 상담사가 다른 투자자에게 판매하는 데 우선권을 부여받는 겁니다. 이때 가계약을 해지하는 걸방지하기 위해 일정 시간이 지나면 건설사가 해당 물건을 회수하거나 상담사가 직접 계약하게 하는 등 일정 조건을 미리 약속합니다.

원정 투자 바람이 불기 전에는 매입할 생각이 전혀 없던 구미아파트에 대구와 부산에서 다수의 투자자가 몰려들자, 분양 상담

부동산 폭등장이 온다

사들의 마음도 흔들리기 시작했습니다. 저의 지인도 마찬가지였죠. 결국, 그는 찍은 물건 중 자리가 좋은 물건을 본인의 이름으로 직접 계약했습니다. 나중에 상황이 좋아지고 가격이 오르면 프리미엄을 붙여 팔려는 의도였습니다. 그때만 해도 전매 제한이 없었으니 가능했죠. 문제는 원인을 알 수 없을 정도로 폭풍처럼 휘몰아쳤던 원정 투자 바람이, 이상하다 싶을 만큼 또 급속도로 잠잠해졌다는 겁니다. 열기가 식은 시장엔 냉기가 돌았죠.

상황이 이렇게 흘러가자 분양 상담사들 가운데 소동이 일었습니다. 분위기에 휩쓸려서 본인 이름으로 5채의 분양권을 계약한 지인은 프리미엄을 붙여 팔기는커녕 입주가 성큼성큼 다가오는데 미분양도 완전히 해소되지 않은 상황이니, 소위 '멘붕'에 빠졌습니다. 처음 분양받은 가격에 분양권을 내놓아도 매수하겠다는 사람이 나타나지 않았습니다. 입주가 코앞으로 다가오고 이제 곧 잔금을 치러야 하는데, 그에겐 잔금을 치를 돈이 없었습니다. 그저 분위기에 휩쓸려 분양권으로 큰돈을 벌 수 있을 거란 기대감에 차서, 계산도 없이 무턱대고 있는 돈을 모두 긁어모아 분양권을 산 것이 패착이었습니다.

지인은 선택의 기로에 섰습니다. 서울 위례에 있는 아파트를 팔아서 구미에 있는 5채의 아파트 잔금을 치를 것인가, 아님 가격이 오른 위례의 아파트는 계속 보유하고 손실 가능성이 있는 구미 아파트 5채를 포기할 것인가. 구미 아파트는 이미 마이너스 프리미엄을 붙여도 팔기 어려운 상황이었기에 잔금을 치르지 않을 경우 계약금을 포기해야 하는 거였죠. 만약 여러분이 이 같은 상황에 놓였다면 어떤 선택을 하겠습니까? 아마 많은 사람이 서울의 위례 아파트를 매도하고 얻은 이익으로 구미 아파트의 잔금을 치르는 쪽을 택할 겁니다. 실제 지인도 똑같은 선택을 했죠. 그렇게 지인은 비자발적 다주택자가 되었습니다.

어떤 기준으로 이러한 선택을 했을까요? 또 대다수의 사람이 비슷한 결정을 내리는 이유는 무엇일까요? 행동경제학자 대니얼 카너먼 교수가 이야기했듯, 인간이 기본적으로 가지고 있는 '손실 회피loss aversion 편향' 때문입니다. 손실 회피란 얻는 것의 가치보다 잃는 것의 가치를 더 크게 평가하는 것을 뜻합니다. 예를 들어, 주식 투자로 100만 원을 벌었을 때와 100만 원을 잃었을 때의 기분을 비교하면, 인간은 잃었을 때의 상실감을 벌었을 때의 기쁨보다 훨씬 크게 느낀다는 겁니다. 구체적 수치로 비교하면, 상실감이 기쁨보다 약 2.5배 이상 크다고 합니다. 따라서 인간은 수익과 손실이 동시에 작용할 때, 손실을 피하는 결정을 내린다는 것이죠.

부동산을 예로 들어 봅시다. 부동산 시장이 활황이 아닐 때도 많은 무주택자가 집을 구하러 다닙니다. 하지만 그중에 집을 매수해서 임차인의 삶에서 벗어나는 이는 그리 많지 않습니다. 왜 집을 구하러 다녔으면서 집을 사지 않은 걸까요? 일단 집을 사려고 돌아다녔다는 것만 봐도, 이들이 집을 살 여력이 전혀 없는 이들은 아니라는 걸 알 수 있습니다. 돈이 없어서 집을 사지 않은 건 아니란 얘기입니다. 현장에서 저는 이런 분들과 많은 상담을 했습니다. 그들 역시 부동산 시장이 활황이 아니다 보니 향후 부동산 시장을 부정적으로 전망하더군요. 현재의 부동산 가격이 더욱 내려갈 것으로 본 겁니다. 바꿔 말해, 이들은 손실 회피 편향에 따라 자발적으로 무주택자를 선택한 이들입니다. 괜히 집을 샀다가 집값이 오를지 말지로 안절부절못할 바에 그냥 자본금을 보증금으로 예치시켜 안전하게 유지하고 싶은 겁니다. 불안한 자가 보유자보다 안전한 임차인을 선택한 것이죠.

앞서 보았듯 부동산이 과열 양상으로 흐를 때 정부는 규제 정책을 쓰게 마련인데, 결국 이로 인해 매수 세력을 약화시키는 효과를 어느 정도 거둔다 해도 정작 매도물량을 감소시키는 역효과가 나올 수 있다는 게 문제입니다. 부동산 규제 정책이 나오면 이미 집을 가진 이들은 지금 당장 부동산을 매도할 경우 생각지 않았던 손실까지 감수해야 합니다. 규제 정책으로 매수세가 약화된 상황에서 아파트를 팔려면 시세보다 저렴하게 내놓아야 하기 때문이죠. 손실까지 떠안아야 하는 상황이라면 누구나 정말 급한 상황이 아니라면 매도하길 꺼릴 겁니다. 상황이 이런데, 정부가 양도세까지 인상한다면? 집주인은 더욱더 가능한 한 매도 시점을 뒤로 미루고자 노력하겠죠. 급매로 저렴하게 팔아서 손실, 보통보다 높아진 양도세로 손실을 보게 될 상황이니 이를 피하고 보유를 선택하는 것이죠.

 이러한 이유로, 부동산 규제 정책이 시행되면 시간이 흐르면서 가격이 더욱더 오르는 상황이 발생합니다. 그렇지 않아도 오를 거란 기대가 큰 상황에서 집주인들이 내놓은 매물도 거둬들여 매물이 줄어드는데, 규제 정책으로 손실을 회피하고자 집주인들이 더욱더 매도를 뒤로 미룸으로써 매물이 사라지는 것이죠. 이처럼 자연스럽게 폭등을 위한 여건이 마련됩니다. 규제로 인해 시장이 충격을 받아 부동산 가격이 내려가리라 예상하며 타이밍을 기다렸던 매수자들도, 오히려 시장에 특별한 충격이 없고 매도물량이 줄어드는 상황에서 가격이 오르다 보니, 시간이 흐를수록 좀 더 적극적으로 부동산 매수에 가담하게 되는 겁니다.

 여기에 더해, 대중에겐 정부 규제에 대한 내성이 생기고 있습니다. 강력한 규제가 처음 나왔을 때는 그 규제가 시장에 어떤 영향을 미칠지 잘 모르기 때문에 겁을 먹습니다. 그래서 주택을 보유한 이들 중 일부는 손실 회피를 뛰어넘는 공포심 때문에 가진 물건을 급매물로 내놓기도 하죠. 그래서 시장이 하락하는 것처럼 보입니다. 하지만 이러한 규제가 자주 나오고 시장에 큰 영향을 주지 않는다는 걸 보고 나면, 또 역대 정권이 내놓은 규제 정책의 결과를 이미 경험해 본 국민들은 규제에 더 이상 떨지 않습니다. 규제가 효과를 발휘하려면, 전 국민이 규제가 시장에서 통할 거라는 신뢰를 갖고 있어야 합니다. 그런데 이미 여러 번 우리들은 시장이 규제를 이겨내고 움직이는 걸 경험으로 알게 되었습니다. 그러니 시장을 변화시키려면 정부는 예전에 없었던 더욱 강력한 규제 정책을 내놔야 하겠죠.

사람들의 관심은 현재에만 집중된다

부동산은 '부분 시장'으로 나뉘어 있습니다. 같은 지역이더라도 흐름이 똑같지 않고, 다른 움직임을 보인다는 의미입니다. 크게 보면, 서울 및 수도권과 지방 시장으로 나뉩니다. 서울과 수도권은 약간의 시차를 두고 거의 같은 흐름을 보이고, 지방 시장은 전혀 다른 양상을 띱니다.

부동산의 면적에 따라, 소형과 대형으로 시장을 나눌 수도 있습니다. 현시점 아파트의 경우 같은 지역에 있더라도 소형 아파트의 가격이 훨씬 많이 올라가고 대형은 찔끔, 거의 오르지 않고 있습니다. 현재는 소형 시장에 많은 사람이 몰려 인기입니다. 단, 중요한 것은 이러한 인기가 언제까지 이어질 것인가입니다. 현

시장을 보고 있는 사람 중 대부분은 소형 아파트의 인기가 앞으로도 지속되리라 생각하는 것 같습니다.

이들은 2006년 이전만 해도 아파트는 대형 평형이 인기를 주도했다는 사실엔 큰 관심을 갖지 않습니다. 지금 소형 아파트가 인기인 이유를 알려면, 부동산 사이클에서 과거 한 지점에 대형 평형이 인기였고 그때는 소형 평형이 철저하게 외면당했다는 점도 알아야 합니다. 이런 상황들을 인지하고 당시에 왜 대형이 인기였는지 분석해야만 미래를 보며 현명하게 투자할 수 있기 때문입니다. 그런데 이에 관해서는 전혀 관심이 없죠.

왜 그럴까요? 사람들의 관심은 현재에만 집중되기 때문입니다. 바로 지금만 보는 이들에게 과거 벌어진 일의 원인 같은 건 그다지 중요한 게 아닌 것이죠. 지금 소형 아파트 가격이 오르고 있으니 그 이유를 알든 모르든, 그냥 소형에 투자하면 돈을 번다는 것만이 확실하다고 생각합니다. 그래서 많은 전문가가 말하는 '소형 아파트가 인기 좋은 이유'를 그대로 믿어버립니다. 알고 보면 모순투성이인데 말이죠.

전문가들은 소형 아파트가 인기인 주된 이유는, 1인 가구와 2인 가구가 늘었기 때문이라고 합니다. 그런데 실제로 1인 가구와 2인 가구가 주로 거주하는 곳은 오피스텔입니다. 정작 오피스

텔은 아파트에 비해 가격이 별로 오르지 않았습니다. 또 아파트의 평형은 $59m^2$와 $84m^2$가 주를 이루는데, 옛날 평형 기준으로 보면 24평, 35평입니다. 모두 방 3개인 구조죠. 이는 1인 가구가 생활하는 데는 다소 부담스러운 면적입니다. 가장 인기 많은 $84m^2$ 평형은 대개 4인 가구가 삽니다. 1~2인 가구의 증가를 소형 아파트 인기의 주된 요인으로 꼽기엔 뭔가 매우 아쉽습니다. 그런데 사람들은 왜 별다른 의문을 제기하지 않을까요? 말했듯, 이유 따위는 중요하지 않은 겁니다.

그럼 좀 더 중요한 이야기를 해볼까요? 전망입니다. 계속해서 소형 아파트가 인기일까요, 아니면 이를 추격해 대형 아파트의 인기가 오를까요? 대다수가 소형 아파트의 전망을 밝게 봅니다. 그 근거를 물으면 또다시, 1~2인 가구의 증가를 언급합니다. 반론을 제기하며 더욱 상세한 근거를 물으면 외면합니다. 뭔가 이상하지 않나요? 인간은 현재를 보고 미래도 지금과 같을 것이라고 믿습니다. 그에 대한 근거로는 남들이 말하는 적당한 이유를 갖다 대면 그뿐이죠. 이유는 중요하지 않습니다. 그 이유가 맞고 틀리고도 중요하지 않습니다.

과거 대형 아파트가 인기였을 때 70평대 아파트에서 부부끼리 살고 있는 어르신께 물은 적이 있습니다. 두 분이 생활하기에 70평대는 너무 크지 않느냐고 말이죠. 그분들의 대답은 이랬습니다. 자녀들이 분가해서 다른 지역에 살고 있는데, 어쩌다 부모 집에 놀러 오면 자고 갈 방이라도 있어야 하지 않겠느냐고. 그들의 이야기를 들으면서도 저는 납득이 되기보다 많이 갸웃거리게 되었습니다. 그 정도의 이유로 넓은 평형의 아파트를 구한다는 게 석연치 않았으니까요.

그런데 세월이 흘러 이제 소형 아파트가 인기를 끌게 되었고, 어느 날 넓은 아파트에 살다가 24평형 아파트로 이사 가려고 하시는 어르신 부부를 만나게 되었습니다. 과거에 만났던 노인 부부가 떠올라 그분들께도 물었습니다. 왜 군이 넓은 곳에 사시다가 좁은 곳으로 이사를 하시냐고요. 그분들은 말했습니다. 자녀들이 이제 모두 분가해서 사람이 없는데, 둘이 살기에는 평수가 작은 게 관리하기도 편하고 좋다고요. 요새는 자녀들이 놀러 온다고 해도 귀찮으니 오지 말라고 한다면서요.

대답의 내용은 다르지만 느낌은 비슷하지 않나요? 이 두 사례를 통해 한 가지 사실을 눈치챘을 겁니다. 사람들은 언제나 시대 상황과 분위기에 따라 의사결정을 하고, 그에 맞는 적당한 이유를 만든다는 걸. 두 어르신 모두 당시에 인기 있는 평형의 아파트를 선택하고, 선택을 뒷받침할 만한 적당한 이유를 찾았습니다. 결국 인간은 현시점 대중에게 가장 인기 있는 것을 선택합니다. 당시 대중이 무엇을 좋아하느냐가 선택의 최우선 기준이 됩니다.

최근 현장에서 만난 사람들이 대형 아파트를 선택하지 않는 이유 중 가장 많이 언급한 것은, 관리비가 많이 들고 청소하기 힘들다는 것이었습니다. 요즘 신축 아파트의 경우 대형 평형이라고 해도 관리비가 적게 나온다고 해도, 잘 믿으려고 하지 않았죠. 그래서 실제 나온 관리비를 보여 주며 증명하니, 그들은 그냥, 왠지, 대형이 싫다고 했습니다. 도대체 왜 그렇게 행동하는 걸까요? 현시점 대형 아파트의 가격이 소형만큼 오르지 않으니 관심이 없는 겁니다. 이유는 그에 맞는 적당한 걸 고른 것일 뿐.

현재에만 집중하는 인간의 심리 때문에 벌어진 사건이 있습니다. 바로 폰지사기 사건이죠. 이는 투자 관련 사기 수법 중 하나로, 실제는 전혀 이윤을 창출하지 못하면서 신규로 들어오는 투자자들의 돈을 기존 투자자들에게 배당 수익처럼 지급하는 다단계 금융사기입니다. 폰지사기꾼들은 신규 투자자를 끌어들이기 위해, 대개 정상적인 투자 방식이 보장할 수 없을 고수익을 단기간에 안정적으로 보장해 준다고 광고합니다. 기존보다 훨씬 더 많은 투자금이 지속해서 유입되지 않으면 지속할 수 없는 투자 형태이기 때문이죠. 쉽게 말해, 아랫돌 빼 윗돌 괴는 식으로 이뤄지는 겁니다.

폰지사기꾼들은 투자자를 끌어들이기에 그럴듯해 보이는, 그러나 좀 더 자세히 알아보면 전혀 그렇지 않은 '투자 아이템'을 들이밉니다. 비트코인이 열풍일 때는 AI를 통한 거래시스템, 비트코인 채굴 아이템 등이 있었죠. 우리나라에서만 노릴 수 있는 '김치 프리미엄'이란 것도 있었습니다. 비트코인 가격은 전 세계적으로 비슷한데 유독 우리나라에서만 더 비싸게 거래되고 있었기에. 지리적 차익을 이용할 수 있다는 겁니다. 비트코인을 해외에서 사서 우리나라에서 팔면 그 즉시 김치 프리미엄만큼의 수익이 발생한다는 논리였습니다.

무엇보다 지속적인 고수익 배당이 핵심입니다. 현재만 보는 인간을 현혹할 수 있는, 다시 말해 사기를 치기에 딱 좋은 시스템이죠. 그저 고수익을 보장해 준다면서 접근하면, 대다수의 사람이 의심합니다. 그 정도의 수익이라면 본인이 가지지 왜 생판 얼굴도 모르는 나한테 이런 걸 알려주겠냐 싶은 거죠. 그래서 이들은 지인을 통해 영업합니다. 지인은 자신의 통장에 고배당으로 매달 입금되는 내역을 보여 주며, 같이 투자하자고 꼬드깁니다. 이때 인간이라면서 흔들릴 수밖에 없습니다. 일단 평소 알고 지내던 사람이다 보니 경계심 없이 쉽게 대화에 임합니다. 그런데 지인이 말만 하는 게 아니라, 실제 자신의 통장을 내밀면서 확실한 수익이 나오는 걸 보여 줍니다. 고수익이 지속적이고, 안정적으로 들어오고 있음을 확인시켜 주는 거죠. 이 정도가 되면, 의심이 걷힌 자리에 욕심이 자리 잡습니다.

부동산 폭등장이 온다

인간의 마음에 욕심이 자리 잡으면 그걸로 끝입니다. 욕심에 점령당한 인간은 그동안 알고 있는 지식과 헤아릴 수 있는 모든 리스크도 이미 자신이 이를 선택한 이유로 합리화시키니까요. 본인 스스로 말이죠. 누가 억지로 시킨 것도 아닙니다. 사기를 당하는 사람은 제 발로 사기꾼을 찾아갑니다.

결국 폰지사기꾼은 사람들의 마음에 욕심에 심어주면서 투자자를 모집하고 초기 투자자에게는 약속된 수익을 매달 꼬박꼬박 지급합니다. 뒤늦게 투자에 합류하는 이들은 조금 손해를 보더라도 언제든 자기가 마음만 먹으면 중간에 빠져나올 수 있으리라 생각하면서 들어가죠. 그렇게 투자자들이 기하급수적으로 늘어납니다. 사기꾼들은 대개 일정 금액이 모이면 소위 '먹튀'를 하는데, 어쩌다 욕심이 과해 끝까지 투자자를 모집하다가 어느 순간 투자자들과 같이 파산하는 경우도 있습니다.

모이긴 힘들어도 일단 모이면 커진다

서로 다른 사람들의 생각을 한 곳으로, 한 방향으로 응집시키는 건 대단히 어려운 일입니다. 사실 경제도 그렇고 정치도 그렇고 모두 대중의 마음을 하나로 모으기 위해 그렇게 노력하는 것이 아닐까요? 하지만 보는 바와 같이 많은 사람이 같은 마음을 품기는 절대 쉽지 않습니다.

그런데 사람의 마음을 하나로 모을 수 있는 가장 효과적인 방법이 있습니다. 바로, '욕심'을 심어주는 겁니다. 폰지사기꾼들이 그렇게 하듯 말이죠. 욕심이 인간의 본성과 결합하면 생각보다 쉽게 마음이 한데로 모입니다. 단 사람의 마음이 모이려면, 먼저 그 대상 물건의 가격이 오르고 있어야 합니다. 앞서 말한 것처럼 인간의 눈은 현재에만 집중되기 때문이죠. 욕심이 싹틀 만한 분위기가 조성되어야 한다는 말입니다.

담합이란 말을 들어 보셨죠? 부당한 공동행위의 일종으로, 자신에게 돌아올 이익을 극대화하기 위해 여러 사람이 짜고 가격을 정하거나 거래 상대를 제한하는 것을 말합니다. 최근 아파트 가격이 크게 상승하자 그 원인에 대해서도 '집값 담합' 논란이 있었죠. 사람들은 부동산 가격 상승에 투기꾼이 있다고 생각합니다. 투기꾼들의 심리를 자극하고 조장하는 부동산 스타 강사들도 문제라고 비난합니다. 또한 아파트 단지 안에서는 아파트 가격을 올리고자 부녀회가 똘똘 뭉쳐서 공인중개사를 압박하고 있다며 고발합니다.

그런데 말입니다, 그저 가격 조정을 위해 여러 사람이 뭉친다고 쉽게 담합이 되는 건 아닙니다. 일정 여건이 마련되어야만 가

부동산 폭등장이 온다

능하죠. 제가 아는 W 아파트 이야기를 해보겠습니다. W 아파트는 유독 가격이 오르지 않았습니다. 단지 규모가 제법 커서 환경도 좋고 편의시설도 잘 갖춰져 있어 생활편의 측면에서 괜찮은 아파트였죠. 그런데 가격이 안 올랐습니다! 이렇게 조건이 나쁘지 않은데도 가격이 오르지 않자, 그동안 이 아파트가 저평가되고 있는 게 속상했던 몇몇 사람이 나서서 사람들을 모으기 시작했죠. 이들은 SNS 계정도 만들고, 단체톡방도 열고, 수시로 오프라인 모임까지 만들어 활발하게 활동했습니다.

이처럼 한 아파트의 이미지 개선과 가격 상승을 위해 거주민들이 열심히 벌인 활동이 효과가 있었을까요? 가격을 올리는 데 성공했을까요? 실패했습니다. 사람들이 한자리에 모였을 때는 모두가 아파트의 가격을 올리는 데 동의하고 이를 위한 다양한 활동을 실행할 것처럼 말했습니다. 그런데 정작 부동산 거래 시장에는 저렴한 매물이 자꾸 나왔죠. W 아파트를 매수하려는 이들이 별로 없다 보니, 시세보다 높은 가격에 내놓으면 당연히 더 팔리지 않겠죠. 그러니 시간적 여유가 없는 사람들이 시세보다 더욱 저렴하게 매물을 내놓은 겁니다.

물론 거주자들의 담합 행위로 가격이 오른 아파트도 있습니다. 한창 부동산 시장이 활황이라 가격이 상승하던 시기에, S 아파트의 보유자들은 나온 매물을 모두 거둬들인 후 다시 호가를 올려 내놓았습니다. 이 같은 행위를 반복하는 사이 오른 가격에 아파트를 매수하려는 이가 나타났고, 그 가격에 거래되는 매물이 하나둘 늘어가자 마침내 S 아파트 가격이 치솟은 겁니다.

W 아파트와 S 아파트의 차이는 무엇일까요? 똑같이 담합을 했는데, 왜 한쪽은 성공하고 한쪽은 실패한 걸까요? 그 둘의 차이는 해당 시점 부동산 시장 상황입니다. W 아파트의 경우 가격이 오르지 않던 상황이었고, S 아파트의 경우 가격이 오르던 중이었죠. 담합이 성공하려면 구성원들의 기본적인 인식이 같아야 하고, 이에 대한 확신이 있어야 합니다. 가격이 오르는 시점에는, 이미 부동산 가격이 오르는 활황 시장이니 이때 담합을 하면 효과적으로 가격을 올릴 수 있을 거라는 데 아파트 보유자들이 공감하고 이를 확신할 수 있습니다.

하지만 가뜩이나 부동산 시장이 침체한 상황에서는, 안 그래도 시장이 좋지 않은데 유독 오르지 않는 아파트가 보유자들이 담합한다고 오르겠는가 싶어지는 겁니다. 이러한 생각을 공유하고 있으니 확신을 가질 수 없죠. 아파트 가격을 끌어올리고자 모인 W 아파트 구성원들은 해당 아파트의 가격이 좀처럼 오르지 않는 이유를 진단했습니다. 학군, 교통, 평형, 지역 특성 등의 다양한 문제가 수면 위로 올라왔습니다. 아파트 가격이 오르지 않는 이유를 찾는 것만 해도 저마다의 의견이 각기 다른데, 사람의 마음이 쉽게 합해질까요? 또 이러한 근본적인 원인을 해소하지 않는 한 가격이 오르리란 확신을 가질 수도 없죠.

부동산 가격이 상승을 거듭하면, 부동산에 부정적인 인식을 가졌던 사람들까지 매수 대열에 참여합니다. 현재 부동산 가격은 말도 안 되게 높아서 앞으로 가격이 내려갈 게 빤하므로 사지 말고 빌려 사는 게 현명하다고 말하던 무주택자들도 생각을 바꾸죠. 나중에 전세 매물을 구하지 못해 어려움을 겪고 계속 전세금 상승분을 집주인에게 갖다 바치느니, 그냥 집을 사서 이사 다니지 말고 편하게 살자고 하면서. 이들 중에는 기대치 않았던 수익으로 놀라는 사람도 생깁니다. 전세난 때문에 집을 구하기 어려워 어쩔 수 없이 집을 샀는데, 그 집의 가격이 껑충 올라버린 것이죠. 예상치 못한 수익을 맛본 이들은 이 같은 기회를 찾아 재투자에 나섭니다. 부동산 상승기에는 여러 가지 이유로 투자 대열에 참여하는 이들이 급속도로 늘어납니다.

부동산 시장 과열은 가격 폭등으로 이어지는데, 이때는 집을 사는 사람도, 파는 사람도 많아 거래량 자체가 폭발적으로 증가합니다. 그러다 점차 집을 매도하려는 사람이 줄어들죠. 부동산 가격이 계속 오르니 앞으로 더욱 오를 거란 기대가 더욱 커진 겁니다. 가격이 바닥권에 있다가 처음 올랐을 때는 이게 어딘가 싶어 매도하는 사람도 많습니다. 그런데 많이 올랐다 싶은 금액은 나중에 보니 아무것도 아닌 게 됩니다. 3,000만~4,000만 원 정도 올라서 기분 좋게 팔았는데, 팔고 어느 정도 시간이 흐른 뒤 보니 이제 2억 원이 오른 거죠. 이런 과정이 반복되면 가격에 대한 저항선을 가늠하기 어렵게 됩니다. 이쯤 되면 부동산 가격이 천정부지로 오를 것 같은 기대감이 확산합니다.

집을 보유한 사람은 이제 두려울 게 없습니다. 떨어질 것 같은데 올라가고, 이제는 떨어지겠지 했는데 더 올라가를 반복해왔으니 기대가 믿음으로 바뀐 거죠. 이들은 이제 집을 팔려고 하지 않습니다. 그런 상황에서 정부의 규제 정책이 나옵니다. 그럼 손해를 피하고 싶은 심리까지 더해져 더욱 집을 팔지 않겠죠. 가격은 오르고 매물은 없고, 이때 부동산 가격이 폭등합니다. 매도와 매수의 균형이 확실하게 깨지는 순간이죠!

대중심리의 힘은 이처럼 무섭습니다. 욕심과 결합한 대중심리는 웬만한 수단으로는 막을 수 없게 됩니다. 대중심리엔 관성의 법칙이 크게 작용합니다. 바로 흘러온 방향대로 계속 가고자 하는 힘. 관성의 법칙이 작용하고 있는 대중심리를 누르려면, 이보다 훨씬 큰 에너지가 가해져야 합니다.

그 에너지를 정부의 정책이라 보는 이가 많습니다. 정부의 강력한 규제 정책이 대중심리의 힘을 누를 수 있다고 생각하면서

부동산 폭등장이 온다

말이죠. 하지만 그건 앞서 언급한 정부의 한계를 전혀 고려하지 않은 주장입니다. 이론상으로는 가능할 수 있지만 현실적으로 불가능합니다. 정부의 정책이 약하다고 비판하는 사람들은 그들이 정부 입장에 처해 보지 않았기에 그렇게 말하는 것이죠. 책임질 게 없으면 비판을 위한 비판은 할 수 있으니까.

대중심리의 방향이 전환되는 시점

바닥에서 상승으로 전환 부동산 가격이 일정 기간 하락하면 대중심리는 침체 분위기를 탑니다. 이럴 때는 누군가가 나서서 투자하는 일도 드물지만, 몇 사람이 투자한다고 해서 시장이 상승세로 전환되는 것도 아닙니다.

너무 오래전 일이라 기억이 가물가물하겠지만, 2010~2013년 쯤 부동산 시장이 바닥을 칠 때는 투자에 나서려는 사람이 없었습니다. 그때도 집을 보러 다니는 사람은 많았지만, 계약으로 이어지는 경우는 드물었고요. 10명이 상담하면 겨우 1명이 계약을 할까 말까 한 상황이었습니다. 부동산은 이제 끝났다 싶은 분위기였는데, 그때도 집값은 눈치채지 못할 만큼 조금씩 상승했죠. 부동산 가격이 오르는 걸 인지했어도 당시에는 왜인지, 어떤 영향을 받으며, 어떤 식으로 올라갈지 전혀 예측할 수 없었죠.

앞서서 조용히 상승을 시작한 건 전세가격이었습니다. 아파트 전세가격이 먼저 오르는 상황에 관해서는 3장에서 사이클을 분석하면서 자세히 설명하겠습니다. 일단 아파트의 전세가격이 먼저 상승하면서 그때까지 오르지 않는 매매가격 턱 밑까지 치고 올라오면, 전세가격이 매매가격을 밀어 올립니다. 정확히 말하자면, 전세가격 상승에 의해 아파트의 매매가격이 '거래 없이' 올라가는 상황이 벌어집니다. '거래 없이'란 말에 주목할 필요가 있습니다. 그 아파트를 매매하는 사람이 없는데 매매가격이 오른다는 뜻입니다. 이렇게 아파트의 매매가격이 거듭 오르면 부동산에 대한 사람들의 관심도 커집니다.

폭등 후 하락으로 전환 가격이 절대 떨어지지 않을 것처럼 상승만 거듭하는 폭등 시장도 시간이 지나면 하락으로 전환합니다. 그렇게도 강한 힘을 지닌 대중심리가 방향을 선회하는 겁니다. 방향을 전환시키는 요인은 무엇일까요? '미분양' 물건입니다.

여기서 말하는 미분양은 일반적으로 일컬어지는 미분양이 아닙니다. 미분양이 나오는 상황에 따라 종류가 다르므로 오해해선 안 됩니다. 부동산 청약을 통해 당첨된 사람이 분양 계약서에 서명해야만, 정식 분양 계약으로 인정됩니다. 그런데 당첨자 중에는 계약하지 않는 사람이 생길 수 있습니다. 이로 인해 남은 물건을 '미분양'이라고 합니다. 이러한 미분양 물건은 여러 과정을 거쳐

부동산 폭등장이 온다

순위에 상관없이 선착순으로 계약되기도 합니다. 그런데 미분양 물건이 다수 발생하면, 이 같은 물건만 전문적으로 판매하는 분양 상담사들이 투입됩니다. 이들은 적극적인 영업을 통해 물건들을 계약시킵니다. 이 과정에서 미분양 물건이 점차 해소됩니다. 그런데 상황이 여의치 않으면, 미분양 물건이 계속 남아 있게 됩니다. 시간이 흘러 해당 아파트의 입주 시점까지 팔리지 않고 남아 있는 것이 바로 '입주 미분양'이죠.

과열되고 있는 시장에서 대중심리를 누를 수 있는 강력한 요인이 입주 미분양 물건입니다. 이를 이해하려면 부동산 가격이 내려가는 과정을 이해해야 하는데, 이에 대해서는 앞에서 구체적으로 설명했습니다. 다시 반복하자면, 가격이 하락하려면 적극적으로 시세보다 낮은 가격에 아파트를 매도하는 행위가 지속해서 이뤄져야 합니다. 시장에 나온 매물이 많더라도 대개는 그 가격이 호가 범위 안에 있습니다. 그런데 호가보다 더 낮은 가격에 매물이 나오면 그것부터 먼저 팔리게 됩니다. 물론 한 번 저렴한 가격에 거래됐다고 해당 아파트의 매매 가격이 떨어지는 건 아닙니다. 손실을 피하려는 인간이 심리 때문에 호가 밑으로 아파트를 팔려는 사람은 많지 않죠. 이 때문에 부동산은 가격이 하락할 때도 쉽게 떨어지지 않는 겁니다. 정부의 강한 규제 정책이 나와 급매물이 거래된다고 해도 호가 매물들이 버텨주는 한 아파트의 가격은 떨어지지 않습니다. 그럼, 아파트 가격은 어떻게 하락하는 걸까요? '호가보다 저렴한 가격에 매물이 나와 팔리고, 다시 그보다 저렴한 물건이 나왔는데 팔리고'가 계속 반복될 때 이런 일이 벌어집니다.

입주 미분양이 생기면 상황은 달라집니다. 보유자가 급하게 내던지는 매물들이 생겨나니까요. 앞서 입주물량 이야기를 할 때 설명했죠. 미분양 물건이 있으니 당연히 프리미엄이 붙을 리 없고 이로 인해 잔금을 치르기 어렵게 된 분양 당첨자들이 대거 발생합니다. 그런데 미분양 물건이 있으니 팔기도 어렵죠. 어쩔 수 없이 잔금을 치러야 하는 사람은 기존 매물을 급하게 팔아야 합니다. 급하게 팔아야 하니 호가보다 낮은 가격에 팔아야 하고요. 입주 미분양은 다른 현장에도 영향을 미칩니다. 급하게 잔금을 마련해야 하는 사람들이 여기저기에 내놓은 급매물 때문이죠. 이쯤 되어야 부동산 시장이 하락으로 전환됩니다.

• • •

지금까지 부동산 사이클에 실제적 영향을 미치는 요인들에 대해 자세히 알아보았습니다. 아마 이와 같은 요인으로 부동산 시장을 분석하는 것을 처음 들어 본 사람도 많을 겁니다. 말했듯, 인간을 합리적인 의사결정자로 보는 주류경제학을 따를 경우 내놓을 수 없는 분석이기 때문이죠. 저는 인간을 비합리적인 의사결

부동산 폭등장이 온다

정자로 규정하는 행동경제학 원리에 따라, 시장을 분석했습니다. 부동산 현장에서 수많은 사람을 상대하며 상담하면서 느낀 것이 바로 대니얼 카너먼의 주장과 같았기 때문입니다.

인간이 비합리적으로 의사결정을 한다는 걸 고려해 시장을 연구하면, 부동산 사이클이 만들어지는 과정도 자연스럽게 이해할 수 있습니다. 사이클을 이해하게 되니 부동산 시장도 예측 가능해졌습니다. 참 아이러니합니다. 인간은 비합리적으로 의사결정을 하는데, 이들을 보고 시장을 예측할 수 있다는 것이 말이죠. 하지만 원리는 간단합니다. 인간은 평상시엔 논리적으로 생각하고 이성적으로 행동하는 것 같아도, 위기의 순간이나 중요한 상황에서는 언제나 본성에 따라 행동하는데, 그것이 돈에 대한 욕심과 결합할 때는 더욱 강해집니다. 그럼 항상 비슷한 결과가 나오고요.

이제 부동산 시장에 영향을 주는 여러 가지 요인으로 시장이 어떻게 변하는지, 그런 변화로 대한민국 부동산이 어떤 사이클을 그려왔는지 살펴볼 차례입니다. 하락기와 하락 안정기, 상승기, 상승 조정기, 폭등기로 이어지는 부동산 사이클 중에 현시점이 어디에 해당하는지 가늠할 수 있는 시장의 '신호'도 함께 짚어볼 겁니다. 내 집 마련을 고심 중인 무주택자이든, 부동산을 통해 이익을 얻고자 하는 투자자이든 자본을 투입해 최고의 수익을 올릴 수 있는 완벽한 투자 타이밍을 찾을 수 있으리라 봅니다.

3장

부동산 사이클을 알면, 투자 시점이 보인다

01

하락기

상승을 거듭하던 부동산 시장이 하락세로 전환하려면, 반드시 그에 맞는 여건이 조성돼야 합니다. 하락할 여건이 조성되지 않은 상황에서 시장에 하락 요인이 발생하면, 잠시 충격을 받을 순 있어도 하락세로 완전히 전환하지는 않습니다.

대표적인 사례가 바로 9.13 대책입니다. 문재인 정부의 9.13 대책이 발표되자, 많은 이가 전례가 없을 정도로 강력하고 전방위적인 규제라고 평가했습니다. 이는 바로 시장에 충격을 안겼습니다. 강남권을 비롯한 서울 전역에 급매물이 속출하고, 시장의 하락 징후들이 나타났죠. 전문가들도 시장이 하락할 것이라는 전망에 동의하는 견해를 덧붙였습니다. 하지만 6~8개월가량이 지나자 시장은 언제 그랬냐는 듯 다시 상승했습니다.

하락 전환을 위한 여건

시장이 예상과 다르게 흘러가자, 정부의 부동산 정책이 너무 약했다고 비판하는 사람이 있는가 하면 정부가 일부러 그런 것이라는 음모론을 펼치는 사람도 나왔습니다. 하락하는 듯 보였던 시장이 다시 상승한 근본 원인은 상승장에서 하락장으로 돌아설 만큼의 여건이 마련되지 않았기 때문입니다. 그럼 그 여건이라는 게 도대체 무엇일까요?

첫째, 초과 공급 주택의 공급물량을 분석할 때는 오류를 범하기 쉽습니다. 소위 전문가라는 이들도 오류투성이인 통계자료를 갖다 쓰기도 하죠. 이러한 오류는 앞서 설명한 우리나라 부동산이 부분 시장이라는 걸 간과하는 데서 발생합니다. 서울 및 수도권, 지방 시장으로 나뉘고, 소형과 대형으로 나뉘어 시장에 따라 다른 양상으로 흘러가는데, 이를 구분하지 않고 통틀어 통계를 적용하면 분석이 틀릴 수밖에 없죠.

그 대표적인 사례가 2018년 부동산 시장에 대한 전망이었습니다. 2017년 말쯤, 많은 전문가와 투자 고수 들이 내년 부동산 시장이 어떻게 흘러갈지를 두고 입주물량을 근거로 설명했죠. 앞으로 10년 이내 입주할 신규 아파트 중 가장 많은 물량이 바로 2018년에 예정되어 있다면서, 이 여파로 부동산 시장이 흔들리며 가격이 크게 하락할 것으로 예상했습니다. 다음 그래프에서 확인할 수 있듯, 2018년 전국 입주물량은 52만 6,000호로, 역대 최고인 게 확실합니다.

부동산 폭등장이 온다

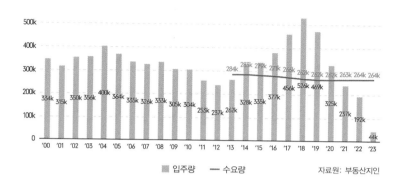

그런데 아래 서울 입주물량 그래프를 보면, 2018년 입주물량은 5만 1,000호로 다른 해와 비교할 때 특별히 높다는 생각이 들지 않습니다. 오히려 2019년이 더 많네요.

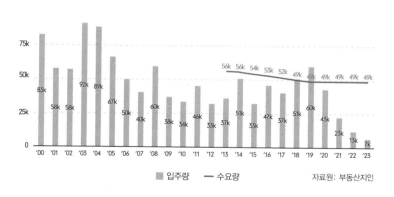

전국과 서울의 상황이 어째서 이렇게 다른 걸까요? 2017년만 해도 아파트 시장은 서울이 상승을 주도하고 있었고, 지방은 호황을 지나 하락세로 접어들던 시기였습니다. 입주물량이란 이미 3~4년 전에 분양을 완료한 아파트입니다. 3~4년 전으로 돌아가면, 지방 시장은 호황이었고 서울 시장은 이제 막 상승을 시작하려는 단계에 있었죠. 그렇다면 서울과 지방 중 어디에서 분양이 잘 되고 물량도 많았을까요? 당연히 지방이겠죠. 이러한 이유로 전국의 모든 지역을 통합해 통계를 내면, 앞으로의 시장 상황을 분석할 때 오류가 생깁니다.

또 다른 부분 시장, 소형과 대형 아파트 시장도 고려해야 합니다. 면적에 따라 나뉘는 부분 시장을 집중적으로 분석해 봅시다. 굳이 데이터를 들이밀지 않아도, 새로 지어지는 아파트를 보면 물량에서 압도적으로 차이가 난다는 걸 충분히 알 수 있습니다. 신규 공급되는 아파트 중 40평대 이상은 거의 보이질 않습니다. 어쩌면 당연한 것이, 건설사 입장에서도 중요한 건 지금 당장 잘 팔리고 그것도 비싸게 팔 수 있는 게 무엇인지일 겁니다. 그들에겐 자신들이 건설해 분양하는 아파트의 가격이 이후에 오를지 내려갈지는 중요하지 않겠죠.

다음은 서울시의 면적별 분양가격 그래프입니다. 50평 이상 아파트의 분양가격이 2022년부터 크게 떨어지는 것이 보입니다.

부동산 폭등장이 온다

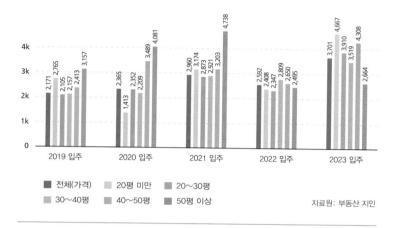

서울특별시 면적별 분양가격(3.3㎡)

연도	전체(가격)	20평 미만	20~30평	30~40평	40~50평	50평 이상
2019 입주	2,171	2,765	2,105	2,157	2,413	3,157
2020 입주	2,365	1,413	2,352	2,209	3,489	4,081
2021 입주	2,960	3,174	2,873	2,921	3,203	4,738
2022 입주	2,592	2,408	2,347	2,809	2,650	2,495
2023 입주	3,701	4,667	3,910	3,519	4,308	2,664

■ 전체(가격) ■ 20평 미만 ■ 20~30평
■ 30~40평 ■ 40~50평 ■ 50평 이상

자료원: 부동산 지인

반면 20평 미만의 분양가격은 2023년에 크게 오릅니다. 다만 이
때 생각해 봐야 할 것이 있습니다. 이 그래프는 해당 연도에 입주
할 아파트의 분양가격을 보여 줍니다. 아마 2022년 입주하는 아
파트의 경우 2018~2019년쯤 분양했을 겁니다. 건설사가 이때 팔
았다는 것이죠. 당시에는 아파트 상승을 주도하는 것이 소형 아
파트였기에 분양가격을 비싸게 매겨도 잘 팔렸겠죠. 오히려 40평
이상은 인기도 없고 팔리지 않으니 가격도 낮췄을 겁니다. 분양
가격이 낮으니 애써 팔아봤자 남는 것도 별로 없었을 거고요. 이
같은 현상이 지속된다면 시장에 어떤 변화가 생길까요? 소형 아
파트의 공급이 계속 늘어서 일정 시점이 되면 초과 공급 상태가
되는 반면, 신축하는 대형 아파트는 아주 희소해지겠죠.

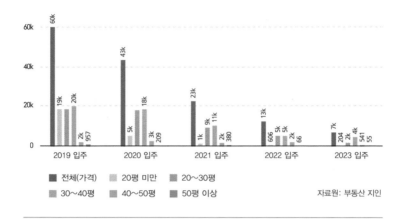

자료원: 부동산 지인

위의 그래프를 보면 확실히 알 수 있습니다. 2019년 이후 서울시 면적별 아파트 입주물량 그래프입니다. 40평 이상의 막대를 보면, 있는지 없는지 알아보기 어려울 정도로 거의 보이질 않습니다. 90% 이상이 중·소형 평형대에 집중되어 있죠. 이러한 입주 물량 상태는 어느 한 해에만 그랬던 게 아니라 수년, 최소 6~7년 이상 이어져 왔습니다.

2020년 4월 현시점은 어떤가요? 서울과 수도권의 소형 아파트는 이미 초과 공급 상태입니다. 물론 초과 공급되었다고 가격이 바로 하락하는 건 절대 아닙니다. 하락 전환을 위한 여건만 마련된 것이죠. 본격적으로 하락하려면 뇌관이 터져야 하는데, 폭발

직전의 뇌관을 건드리는 요인이 무엇인지는 조금 뒤에 설명하겠습니다. 그럼에도 하락 전환을 위한 여건이 마련되어야 한다고 했던 건 대중심리 때문입니다. 보통사람들은 아파트의 이렇게나 많은 공급량이나 입주물량 등에는 관심이 없습니다. 관심이 있다 해도 이것이 언제 폭발할지 알 수 없으니 초과 공급되었다고 팔거나 공급이 부족하다고 사지 않습니다. 지금 당장 소형 아파트의 가격이 거듭 오르고 있는 게 보이면, 그 분위기에 휩쓸려서 계속 소형만 집중 매수하는 겁니다.

결국, 공급량은 소형 위주로 점차 늘고 해당 지역에 소형 아파트가 초과 공급되는 상태에 이르게 됩니다. 지방은 서울보다 사이클이 앞서 흘러갔으니 상승 사이클을 지나 하락장을 맞은 후 지금은 거의 바닥 다지기를 하고 있는 상황입니다. 저의 주장대로라면, 지방은 부동산 상승장에서 소형이 초과 공급된 상태여야 합니다. 정말 그렇게 되었을까요? 초과 공급 여부를 제대로 보여주는 지표가 있습니다. 미분양입니다. 소형 아파트가 초과 공급된 상태라면 반드시 소형 아파트의 미분양 물건이 넘치고 있어야 하니까요. 다음 장의 지방 부동산 미분양 통계를 봅시다.

전북 지역의 전체 미분양 1,009가구 중 $85m^2$ 초과는 7가구입니다. 전남 지역의 전체 1,654가구 중 $85m^2$ 초과는 91가구, 경북 지역은 전체 5,639가구 중 $85m^2$ 초과는 152가구입니다. 이 도표

시도	부문	규모	호
충남	민간부문	60~85㎡	4,268
		85㎡초과	94
전북	총합	총합	1,009
	공공부문	소계	
		60㎡이하	
		60~85㎡	
	민간부문	소계	1,009
		60㎡이하	346
		60~85㎡	656
		85㎡초과	7
전남	총합	총합	1,654
	공공부문	소계	
		60㎡이하	
		60~85㎡	
	민간부문	소계	1,654
		60㎡이하	719
		60~85㎡	844
		85㎡초과	91
경북	총합	총합	5,639
	공공부문	소계	
		60㎡이하	
		60~85㎡	
	민간부문	소계	5,639
		60㎡이하	677
		60~85㎡	4,810
		85㎡초과	152
경남	총합	총합	11,586
	공공부문	소계	

자료원: 국토교통부 통계누리

부동산 폭등장이 온다

에 나와 있지 않은 다른 지역도 비율은 대동소이합니다. 비율로 따지면 대형 평형이 차지하는 비율은 10%도 안 됩니다. 미분양이 중·소형에 집중되어 있다는 걸 알 수 있습니다.

지금 상황만 보면 잘 납득되지 않을 수도 있으니, 과거를 한번 살펴보죠. 2008년 외환위기 이후 서울 및 수도권의 부동산 시장은 하락기를 맞이합니다. 그런데 부동산 가격이 하락하기 전엔, 어떤 평형이 인기가 좋았을까요? 굳이 통계 그래프를 보여 주지 않아도, 많은 이가 알다시피 대형 아파트가 인기가 많았습니다. 그럼 시장이 하락할 때 대형 평형이 초과 공급 상태여야 하는데, 과연 그랬을까요?

서울에서는 성수동의 트리마제, 용산 센트레빌아스테리움, 고덕 아이파크, 강서 한강자이 등 이름만 들어도 알 정도로 유명하고 인기 있는 아파트들 모두에서 대형 평형대는 미분양이 났습니다. 경기도 지역은 의왕 내손e편한세상, 고양 지역의 식사자이, 식사동 블루밍 그리고 탄현 두산위브더제니스 덕이동 하이파크시티, 용인의 성복자이, 성복힐스테이트 등의 대형 평형이 미분양되었죠. 심지어 탄현 위브더제니스와 덕이동 하이파크시티는 아직도 미분양이 해소되지 않아 분양 중입니다.

2008년 이전에는 대형 아파트만 인기가 있었기에 시행사들이 분양가격이 높은 대형 아파트, 그것도 초대형 평형의 아파트만 짓고 집중적으로 분양했습니다. 그 결과 초과 공급 상황이 이어져 대형 평형만 팔리지 않고 남게 된 것이죠. 이는 필연적인 현상입니다. 건설사들이 대형이 인기일 때는 대형만, 소형이 인기일 때는 소형만 지어서 많이 분양하다 보니, 어느 순간 초과 공급이 되고 당시엔 인기였던 그것이 결국 미분양으로 남는 것. 그리고 이는 아파트 매매 시장에 지대한 영향을 미칩니다. 시장의 판도를 아예 바꾸니까요.

둘째, 부담스러운 가격 부동산 가격이 상승을 거듭하다가 대중심리가 과열되어 폭등하면, 이제는 매수자들도 접근하기 두려운 가격대가 형성됩니다. 특히 분양가격이 문제입니다. 일반 아파트의 경우 가격이 무섭게 치고 올라도 신규 분양하는 아파트가 없다면 쉽게 떨어지지 않습니다. 부담스러운 가격으로 인해 매수세가 사라지더라도 매도세도 같이 줄기 때문에, 시장에서 수요와 공급 균형이 이루어지기 때문이죠. 그런데 분양 물건은 다릅니다. 일반 아파트는 대개 개인 소유이므로 팔 수도 있고, 팔리지 않으면 안 팔 수도 있습니다. 하지만 분양 아파트는 시행사 입장에서 무조건 팔아야 하는 물건입니다. 그런데 매수자가 없어지면 미분양이 납니다.

결국 부동산 상승장이 하락세로 전환하려면, 부동산이 팔려야 하는데도 매수자가 사기 힘든 상황이 발생해야 합니다. 그중 하나가 매수자 입장에서 분양가격이 크게 부담스러운 금액대에 이르는 것입니다. 부담스러운 가격대란 어느 정도를 뜻하는 걸까요? 이는 폭등으로 형성된 가격대를 말합니다. 폭등은 해당 상품의 가격이 단기간에 급등한 것을 의미하죠. 몇 달 만에 5,000만 원, 1억 원씩 오른 겁니다. 짧은 기간에 이처럼 부동산 가격이 폭등하면 단순히 가격만 오르는 게 아니라, 해당 지역에 정부의 추가 규제 정책도 동반됩니다. 그럼 이 지역 매수세가 갑자기 진정되는 분위기로 바뀌죠.

무엇보다 부동산은 지역적 특성도 고려해야 합니다. 예를 들어, 서울 강남의 부동산 가격이 오른다고 서울 전 지역의 부동산 가격도 한꺼번에 오르는 게 아닙니다. 지역적으로 구분돼 강남 먼저 오르고 그다음 송파 그다음 강동, 이런 식으로 시차를 두고 차근차근 오릅니다. 이 같은 특성 때문에 강남 부동산이 폭등하면 이 지역에서만 지속해서 폭등 상황이 벌어지는 게 아니라, 폭등 후 정체 구간을 지나게 됩니다. 이미 폭등한 가격이 부담스럽기도 하거니와 그 인접 지역의 가격은 아직 오르지 않았기에 오히려 송파가 강남보다 투자하기 좋은 환경이 되기 때문입니다. 따라서 매수세는 송파 쪽으로 몰립니다. 그러면 강남은 폭등 후 진정세, 송파는 폭등…, 이러한 순환구조가 형성되어 인접 지역으로 폭등 상황이 점차 번져가는 것이죠.

이 같은 과정을 거쳐 서울과 수도권 거의 전 지역으로 폭등이 진행됩니다. 그렇게 되면 서울 전 지역의 부동산 가격이 부담스러운 가격대에 다다르게 되죠. 이 같은 이유로 폭등 후 정체 구간으로 진입한 지역에는 매수세가 거의 사라집니다. 그럼 이때부터 매수와 매도가 서로 힘겨루기 양상을 보이면서 지루한 정체 구간이 이어지고, 드디어 하락을 위한 여건이 마련됩니다.

셋째, 무분별한 투자자 어떤 분야에서든 투기장이 끝나가는 무렵에는 무분별한 투자자들이 진입합니다. 이는 필연적이고 자연스러운 현상이죠. 부동산 시장에 들어오는 무분별한 투자자는 크게 두 부류로 구분할 수 있습니다.

첫 번째 부류는, 부동산 상승장이 이어지는 짧은 기간에 이곳저곳으로 옮겨 다니면서 주택을 매수하고 매도하며 지속해서 수익을 올린 '단타족'입니다. 이들은 주로 분양권에 투자하는데, 분양권 특성상 계약금만 넣은 상태에서도 프리미엄을 붙여 팔 수 있기 때문입니다. 일단 투입 자금 측면에서 부담이 작고, 상승장에서는 입지나 아파트 종류, 면적 등과 상관없이 거의 모든 분양 아파트에 프리미엄이 형성되니 매력적이죠.

단타족들은 대개 청약 당첨 물건을 저렴하게 사거나 분양권 상태에서 처음 프리미엄이 형성됐을 때 매수한 뒤, 이후 어느 정도 추가 프리미엄이 붙으면 그때 바로 매도하는 식으로 돈을 법니다. 때에 따라 '전매 제한'이 있는 분양권도 있는데, 그때는 탈법과 불법 행위도 서슴지 않고 저지르죠. 그저 돈 버는 재미에 빠져 윤리적 양심은 제쳐두는 것 같습니다. 이렇게 단타로 투자해 상승 초기부터 수익을 올리면, 대다수가 번 돈을 모두 분양권에 재투자합니다. 처음에는 분양권 한두 개만 매수해 거래하다가, 어느 순간 수익이 커지면 수십 개의 분양권을 거래하기도 하죠. 이렇게 수익을 올리는 데만 몰두하다가, 시장 상황이 나쁘게 바뀌는 것도 눈치채지 못합니다.

두 번째 부류는, 그동안 부동산에는 아예 관심이 없거나 오히려 부정적인 인식을 갖고 있던 사람입니다. 이들 중 일부는 끝까지 부동산에 관심을 갖지 않거나 부정적으로 생각하기에 이 시장에 접근조차 하지 않겠죠. 아마 평생을 무주택자로 살지 않을까 싶습니다. 이들에게 부동산이란 그저 거주하는 공간에 불과하므로 굳이 비싼 돈을 들여 매수하는 건 어리석은 일일 뿐이죠. 그런데 이들을 제외한 나머지는 결국, 매수자 대열에 끼어들게 됩니다. 부동산 가격이 계속 상승하는 동안 본인의 신념이 조금씩 깨져가는 과정을 거치면서, 관심도 생기고 인식도 바뀌는 겁니다. 특히 주변 지인들의 영향을 많이 받죠. 상승 초기, 부동산에 투자해 돈을 벌었다는 소수의 지인이 등장합니다. 이땐 관심도 없고 부동산에 대한 인식도 좋지 않은 터라 우연일 거라 치부해 버리죠. 그렇게 돈을 번 이들도 나중에 부동산 가격이 폭락하면 큰 손해를 볼 거라 여기면서 말이죠.

그런데 부동산 가격이 다시 상승합니다. 이쯤 되면 부동산을 통해 돈을 벌었다는 사람이 속속 늘어납니다. 이때 마음이 조금 흔들립니다. 그들 중 일부는 부동산을 매수하고자 알아보기도 하죠. 하지만 이들은 쉽게 매수하진 못합니다. 해당 아파트의 불과 몇 년 전 가격을 알기 때문이죠. 지금의 가격은 올라도 너무 올랐다 싶죠. 지금 매수하는 건 너무 늦은 것 같고, 더 오를 것이라는 기대보다는 앞으로 내려갈 가능성이 더 크다는 생각이 듭니다. 그러니 대다수가 매수하지 못합니다. 하지만 주변에서 부동산으로 돈을 벌었다는 이들이 하도 자랑을 하고 다니니 마음이 영 편치가 않습니다.

이 같은 상황에서 또 부동산 가격이 상승합니다. 이쯤 되면 그동안 가진 신념에 의문이 생깁니다. 우리나라 부동산 시장엔 하락할 일만 남았다고 믿었던 신념 말이죠. 가격이 내려갈 것이라는 예측이 세 번이나 빗나가니, 이제는 '이번에도 또 오르는 거 아냐?' 싶어지는 겁니다. 그사이 돈을 벌었다는 사람은 더욱 늘었습니다. 이젠 주변 사람들이 너도나도 부동산 이야기만 합니다. 뭘 사서 얼마를 벌었고 어디가 좋을 것 같다 등 투자한 경험과 앞으로 가능성 있는 투자처까지 전문가라도 된 양 이야기합니다. 더

부동산 폭등장이 온다

는 그 대화에 끼어들어, "이젠 하락할 거야"라는 말은 감히 꺼낼 수도 없을 것 같습니다.

시장이 과열되는 양상을 보이면, 정부가 강력한 규제 정책을 발표합니다. 거기에 모든 희망을 걸어봅니다. '그래 이게 정상적인 가격인가, 이제는 떨어지겠지. 이처럼 강력한 규제가 나왔는데 버틸 수 있겠어?' 이렇게 생각하면서 부동산 가격이 내려가길 기대하죠. 그런데 사실 가격이 내려간다고 해도 매수할 생각까지는 하지 않습니다. 이때는 떨어지기 시작하면 계속 떨어지기만 할 거라고 생각하니까요. 그동안 너무 많이 올랐으니 떨어지는 폭도 크리라 예상하는 겁니다.

문제는 정부 규제로 인한 부동산 가격 하락폭이 그리 크지 않을뿐더러, 잠깐 하락하는 듯 보이다가 다시 상승해 버린다는 겁니다. 바로 이 시점에서 이들이 무너집니다. 마지막으로 기대를 걸었던 규제마저 이겨내고 상승하는 부동산의 힘을 보고, 마침내 생각이 바뀝니다. 더 올라갈 거란 생각보다는 이제는 내려가지 않을 거란 믿음이 크게 자리 잡습니다. 그도 그럴 것이 하락을 예상할 때마다 모두 생각과 반대로 상승했으니까요.

이러한 이유로, 지속되던 부동산 상승장의 끝물, 거의 맨 마지막에 들어오는 이가 시장에 부정적이었거나 관심이 없던 사람들인 거죠. 이것이 문제입니다. 부동산에 부정적이거나 관심이 없던 터라 투자할 준비가 전혀 안 되어 있으니까요. 부동산에 관한 기본 지식은 물론이요, 전략도, 계획도, 목표도 없습니다. 결국 아무것도 모르는 사람들이 분양권을 사고 갭 투자를 하고 빌라를 삽니다. 인터넷 여기저기서 쌓은 얕은 지식과 정보만 믿고, 혹은 돈 좀 벌었다는 지인의 조언에 의지해, 그냥 분위기에 휩쓸려 덜컥 충동구매를 합니다. 이들이 무분별한 투자자입니다.

그런데 무분별한 투자자들의 진입이 왜 부동산 상승장을 하락세로 전환시키는 계기가 될까요? 지속적인 부동산 상승장에서 대중심리는 '부동산 가격은 계속 올라갈 것'이라는 믿음으로 바뀝니다. 따라서 이미 부동산을 보유한 이들은 매도를 꺼리죠. 기존 아파트에서 매물이 잘 나오지 않는다는 말입니다. 부동산 가격이 하락세로 전환하려면 앞서 말했듯 시세보다 저렴한 매물이 나오고 이것이 팔리고 다시 더 저렴하게 나오는 과정이 반복돼야 하는데, 자금력이 있고 계획과 전략이 있는 투자자들은 상황이 어려워져도 웬만해서는 안정적인 수익률이 보장되는 아파트를 매물로 내놓으려고 하지 않습니다.

단, 무분별한 투자자는 어려운 상황이 닥치면 버티기가 힘들어집니다. 리스크를 대비해 자금 계획을 세워놓은 것도 아니고, 아파트 가격이 계속 오르리라는 확신도 없습니다. 그러니 예상치 못하게 반전된 시장에 가장 먼저 급매물을 내놓는 사람이 바로, 준비되지 않은 투자자입니다. 특히 분양권을 여러 개 가지고 있는데, 시장 상황이 안 좋아졌다고 합시다. 프리미엄을 기대할 수 없으니 입주 시점까지 잔금을 치를 일도 막막해지죠. 잔금 마련보다 분양권을 하나 더 사는 데 치중했던 이들은 '멘붕'이 됩니다. 이런 상황에 놓이면 잔금 문제로 분양권을 포기하거나, 시장에 마이너스 프리미엄으로 팔려고 할 수도 있죠. 또 어쩔 수 없이 잔금을 치러야 할 경우엔 급하게 기존 집을 팔아야 하니 급매물이 나오는 것이죠.

넷째, 낮은 전세가율 전세가율은 주택의 매매가격 대비 전세가격의 비율을 의미합니다. 예를 들어, 어느 아파트의 매매가격이 10억 원인데 전세가격이 6억 원이라면 전세가율은 60%이겠죠. 전세가율이 떨어진다는 건, 주택의 매매가격과 전세가격의 차이가 커진다는 뜻입니다. 이 같은 일이 벌어지는 건 두 가지 경우입니다. 하나는 매매가격은 그대로인데 전세가격만 떨어지는 경우, 다른 하나는 전세가격은 거의 그대로이거나 천천히 오르는데 매매가격이 급속도로 올라서 격차가 커지는 경우.

부동산 시장이 상승하는 시기에는 매매가격의 상승폭은 큰 반면, 전세가격은 완만하게 상승합니다. 그러니 전세가율이 떨어지죠. 매매가격이 폭등한다면 그 격차는 더욱더 커지겠죠. 그런데 왜 낮은 전세가율이 부동산 시장을 하락세로 돌아서게 만드는 요인이 되는 걸까요? 앞서 우리나라에만 있는 전세제도 덕분에 어떤 일이 벌어지는지 설명했습니다. 전세가격이 매매가격이 하락할 때 지지선 역할을 한다고 말이죠. 아파트의 매매가격이 계속해서 떨어지다가 전세가격과 가까워지면 하락을 멈춥니다. 그런데 전세가율이 낮은 상태에서 아파트의 매매가격이 하락하기 시작하면 어떻게 될까요? 전세가격 선까지 떨어질 수 있는 폭이 매우 큽니다. 그래서 지속해서 가격이 하락하는 겁니다. 반면 전세가율이 매우 높은 상태에서 매매가격이 하락하기 시작하면, 바로 턱 밑에서 전세가격이 받쳐주고 있으니 떨어지는 폭이 아주 작겠죠. 그럼, 한 가지 의문이 들 겁니다. 이때 아파트의 전세가격도 같이 떨어지는 건 아닌지.

맞습니다. 부동산 가격이 하락하는 시장에서는 아파트의 매매가격과 전세가격이 같이 떨어집니다. 그 이유는 다음 하락시장에서 나타나는 현상을 살펴볼 때 이야기하겠습니다. 그런데 이렇게 매매가격과 전세가격이 같이 떨어지긴 해도 변함없는 게 하나 있는데, 어느 시점이 되면 전세가격이 먼저 떨어지는 것을 멈추고 상승 전환한다는 겁니다. 그 때문에 하락하던 매매가격도 상승하는 전세가격과 어느 선에서 만날 수밖에 없습니다.

지금까지 부동산 시장이 하락세로 전환되려면 어떤 여건이 마

부동산 폭등장이 온다

련되어야 하는지 알아봤습니다. 단, 본격적인 하락장이 시작되기 전, 전제되어야 할 것이 하나 있습니다. 가격 폭등입니다. 조금씩 상승을 거듭하던 부동산 가격이 한순간 '폭등'해야만 앞의 네 가지 하락 여건이 빛을 발합니다. 이 같은 폭등은 투기 시장에서 상승 막바지에 자연스럽게 만들어집니다. 확실한 것은, 이를 만드는 건 대중심리이고, 그러한 대중심리는 인간의 본성에 기인한 것이라는 사실입니다.

하락장을 탄생시킬 뇌관

앞서 소개한 네 가지 부동산 하락 여건이 마련되었다고 해도 심지에 '불'을 붙이지 않으면, 상승은 멈추더라도 정체 구간이 쭉 이어지기만 할 뿐 본격적인 하락으로 전환하지 않을 수 있습니다. 뇌관 역할을 할 무언가가 필요합니다. 그것은 바로, 미분양입니다. 그중에서도 '입주 미분양.' 왜 미분양이 부동산 시장을 본격 하락세로 돌아서게 하는 뇌관 역할을 하는 걸까요?

미분양은 잠겨 있던 매도물량이 쏟아지게 만듭니다. 아파트 가격이 상승을 지속하면 집을 보유한 사람들은 그렇지 않은 사람보다 부동산 가격 상승에 대한 기대를 훨씬 많이 하게 됩니다. 이를

'소유 효과'라고 하죠. 어떤 물건에 대한 인간의 기대 가치가 소유하지 않을 때보다 소유할 때 더 커지는 것을 말합니다. 따라서 집을 가진 사람들은 굳이 가진 부동산을 매도할 필요성을 못 느낍니다. 심지어 이들은 매도물량이 줄어들어서 가격이 폭등하는 상황까지 직접 경험하지 않았습니까? 그러니 웬만하면 매도하지 않으려고 하겠죠.

앞서 말한 부동산 가격이 하락할 만한 여건이 모두 조성되었는데도 매도물량이 나오지 않으면 어떻게 될까요? 부동산 시장은 절대 하락세로 전환하지 않습니다. 강력한 규제가 나와도 집을 가진 이들이 그렇게 두려워하지 않고, 오히려 내놓았던 매물을 거둬들이는 상황을 여러분도 경험하고 있지 않나요?

반론을 제기하고 싶은 분도 있을 겁니다. "부동산 중개소에 가보니 매물들이 많이 나와 있던데요?" 하면서요. 근래의 분위기 속에서 시장에 나와 있는 매물은 팔기 위한 매물이라기보다 시세를 확인하기 위한 매물로 보는 것이 타당합니다. 보통 이런 매물은 오랜 기간 거래가 없어도 호가가 변하지 않고 오랫동안 유지됩니다. 팔기 위해 내놓은 매물이 아니라는 증거입니다. 또 매물이 많이 나와 있다고 해서 꼭 가격이 하락하는 건 아니라는 걸 앞에서 여러 번 설명했습니다. 시세보다 싼 가격에 나온 매물이 지속해서 나오려면 매도자가 시장에 대한 공포심에 휩싸이거나, 반드시

부동산 폭등장이 온다

급하게 팔아야만 하는 상황이 생겨야 하죠. 이미 사람들은 부동산이 주식처럼 환금성이 좋은 상품은 아니라는 것을 알고 있습니다. 따라서 부동산 보유자들은 시장 분위기를 살펴보면서 좋은 가격에 매도하는 게 녹록지 않을 땐, 임대를 놓든지 아니면 직접 들어가 살든지 하면서 대안을 마련합니다. 그래서 급하지 않은 것이죠.

그런데 말입니다, 분양은 다릅니다. 반드시 팔아야만 하는 물건이죠. 미분양이 생겼다는 것은 팔아야 할 물건이 안 팔린다는 겁니다. 부동산 가격이 상승을 거듭하는 시장에서는 이미 청약 단계에서 분양 물건이 모두 팔렸습니다. 미분양이 난다는 건 상상치 못할 일이었죠. 그런데 미분양이 났다는 건, 무엇을 의미할까요? 살 사람이 없거나 사고자 하는 사람도 이제는 책정된 분양가격을 부담스러워한다는 겁니다.

사람들이 분양권을 구입했던 건, 앞으로 가격이 반드시 오를 거라고 확신할 수 있었기 때문입니다. 그런데 더 이상은 오르지 않을 것 같다는 인식이 대중에게 생기는 순간, 이 물건은 '굳이 지금은 살 필요 없는' 물건으로 변합니다. 사실 미분양 물건은 어느 순간부터는 필연적으로 발생하게 되어 있습니다. 하지만 분양 시장에 좋은 상황이 이어지다가 갑자기 생긴 미분양은 매수심리를 크게 위축시켜버립니다. 특히 미분양이 발생한 지역 주변 현장에까지 이 같은 분위기가 확산해 연달아 미분양이 발생합니다.

결국 해당 지역에 미분양 물건이 점차 적체되는데, 그 과정에서도 기존 아파트의 급매물은 많이 나오지 않습니다. 시장에 팔리지 않는 분양 물건이 늘어도 기존 아파트 매매가격은 하락할 기미가 별로 없죠. 어쩌다 급매물이 나와 거래되더라도 호가는 크게 변하지 않고 버텨냅니다. 그런데 상황이 변하는 계기가 찾아옵니다. 그게 바로 입주 미분양이죠. 처음 발생한 미분양 물건은 아파트가 다 지어질 때까지만 팔면 됩니다. 그런데 아파트가 거의 지어졌는데도 못 팔아서 남은 입주 미분양이 문제입니다. 이를 '준공 후 미분양'이라고도 부르는데, 이것이 발생하면 상황이 달라집니다. 정말 급한 사람들이 생기는 것이죠.

앞서 사이클에 영향을 미치는 기본 요소 중 분양에 관해 이야기할 때, 입주물량이 그저 많다고 해서 시장에 부정적인 영향을 미치는 것은 아니라고 했습니다. 중요한 건 프리미엄인데, 그중 프리미엄이 붙지 않은 입주물량이 문제라고요. 입주 미분양은 프리미엄이 붙지 않은 경우도 있지만, 마이너스 프리미엄이 형성되는 경우도 있습니다. 사실 이러한 시기엔 무분별한 투자자들이 많은 분양권을 보유하고 있는 경우도 많습니다. 그러니 잔금을 치르기가 어렵게 되죠.

부동산 폭등장이 온다

부정적인 영향은 연쇄작용을 일으킵니다. 분양 아파트의 전세 가격이 더 떨어집니다. 분양을 받고서도 잔금을 치르기 어려운 사람은 어떻게든 전세 세입자라도 구해 잔금 비용을 충당해야 하니, 서로 간 경쟁이 치열해집니다. 반면 임차인은 느긋합니다. 결국 아파트를 분양받은 사람은 가능한 한 빨리 전세를 맞추고자 전세가격을 크게 떨어뜨립니다. 그런데도 잔금이 부족하면 대출까지 받습니다. 알다시피 대출이 끼어 있는 전세 매물은 전세가격이 뚝 떨어지죠. 대다수의 임차인은 '전세가격＋대출금'이 매매가격의 70~80%를 넘지 않은 선에서 계약하길 원하기 때문입니다. 그런데도 잔금 치를 비용이 준비되지 않은 경우 어쩔 수 없이 대출을 받아야 하고 그러니 대출이 껴 있지 않은 전세 매물보다 더 저렴한 전세가격에 매물을 내놓을 수밖에 없습니다.

그렇게 했음에도 잔금을 충당하기 어려운 사람은 시장에 마이너스 프리미엄으로 분양권을 매도하는 걸 시도하거나 심한 경우는 건설사와 계약 해지를 협의하기도 합니다. 하지만 앞서 말했듯, 건설사도 팔지 못한 미분양 물건이 남아 있으니 계약 해지를 거의 받아주지 않죠. 이처럼 이러지도 저러지도 못하게 된 사람들은 잔금도 치르지 못하고, 임대도 맞추지 못한 상태에서 건설사와 계속 협의를 시도하지만, 원만한 협의가 이루어지지 않아 연체료까지 물면서 시간만 보내야 하는 상황을 맞습니다.

분양받은 사람 중 이미 집이 있는 사람은 기존 집을 매도해 잔금을 충당하려고 합니다. 보통 이런 결정을 할 때는 시급한 상황이니 시세에 맞춰 집을 팔기 위해 기다릴 여유가 없죠. 그래서 급매물이 나옵니다. 이는 다른 아파트를 보유한 사람들의 마음마저 흔듭니다. 지금까지 부동산이 상승하길 기대하며 버텨왔는데, 상황이 급변하여 급매물도 나오고 마이너스 프리미엄이 붙은 분양권도 시장에 넘쳐나게 되니 '공포'가 몰려오는 겁니다.

부동산이 하락장으로 접어드는 데 필요한 여건이 마련된 상태에서 미분양이 불을 지피는 겁니다. 잠재되어 있던 위기는 미분양이 발생하는 순간, 수면 위로 떠올라 서로 영향을 미치면서 부동산 시장을 하락시키는 방향으로 폭발시킵니다.

현시점 우리나라에는 이미 부동산 하락 여건이 마련되었음에도 미분양이 발생하지 않아 그 상황이 유지되고 있는 도시들이 있습니다. 바로 경북 대구와 전북 전주입니다. 먼저 대구를 살펴보겠습니다.

다음은 대구의 아파트 시세 그래프입니다. 매매와 전세의 시장 강도는 들쑥날쑥합니다만, 매매가격의 움직임을 살펴보면 2009년부터 완만하게 상승하다가 2016년에 고점을 찍고 하락하는 듯 보이다가, 다시 2017년 중반부터 상승하고 있는 것이 보입니다.

부동산 폭등장이 온다

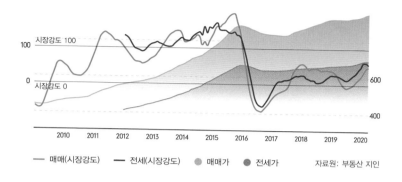

대구광역시 아파트 시세

시장강도 100
100

0
시장강도 0

600

400

2010 2011 2012 2013 2014 2015 2016 2017 2018 2019 2020

── 매매(시장강도)   ── 전세(시장강도)   ● 매매가   ● 전세가   자료원: 부동산 지인

대구의 미분양 상황도 한번 살펴볼까요? 2010년 1만 5,000개가 넘던 미분양 수는 점점 줄어들기 시작해 2016년 거의 제로를 기록한 후, 약간의 증감만 보일 정도로 사라졌습니다.

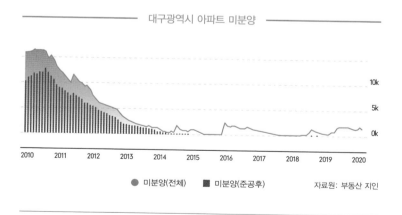

대구광역시 아파트 미분양

10k

5k

0k

2010 2011 2012 2013 2014 2015 2016 2017 2018 2019 2020

● 미분양(전체)   ■ 미분양(준공후)   자료원: 부동산 지인

다른 도시의 그래프도 살펴보며 비교해 볼까요? 다음은 경남 거제시의 아파트 시세와 미분양 그래프입니다. 상단의 매매가격과 하단의 미분양을 주목해 봅시다. 거제의 아파트 매매가격은 2009년 이후 상승과 하락을 반복하다가 2015년을 고점을 찍은 후 지속해서 하락하는 곡선을 보이고 있습니다. 미분양 그래프를 보면 2015년 바닥을 쳤다가 이후 미분양이 급속도로 늘면서 계속 유지되고 있는 걸 알 수 있습니다.

거제시 아파트 시세

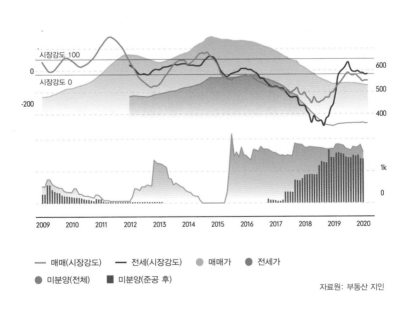

부동산 폭등장이 온다

이 두 사례를 통해, 미분양 물건이 부동산 매매 시장에 어떤 영향을 주는지 충분히 알게 되었을 겁니다. 이제 한 가지가 확실해 졌죠. 부동산 가격이 상승하는 지역에서 언제 시장이 하락세로 전환될지 알려면 '미분양'이 증가하는 시점을 주의 깊게 살펴봐야 한다는 걸 말이죠. 물론 미분양이 처음 생긴 시점이 중요한 게 아니라, 미분양이 다른 현장까지 확산되고 적체되는 과정이 필요하다는 것도 기억하시기를 바랍니다. 만약 시장이 이러한 움직임이 보이는데 그 지역의 부동산을 보유하고 있다면, 반드시 정리를 고려해야 합니다. 자칫 시기를 놓치면 부동산 하락장에서 마음고생이 심할 수 있으니까요.

하락장에서 나타나는 현상

매매가격과 전세가격 동반 하락

적체된 입주 미분양 물건으로 인해, 부동산 시장은 하락장으로 들어섭니다. 지금부터는 부동산 하락장에서 어떤 일이 벌어지는지 살펴봅시다.

입주 미분양이 발생한 상태에선 이미 아파트를 분양받은 이들 사이에 공포심이 형성됩니다. 탐욕과 마찬가지로 공포 역시 바이러스처럼 전염되기 쉬워, 주변 지역에까지 확산됩니다. 물론 실제

거주하기 위해서 아파트를 분양받은 이라면 크게 영향을 받지 않을 수도 있지만, 투자일 경우엔 상황이 다릅니다. 잔금을 치를 준비가 되지 않은 투자자라면 대출도 받아야 하고 세입자도 구해야 하니까요. 부족한 자금을 충당하려고 애를 쓰고 임대를 맞추려고 경쟁하는 사이, 아파트의 전세가격은 더욱 떨어집니다. 물론 프리미엄이 많이 붙어 있을 경우에도 임차인을 구해야 하는 건 맞지만, 마음의 여유 측면에서 큰 차이가 있죠. 프리미엄이 붙었을 때는 시간이 해결해 주리라는 믿음이 생기고 실제로도 그렇게 됩니다. 입주 시점이 지나 천천히 임대를 맞추면서, 연체이자만 더 내면 되는 정도죠.

하지만 프리미엄도 붙지 않은데다 입주 미분양 물건까지 있는 아파트는 다릅니다. 모든 것이 부담이죠. 시간이 해결해 주는 게 아니라, 오히려 시간이 지날수록 부담과 압박은 커집니다. 이자도 문제입니다. 아파트의 전세가격이 앞으로 얼마나 더 떨어질지 모르는 상황에서, 이미 원금까지 손해를 보고 있고 거기에 더해 이자까지 지급해야 하니 시간을 끌며 기다리는 게 고역입니다. 어떻게 해서든 전세 세입자를 빨리 구하고자 더 노력하게 되겠죠. 당연히 이 과정에서 아파트의 전세가격은 더 내려갑니다. 이는 다른 부동산 현장에도 영향을 미치고요.

여기저기 미분양이 넘쳐나는데 해당 아파트의 입주가 시작되

부동산 폭등장이 온다

면서, 상황은 더욱 심각해집니다. 신축 아파트가 주변의 구축 아파트의 전세가격까지 흔듭니다. 세입자 입장에서는 당연히 구축보다 신축이 좋은데, 전세가격이 오히려 구축보다 저렴한 신축 아파트 매물이 나오는 것이죠. 어떻게 해서든 임대를 맞추고자 분양받은 이들이 저렴하게 내놓은 신축 전세 매물 때문입니다. 결국 기존 아파트에 거주하던 세입자들이 새 아파트로 이사합니다. 주변 아파트의 임차인 이탈 현상이 심해지는 것이죠. 그렇게 주변 아파트의 전세가격까지 동반 하락합니다.

이런 과정을 거치면서 아파트의 매매가격과 전세가격이 같이 하락하기 시작합니다. 이 시기엔 임차인과 임대인 사이에 다툼이 발생하기 쉽습니다. 구축 아파트에 살던 임차인이 신축 아파트로 이사하려고 계약을 연장하지 않겠다고 주인에게 통보했는데, 임대인이 전세 보증금을 돌려주지 않는 상황이 생길 수 있기 때문이죠. 임대인은 다른 임차인을 구해야 보증금을 돌려 줄 수 있는데 전세가격이 떨어지는 데다 신축에다 저렴하기까지 한 새 아파트를 원하는 사람들이 많다 보니 기존 아파트에 임차인을 구하기가 매우 어려워지는 겁니다. 그래서 임차인과 임대인 간 전세 보증금 반환 문제로 분쟁이 일어날 수 있습니다.

부동산 하락기에 여러분이 투자 물건을 보유하고 있다면 반드시 주의해야 합니다. 특히나 보유한 아파트의 전세 만기가 다가

오고 있는 상황이라면 어떻게 될까요? 역전세난이 벌어져서 기존 세입자가 계약 연장을 하더라도 보증금을 낮추기를 원할 겁니다. 그렇다면 현금을 마련하여 세입자에게 보증금 일부를 돌려줘야 하는 상황이 벌어질 수도 있죠. 만약 세입자가 이사를 원한다면 더욱더 난감해집니다. 다른 세입자를 구해야 하는데 주변에 신축한 아파트의 저렴한 전세 물건이 많은 상황이라, 전세가격을 낮춰도 세입자를 구하기 힘든 상황이 벌어지기 때문이죠. 앞에서 이야기한 임대인과 임차인과의 분쟁 문제가 바로 여러분의 이야기가 될 수도 있다는 겁니다.

따라서 현명한 투자자라면 반드시 주변 신규 아파트의 입주 동향을 파악하여 자신이 보유하고 있는 아파트에 역전세난이 발생할 가능성이 있는지도 따져봐야 합니다. 그런 다음 보유 물건을 빨리 정리할지 아니면 계속 보유할지 정하고, 보유할 경우 기존 세입자와의 계약 연장을 만기 전에 완료할 수 있도록 힘써야 하겠죠. 이 같은 준비를 하지 못한 상태에서 전세가격이 하락하는 상황을 맞이한다면 임차인과의 분쟁, 최악의 경우 보유한 아파트가 강제 경매 상황에 놓이게 될 수도 있다는 걸 알아둡시다.

소형과 대형 아파트의 다른 하락률 2020년 4월 현시점 기준, 부동산 가격이 상승을 거듭해 온 시기에는 소형 아파트가 인기를 주도하는 장세였습니다. 그래서 중·소형 아파트의 매매가격은 많이 오르고 대형은 거의 오르지 않았습니다. 그 결과 중·소형 아파트만 매매가격과 전세가격의 차이가 매우 커졌지요. 다만 부동산 하락장에서는 전세가격이 매매가격 하락의 지지선 역할을 하므로, 매매가격과 전세가격의 차이가 큰 소형 아파트의 경우 가격이 하락하는 폭과 기간이 길어집니다. 전세가격이 저 아래에 자리 잡고 있으니 근접하기까지 매매가격이 한참 내려가야 하락을 멈추니까요. 대형 아파트는 그렇지 않겠죠. 매매가격이 거의 오르지 않았기에 전세가격과 차이가 크지 않은 상태이므로, 조금만 가격이 내려가도 바로 전세가격을 만납니다.

우리나라 부동산 역사에서도 확인할 수 있습니다. 과거 부동산 시장이 상승 후 하락세로 전환했을 때, 소형과 대형 아파트의 가격 하락폭이 달랐습니다. 2008년 부동산 하락장이 펼쳐지기 전에는 시장을 주도한 건 대형 아파트였습니다. 소형은 거의 소외되다시피 했죠. 대형 아파트는 가격이 크게 오르고 공급이 많아진 반면, 소형은 거의 오르지도 않고 공급도 거의 이뤄지지 않았습니다. 오죽했으면, 정부가 신규 아파트 건설 시 지어야 할 소형 평형의 의무 비율을 강제로 정했겠습니까? 이 같은 상황에서 일부 투자자들은 당시 소형 아파트 가격이 덜 올랐고 공급도 없으니 대형 평형의 가격이 오른 만큼의 '갭 메우기'가 벌어질 것이라며, 앞서서 소형 아파트에 투자하기도 했죠. 이들은 성공했을까요? 그렇지 않습니다. 대형 아파트 가격이 쑥쑥 올라가도 소형은 철저히 소외됐습니다. 전체적으로 공급이 부족했는데도 사람들은 소형 아파트를 사지 않았습니다. 결국 현재 상황에만 집중하는 인간의 본성 때문일 겁니다.

하지만 2008년 이후 시장이 하락장으로 돌아서면서, 상황은 달라졌습니다. 서울 강남의 18억 원대 대형 아파트 가격이 13억 원대까지 떨어진 반면, 7억 원대 소형 아파트는 6억 5,000만 원까지만 떨어지고 버텨낸 겁니다. 아파트 평형에 대한 사람들의 호감이 대형에서 소형으로 전환되는 시작점이었죠. 2020년 4월 현 시점은 어떻습니까? 2008년 이전과 반대로 소형 아파트가 상승을 주도해 온 시장입니다. 어느 순간 부동산 상승장이 하락장으로 전환하면, 반드시 소형과 대형의 인기가 바뀔 겁니다. 벌써 징조들이 나타나고 있습니다.

서울시 면적별 입주물량 그래프를 다시 봅시다. 2019년 총 6만 가구에 이르는 입주물량 중 40평대 이상은 약 3,000가구로, 5% 정도에 불과합니다. 2020년은 입주물량 총 4만 3,000가구 중 40평대 이상이 3,200가구입니다. 약 7.4%이고요. 이미 서울에 입주했거나 입주를 시작한 아파트 물량 중 대형이 차지하는 비율은 10%가 안 됩니다. 소형은 초과 공급, 대형은 공급 부족 상황이 만들어진 셈입니다. 그런데도 아직 소형 아파트가 계속 인기를 이어가고 있고 전문가들도 소형 아파트를 사라고 합니다. 대

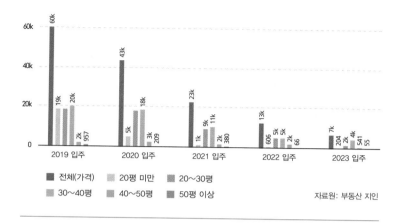

서울특별시 면적별 입주량

자료원: 부동산 지인

중심리라는 게 쉽게 바뀌는 건 아니니까요.

지금까지 4인 가구는 거의 30평대 아파트를 선택했습니다. 그런데 네 식구가 생활하기엔 방이 3개뿐인 30평대 아파트가 너무 좁게 느껴지지 않나요? 기본적인 구성만 봐도 부부가 방 1개, 두자녀가 각각 방 1개씩을 씁니다. 그럼 여유 공간이 없는 거죠. 요즘 사람들은 드레스룸이나 서재로 쓸 수 있는 방이 1개만 더 있었으면 좋겠다고 생각합니다. 현장에서 만난 수많은 사람과 상담해 보니 가격이 오를 가능성만 보고 중·소형 아파트를 선택했지만, 이들은 막상 생활하면서 공간이 너무 좁아 많은 불편을 느꼈던 것 같았습니다. 이쯤 되면, 대중들 사이에 보다 넓은 공간에서 살고 싶은 욕구가 발동하기 시작합니다.

지금까지는 대형 아파트의 가격이 좀처럼 오르지 않았기에 불편을 감수하며 좁은 아파트에 살았지만, 상황이 바뀌어 대형 아파트의 가격이 오른다면 이미 넓은 공간에서 살고 싶은 욕구가 넘쳐나는 상황에서 대중은 당연히 다른 선택을 하게 될 겁니다. 물론 굳이 누군가가 나서서 대형 아파트를 사지 않는다고 해도, 부동산이 하락하는 기간에는 자연스럽게 소형과 대형의 가격 하락폭이 달라지면서 먼저 상승을 시작하는 주체도 바뀝니다.

부동산이 하락할 때는 미분양이 넘쳐난다고 했습니다. 그럼 어떤 평형대의 미분양이 많을까요? 앞서 통계에서 확인했듯, 이제 소형 아파트의 미분양이 넘칠 겁니다. 이 미분양 물건들은 주변 아파트에도 반드시 영향을 주겠죠. 신축한 소형 아파트가 팔리지 않은 상태에서 할인 분양도 하겠지만, 그런데도 빈집으로 남은 매물이 많을 겁니다. 반면 대형 아파트는 미분양 물건이 전혀 없습니다. 그다음 분양하는 아파트에서도 대형은 찾아보기 힘듭니다. 그렇다면 당연히 대형 아파트의 희소가치가 점점 올라가겠죠.

부동산의 하락장이 일정 기간 이어지면, 하락폭이 작았던 대형 아파트 위주로 매매가격이 전세가격 지지선에 막혀 다시 올라가는 상황이 발생합니다. 하지만 이때도 소형 아파트의 매매가격은 격차가 컸던 만큼 전세가격을 빨리 만나지 못하고 계속 하락합니다. 대형 아파트는 가격이 올라가는데 소형은 내려가는 상황이 만들어지는 거죠. 눈앞에서 이를 지켜보는 대중은 어떤 생각을 하게 될까요? 이제는 대형 아파트가 귀하니 자연스럽게 가격이 오를 거라고 생각하겠죠. 이때부터 대형 아파트를 매수하는 사람도 늘어나게 되는 겁니다.

하나만 기억하세요. 부동산 하락장을 맞이하면, 소형 아파트와 대형 아파트의 인기가 반드시 전환된다는 걸 말입니다.

어떤 전문가는 지금까지 우리나라 부동산 그래프를 보면 등락을 거듭하긴 하지만 결국에는 우상향하는, 그러니까 아파트 가격은 계속 올랐다는 사실을 강조합니다. 그러면서 부동산을 무조건 보유하라고 권하죠. 특히 서울의 부동산이라면 떨어지는 것을 두려워하지 말라고 얘기하는 분도 적지 않습니다. 그런데 이들은 우리나라 부동산 시장이 소형과 대형으로 구분되어 다른 움직임을 보인다는 걸 간과하고 있는 것 같습니다.

'상대적 박탈감'이란 말이 있습니다. 자신은 실제로 잃은 것이 없거나 조금 가졌는데, 다른 이가 자신보다 훨씬 많은 것을 가지고 있으면 상대적으로 자신이 뭔가를 잃은 것 같은 기분이 드는 것입니다. 바로 부동산 투자를 결정하면서 타이밍에 맞지 않는 평형을 잘못 선택하고 보유할 경우 가장 크게 느끼게 되는 것이 상대적 박탈감입니다.

현시점에서 대형 아파트를 보유하고 있는 사람들은 어떤 기분이 들까요? 예전보다 가격이 올랐으니 그것에 감사하며 만족하면서 지내고 있을까요? 아닐 겁니다. 이들은 지금까지 소형 아파트의 가격은 엄청나게 올랐는데 자신이 보유한 대형 아파트의 가격은 오르기는커녕 떨어진 것도 있고, 올랐어도 찔끔 오르는 것에 그쳐, 상대적 박탈감을 느끼고 있을 겁니다.

앞에서 부동산이 하락하면서 소형과 대형의 하락률이 다르게 나타나면서 향후 인기 있는 아파트의 평형대가 자연스럽게 바뀔 것이라고 이야기했습니다. 현시점 여러분이 서울이나 경기도 지역 아파트에 투자한다면, 어떤 평형대를 선택하겠습니까? 대부분의 사람은 소형 아파트를 택할 겁니다. 그리고 무조건 오를 것이라고 믿으며 장기 보유를 선택한다면 어떻게 될까요?

소형 아파트는 이미 상승장에서 매매가격이 많이 올랐고, 전세가율이 낮기에 부동산 하락기에는 하락폭도 대형에 비해 클 겁니다. 하락기를 지나 상승장을 맞이한다고 해도, 희귀해진 대형 아파트의 가격은 상승하는 반면 소형 아파트의 가격은 오르지 않거나, 오른다 해도 찔끔 오를 가능성이 매우 큽니다. 그렇게 된다면

부동산 폭등장이 온다

소형 아파트에 투자한 이들이 만족할 수 있을까요?

현명한 투자자라면 어떻게 해야 할지 알 겁니다. 하락기에 소형 아파트를 보유하고 있다면 빠르게 정리하는 것이 현명합니다. 대형을 보유하고 있다면 굳이 손실을 보면서까지 어렵게 정리하기보다 먼 미래를 보고 보유를 택하는 게 나을 수 있습니다. 확실한 것 하나는, 몇십 년 뒤를 기대하는 장기 보유는 더 이상 투자의 미덕이 아니라는 것입니다.

신규 공급 축소 건설사는 분양한 아파트의 가격이 앞으로 오르든 떨어지든 관심이 없습니다. 단지 분양 물건을 높은 가격에 팔 수 있느냐에만 관심이 있죠. 하지만 앞서 말한 것처럼 부동산 상승장에서는 어떤 물건을 분양하든 잘 팔립니다. 그것도 비싸게. 따라서 부동산 상승장에서는 분양물량도 자연스럽게 늘어나죠. 부동산 하락장에서는 어떻게 될까요? 주변에 미분양이 발생하고 그전에 생겼던 미분양은 팔리지도 않으니, 매수 심리가 위축됩니다. 당연히 분양 아파트도 팔리지 않고요. 건설사들도 이 시기만큼은 피하고자 합니다. 이러한 이유로 부동산 하락장에서는 신규 공급물량이 줄어듭니다.

그렇다고 해서 공급물량이 아예 없어지는 건 아닙니다. 여러 가지 이유가 있죠. 첫째, 아파트 건설을 중단할 수 없을 때입니다.

아파트가 공급되기까지는 여러 과정을 거치게 됩니다. 가장 먼저 아파트 사업을 하는 시행사가 미리 땅을 매입하고 각종 인허가를 통과해야 하는데, 그러기까지 꽤 긴 시간이 소요됩니다. 보통 분양하기 몇 년 전부터 사업 시행을 위한 작업에 들어가므로 부동산이 하락장으로 전환된다고 해서 즉각 사업을 멈출 수 없게 되죠. 이미 준비 단계에서 들어간 비용도 있으므로 사업을 중단할 경우 손해가 너무 큽니다.

둘째, 시행사들은 자신들이 계획하고 사업 진행한 물건에 대한 자부심이 대단히 큽니다. 그들은 매입한 땅의 입지가 좋아서, 선정한 건설사의 브랜드가 좋아서, 가격이 메리트가 있어서 분양 아파트가 잘 팔리리라 생각합니다. 앞서 말한 '소유 효과'가 발생한 탓이죠. 땅을 매입하고 건설사를 선정하고 나니 그것이 너무 좋아 보이는 겁니다. 그래서 시장 상황이 안 좋은데 오히려 분양가격을 높게 책정하는 시행사가 많습니다. 이렇게 부동산 시장이 하락세로 돌아섰음에도 어쩔 수 없어서, 반대로 그럼에도 우리 물건은 팔릴 거란 확신으로 분양하는 아파트가 여전히 존재합니다. 분양이 축소되긴 해도 완전히 사라지진 않는 것이죠.

그런데 신규 공급물량이 줄어드는 상황이 일정 기간 이어지면, 다시 부동산 상승을 위한 여건이 마련됩니다. 부동산 가격이 거듭 하락하는 기간이 지속되면 다양한 상승 여건이 조성되고, 부

부동산 폭등장이 온다

동산 가격이 거듭 상승하는 기간이 지속되면 다양한 하락 여건이 조성된다는 말입니다. 부동산 사이클은 이렇게 자연스럽게 만들어지는 것이죠. 어느 누군가가 특별한 의도를 가지고 인위적으로 만든다고 해서 만들어지는 게 절대 아닙니다. 부동산 시장 속에서 사이클의 기본 요인 하나하나가 서로에게 영향을 주면서 그다음 상황을 만들 뿐이죠.

공급물량으로 투자 여부를 판단하라고 강조하는 전문가가 있습니다. 그들은 신규 분양물량이 줄어드는 바로 그다음 해에 투자하라고 합니다. 하지만 이렇게 투자하면 오랜 기간 어려움을 겪을 가능성이 큽니다. 만약 부동산이 막 하락을 시작하는 시점에, 신규 분양물량이 크게 줄어드는 것을 보고 부동산이 다시 상승 전환할 것으로 여기고 과감히 투자를 진행한다면, 꽤 오랜 기간 다시 하락하는 상황을 겪어야만 합니다. 하락기가 되면 자연스럽게 분양물량이 줄어들지만, 줄었다고 해서 바로 상승 전환하는 것은 아닙니다. 여러 해 동안 줄어드는 신규 분양물량이 단지 부동산 상승을 위한 여건 중 하나에 불과할 수도 있죠.

공급물량만을 투자의 판단 근거로 삼지 말고, 부동산 시장의 전체적인 흐름을 보길 바랍니다. 현명한 투자자란 리스크를 줄이고 높은 수익을 올리는 이들입니다.

미분양 증가 반복해서 말하듯, 부동산 하락의 뇌관은 미분양입니다. 정말 그렇다면 미분양이 발생하기 직전은 부동산 상승장의 최고조 시점이겠죠. 따라서 이 시점의 아파트 분양가격이 가장 비싸게 결정됩니다. 부담스러운 가격이 되는 것이죠. 그럼에도 상승장일 때는 비싸도 팔리는데 미분양이 발생하는 순간, 사람들 사이에 너무 비싸다는 인식이 팽배해집니다. 이런 인식이 생기면 다음 분양 물건들도 웬만하게 저렴하지 않은 이상, 팔리지 않게 되고, 결국 미분양물량이 증가합니다. 기존 미분양이 남았는데 다음 물량도 팔리지 않으니 당연히 늘어나는 겁니다.

여기서 한 가지 의문이 생길 수 있습니다. 바로 앞에서 부동산 가격 하락으로 인해 공급물량이 축소된다고 했는데, 어떻게 미분양이 늘어나는 것인지 말이죠. 부동산 상승장에 비해 분양하는 현장이 줄어들 뿐이지 아예 사라지는 건 아닙니다. 단, 시장이 하락장이다 보니 분양 아파트가 완판되는 일은 거의 생기지 않죠. 따라서 미분양물량이 계속 늘어나는 거고요. 그리고 이렇게 적체된 미분양은 대중심리에 새로운 영향을 미칩니다.

매수자 우위 시장 매수자 우위 시장이란, 매수자가 매도자보다 높은 지위에 있게 된다는 뜻입니다. 부동산의 매수세가 거의 사라지다시피 한 시장이죠. 사람들이 아파트를 매수하는 건 가격이 오르기 때문입니다. 하지만 시장이 하락세로 접어들면서 미분

부동산 폭등장이 온다

양이 넘쳐나게 되고, 전세가격도 하락하면, 앞으로 아파트 가격이 오를 거라는 확신이 사라집니다. 많은 이가 오르지 않을 것으로 생각하게 되니 매수하려고 달려드는 이가 없어지겠죠. 그래도 실수요자라면 아파트를 사지 않겠느냐고요? 물론 멀쩡한 집에 거주하는 방법이 매매하는 것뿐이라면 그럴 겁니다. 하지만 우리나라에는 '전세'라는 매매를 대체할 아주 좋은 방법이 있습니다. 아파트 가격이 내려갈 거란 인식이 팽배한 시장에서는, 가능한 한 집을 매수하지 않고 전세로 거주하는 게 현명한 선택이 될 수 있겠죠. 전세로 거주하던 이들이 이제 집을 사야겠다고 마음먹는 건, 아파트 가격이 계속 오르거나 전세가격이 계속 상승해 주인에게 보증금 상승분을 계약 만기마다 올려줘야 할 때입니다. '이렇게 2년마다 상승분을 마련해 주인에게 갖다 바치느니 사고 말지' 하는 생각이 들 때 말이죠.

그런데 이렇게 아파트의 매매가격도 하락하고 전세가격까지 하락해 유지되는 상황에서 굳이 무주택자가 실수요자로 돌변할 이유는 없습니다. 전세가격이 안정적으로 흘러가면 상승분을 매번 마련할 필요도 없고, 이사를 해야 하는 부담도 사라지죠. 집주인에게 그냥 계속 살겠다고 하면 그뿐이니까요. 이러한 이유로 매수세가 사라집니다.

매도자들의 상황은 어떨까요? 그동안의 부동산 상승장에서 가격이 많이 올랐으니 언젠가는 팔아야겠다고 생각했습니다. 이제 하락장으로 접어드니 매도할 타이밍이란 생각에 집을 내놓겠죠. 또 미분양 발생으로 잔금을 치르고자 기존 아파트를 파는 이들도 늘어 급매물이 속출합니다. 이 같은 상황은 당장은 급할 게 없는 부동산 보유자들의 마음마저 흔듭니다. 지금 보유한 부동산의 가격이 계속 떨어지는 건 아닐까 싶어지는 겁니다. 이러한 심리가 대중에게 확산되면 이제 너도나도 가진 부동산을 팔려고 경쟁합니다. 그래서 부동산 하락장에는 매도 매물이 많이 나오는 겁니다.

이쯤 되면, 시장엔 매도자는 많은데 매수자가 적은 상황이 발생합니다. 부동산 중개인들은 매수자의 편을 듭니다. 매수자를 찾는 것 자체가 어렵다 보니 어쩌다 나타나면 그들의 편의를 최대한 들어줘야 계약할 가능성이 커지기 때문이죠. 반면 매도자에 대한 중개인의 대우는 안 좋아집니다. 매수자는 아파트를 무조건 싸게 사길 원하니, 수많은 매도물량 중 가장 저렴한 매물만 거래되겠죠. 따라서 중개인은 가능한 한 매도자가 가진 매물을 싸게 내놓도록 상황을 더욱 부정적으로 이끌어갈 겁니다. 그렇게 가장 저렴한 가격에 나온 매물만 계약시킬 거고요. 이렇게 매수자의 지위가 매도자보다 올라가는 겁니다.

많은 사람이 오해하고 있는 게 하나 있습니다. 부동산 상승장에서는 중개인들이 집값을 올리기 위해 애쓴다고 생각하는 거죠.

하지만 부동산 중개인의 가장 큰 목적이 무엇인지 생각해 보세요. 이들의 목적은 '계약 성사'입니다. 따라서 시장 상황이 어떻든 계약을 성사시키기 위해서는 시장 우위에 있는 사람의 편을 들어야 유리하겠죠. 따라서 중개인들은 부동산 상승장에서는 매도자의 편에, 하락장에서는 매수자의 편에 섭니다.

제가 유튜브 영상이나 강의장에서 만난 투자자들에게 강조하는 것이 있습니다. 바로 부동산 가격이 폭등하기 시작할 때, 보유한 부동산을 팔라는 것입니다. 이렇게 하는 건 쉽지 않습니다. 가격이 한창 오르고 있는데 그리고 더 올라갈 것 같은데, 팔 수 있을까요? 웬만한 사람들은 실행에 옮기기 어려울 겁니다. 그런데 그 어려운 것을 저는 해내라고 합니다.

가격이 막 폭등할 때 부동산을 판다는 것은 팔고 나면 반드시 그보다 가격이 더 올라간다는 말입니다. 부동산을 팔았는데 그보다 가격이 오르는 상황을 맞이하면 매도자의 마음이 편할 리 없죠. 하지만 이 상황에 익숙해져야 합니다. 그렇지 않으면 앞으로도 투자한 상품의 가격이 치솟을 때 이성적으로 매도하는 것이 어려워집니다. 그렇게 되면 항상 가격이 꼭대기에 오를 때 팔려고 노력하게 될 것이고, 그러한 노력이 결국 상품이 하락장으로 접어들 때까지 보유하게 만들어 큰 손실을 보게 될 가능성이 커집니다.

정부의 정책　부동산 시장이 하락세로 바뀌면, 정부가 어떤 정책을 펼칠까요? 그동안 내놓았던 규제 정책을 완화할까요? 아니면 추가 규제책을 내서 시장을 완전히 무너뜨릴까요? 정답은 '그냥 유지한다'입니다. 원래 이 정권의 성향이 그러니 규제 정책을 통해 부동산이 하락장으로 돌아선 만큼 과도하게 오른 부동산 가격을 완전히 잡고자 추가 규제책을 낼 것으로 생각했다면, 정말 잘못 생각한 겁니다. 정부는 부동산 시장이 폭락하길 바라지 않습니다. 좋을 게 없기 때문이죠. 괜히 욕만 얻어먹겠죠. 과도한 규제로 부동산 시장이 엉망이 됐다고 말이죠. 그로 인해 경기가 더욱 안 좋아졌다는 비판을 들을 수도 있고요. 어쩌면 폭등할 때보다 여론이 더 안 좋아질 수도 있습니다. 따라서 정부는 부동산이 하락세로 전환할 때는 추가 규제책을 내놓지 않습니다.

　정부가 시장의 안정을 바라고 있으니 규제를 완화하지 않겠느냐고요? 그것도 잘못된 생각입니다. 문재인 정부는 지금까지 정말 많은 규제 정책을 펼쳤습니다. 대부분은 그다지 효과를 보지 못했지만, 너무나 강력해서 시장이 바로 하락하는 모양새를 취했다 다시 상승한 경우도 있었죠. 정작 정부가 가지고 있는 문제는 지금의 하락세가 일시적인 건지 지속적으로 이어질지 정확히 구별할 수 없다는 겁니다. 자칫 규제를 빨리 풀었다가 다시 시장이 살아나서 더욱 과열 양상으로 치닫는다면 그야말로 '멘붕'이 되겠죠. 정부에게 필요한 건 시간입니다. 현 시장의 흐름이 일시적인 것인지 지속적인 것인지 확인할 시간 말이죠.

이러한 이유로, 정부는 부동산 시장이 하락세로 전환할 경우 규제를 추가하거나 완화하지 않습니다. 이때부터는 그저 지켜보면 됩니다. 규제를 풀든 강화하든 이제 다음 정부의 몫이 되겠죠.

다만, 우리나라의 부동산 시장이 서울 및 수도권과 지방으로 나뉜 부분 시장이라는 걸 기억하세요. 시장이 이렇게 나뉘어 있음에도 정부는 영향력이 큰 시장에 관심을 집중합니다. 정책의 포커스도 항상 서울 및 수도권 시장에 맞춰져 있죠. 그래서 지방 시장은 정부의 개입이 거의 없기에 시장의 힘에 의해 자연스럽게 흘러갑니다. 가끔 지방에 규제가 가해지는 건, 서울 및 수도권 시장을 규제하면서 지방에도 비슷한 흐름이 보이는 도시에만 가볍게 정책을 적용하는 것에 불과합니다.

부동산 하락장이 장기화될 경우에는 정부가 규제 완화 정책을 내놓을 가능성이 매우 큽니다. 무엇보다 이 시기에는 정권이 바뀌어 있을 겁니다. 같은 정당이든 다른 정당이든 완화 정책을 내놓겠죠. 부동산 경기가 계속해서 침체하면 언론에서도 경기 부양에 대한 요구가 커질 테고, 정부는 이를 무시할 수가 없으니까요. 그리고 정부는 부동산 시장 안정화를 위해서라도 규제 완화가 필요하다고 느낄 겁니다.

부동산 사이클을 알고 시장을 이해하고 있는 투자자라면 부동산 하락기에는 어떤 행동을 해야 할까요?

우리나라 부동산 시장은 부분 시장으로 나뉘어 있다고 이야기했습니다. 서울 및 수도권 시장과 지방 시장으로 나뉘어 시장별로 다른 사이클을 그리고 있죠. 만약 여러 가지 신호로 판단해 보건대 서울의 부동산 시장이 하락장으로 접어든 것 같다면, 투자자는 본격적인 하락장으로 치닫기 전에, 웬만하면 투자 물건을 정리해야 합니다. 그렇게 투자 물건을 매도해서 얻은 현금으로 서울 시장과 반대 사이클을 그리고 있는 지방의 도시에 투자하는 것이 현명합니다. 이를 통해 리스크를 최소화하고 수익을 최대화할 수 있을 겁니다.

서울의 부동산 시장이 아무리 좋게 흘러간다고 해도 이미 가격이 폭등한 상황이라면 얼마나 더 올라갈 수 있겠습니까? 세계 초일류기업으로 발돋움하고 있는 삼성전자라고 하더라도 이미 가격에 그 높은 인기가 반영되어 더 이상의 상승을 기대하기 어렵다면, 과감히 정리하고 다른 종목으로 갈아타는 것이 슬기롭습니다. 투자는 확률로 생각해야 합니다. 어느 것을 가져야 더 많은 수익을 올릴 수 있을지 따져 보세요. 떨어질 가능성이 큰 서울보다 이미 하락장을 경험하고 바닥 다지기를 하고 있는 지방 도시가 오를 가능성이 더 크지 않을까요?

부동산 사이클을 이해했다면, 투자는 서울 및 수도권과 지방 시장에 번갈아 가며 하는 것이 수익을 극대화하는 방법이라는 것도 확실히 알게 되었을 겁니다.

하락 안정기

●　●　●

전세 시장에 일어나는 일

　　　　　　　　부동산이 하락을 거듭하는 막바지에
는 아파트의 전세가격이 상승합니다. 왜 이런 일이 일어나는지
알려면, 먼저 '전세 시장'에 대한 이해가 필요합니다. 지금부터 부
동산 전세 시장은 어떤 특성이 있는지 알아봅시다.

　첫째, 전세 시장은 실수요자 시장이다　매매 시장에는 실수
요와 투기수요가 결합되어 있습니다. 부동산 가격이 상승할 때는
실수요보다 투기수요가 더 많이 개입합니다. 하지만 전세 시장엔
투기수요가 없고, 실수요만 존재하죠. 전셋집은 '거주할 장소'로
서의 역할만 하기 때문입니다. 매매 시장에 나온 집을 거주할 장
소로만 보고 분석하면 오류가 생길 수 있습니다. 대표적인 것이,
가구 수 대비 주택 수로 공급의 많고 적음을 분석하는 겁니다. 부
동산 매매 시장에서는 이러한 분석법은 큰 의미가 없습니다. 집
을 원하는 사람 중에는 전세로 거주하려고 하는 사람도 있고, 매
매해서 수익을 올리려고 하는 사람도 있죠. 선택의 원인은 다양
하고, 상황에 따라 사람들은 다른 선택을 할 수도 있습니다. 매매

시장은 실수요뿐 아니라, 투기수요도 존재하므로 수요를 예상하는 것 자체가 모순입니다.

둘째, 전세 시장이 안정돼도 전세가격은 상승한다 이는 임차인과 임대인의 지위 차이 때문에 발생하는 현상입니다. 임대인은 임대료를 올리고자 노력하고, 임차인은 임대료를 내리고자 노력합니다. 둘의 관계가 대등하다면 균형이 이뤄지겠죠. 하지만 이 관계에서 조금이나마 우위에 있는 건 집의 소유주인 임대인입니다. 상황이 이렇다 보니 법적으로 임차인의 지위를 보장하기 위해 생긴 것이 임대차보호법이죠.

임대료를 올리고자 노력하는 임대인은 임차인을 보루로 삼습니다. 이미 임차인이 거주하고 있는 상태에서도 다음 만기가 오면 임대료를 올리고자 시도하겠죠. 임대인은 임차인이 거주 중인 해당 부동산을 임대료를 조금 올린 가격에 시장에 내놓을 수 있습니다. 혹여 임대료를 올리지 못해도 심리적 보루로 삼은 기존 임차인이 있으니 두려울 게 없습니다.

임차인은 가능한 한 임대료를 줄이고 싶지만 떨어뜨릴 만한 힘이 없습니다. 최선이라면, 지금 사는 곳보다 임대료가 더 저렴한 집을 찾아 이사하는 겁니다. 하지만 이사는 그리 쉬운 일이 아닙니다. 기본적으로 부동산 중개수수료, 이사비, 청소비 등 그냥 지금 있는 곳에 머물면 들지 않아도 될 비용이 나가니까요. 올라가는 전세 보증금에 비하면 별것 아니라고요? 한번 따져볼까요? 이사비용을 대충 헤아려 보면, 포장이사 200만 원, 중개수수료 약 100만 원, 청소비 및 살림 도구 구매비 100만 원, 기타 등등 대략 400만~500만 원 정도가 듭니다. 이를 전세 보증금으로 환산하면 약 8,500만 원(500만 원÷0.03(이자)÷2년)입니다. 전세 보증금을 8,500만 원 올려주는 것과 같다는 뜻이죠. 그렇다면 임차인 입장에서는 그냥 주인에게 전세금을 올려주고 눌러 앉는 것이 오히려 이익인 겁니다. 학교나 직장, 생활환경 등의 문제도 있습니다. 이처럼 현실적으로 볼 때 임차인은 이사 외에 임대료를 줄일 수 있는 방법이 없습니다.

이렇게 전세 시장이 안정적일 때, 임대인은 부담 없이 임대료 올리길 시도할 수 있는 반면, 임차인은 임대료를 내리려면 어려운 이사를 결정해야 합니다. 누가 봐도 임대인이 유리한 상황입니다. 따라서 전세 시장은 안정화돼도 임대료는 조금씩이라도 상승할 수 있습니다.

예외 상황이라면, 주변에 입주 예정인 아파트가 있을 경우입니다. 공급물량이 늘어 아파트의 전세가격을 하락시킬 만한 요인이 될 수 있죠. 하지만 전세가격은 뚜렷한 하락 요인이 있을 때만 떨어지고, 시장이 안정적이거나 상승장일 때는 오릅니다. 전체 확률로 보면 상승할 가능성이 더 큰 시장이라고 할 수 있죠.

셋째, 전세는 없어져야 할 제도일까? 전세제도가 없어져야 한다고 주장하는 이들이 꽤 많습니다. 아이러니한 것은, 이렇게 주장하는 사람 중 대부분이 무주택자라는 겁니다. 전세가 임차인에게 불리한 제도일까요? 말했듯, 전세제도는 우리나라에만 존재합니다. 이를 경험해 본 적 없는 외국인들은 이를 두고, 임대인이 미쳤거나 자선사업가가 아니냐고 되묻기도 합니다. 이 세상에 보증금만 받고 사용료 없이 빌려주는 상품이 있을까요? 그들로서는 도무지 이해가 안 되는 거죠. 더군다나 계약 만기에는 한 푼도 제하지 않고 고스란히 상품을 빌렸던 사람에게 보증금을 돌려줍니다. 이들은 이 사실에 또 한 번 놀랍니다.

전세제도는 임차인에게 있어 최고의 상품입니다. 그러니 임차인들도 거주하는 방식 중 월세보다는 전세를 선호하는 게 아닐까요? 보증금이 적긴 해도 매월 일정 사용료를 내야 하는 월세에 비해, 여러 면에서 전세 거주 방식이 유리한 건 사실입니다. 부동산 중개소만 가봐도 월세 매물은 널려 있지만, 괜찮은 전세 매물은 찾기가 쉽지 않죠.

단, 전세제도로 인해 새로운 문제가 생깁니다. 집값이 올라가는 겁니다. 의아하지 않나요? 전세로 거주하는 무주택자들은 앞으로 집값이 떨어질 것으로 생각해 집을 사지 않고 전세로 빌려서 거주하는 건데, 전세 때문에 집값이 올라간다니요? 진짜 그렇다면 분통이 터질 노릇입니다. 그런데 부정할 수 없는 사실입니다. 보증금을 걸고 일정 기간 사용료 없이 거주하다가 나갈 때는 그 돈 전부를 고스란히 돌려받는, 이처럼 임차인에게 대단히 유리한 이 제도로 인해 많은 사람이 전세 매물을 찾습니다. 그러니 전세가격이 올라가고 이것이 매매가격까지 밀어 올리는 현상이 나타나는 것이죠.

결론을 내봅시다. 전세제도는 우리나라에서 앞으로도 없어지지 않을 것이며, 없앨 수도 없습니다. 단지 시장 상황에 따라 줄어들거나 늘어나거나 할 뿐이죠. 아무리 많은 사람이 없어져야 한다고 목소리를 높여도 허무하게 되돌아오는 메아리에 불과합니다. 이렇게 바꿀 수 없는 현실에 화를 내기보다는 이를 이해하고 오히려 이용해서 본인에게 이로운 선택을 하는 것이 현명하지 않을까요? 집값이 올라갈 것 같다면 어떻게든 집을 사면 됩니다. 집값이 떨어질 것 같다면 전세로 거주하면서 집값이 올라가는 것에 초연해지면 되고요.

넷째, 임대주택은 전세난 해소에 도움이 되지 않는다 임대주택에는 네 가지 문제가 있습니다. 첫 번째 문제는, 임대주택은 전세가 아닌 월세 상품이 대부분이라는 겁니다. 부동산 시장에 전세 매물이 없어 전세난이 일어나는 걸 보면, 사람들이 원하는 건 월세가 아닌 전세 방식임을 알 수 있습니다. 실제로 월세 매물은 조건을 따져가며 골라도 될 만큼 그 수가 차고 넘칩니다. 이로써 월세 매물이 전세 매물에는 큰 영향을 주지 않는다는 것도 알 수 있죠. 월세 방식의 임대주택을 아무리 많이 공급한다고 해도 부동산 전세 시장에 큰 영향을 주지 못할 겁니다.

실제로 국민이 겪는 임대난을 해소하려면 전세 방식의 임대아파트를 많이 공급해야 합니다. 문제는 비용이죠. 임대아파트를 공급하는 기업이나 정부 입장에서, 전세 상품은 수익을 기대할 수 없는 데다 너무 낮은 전세가격으로 공급하면 아파트 건설 원가에도 못 미치므로 엄청난 적자까지 감수해야 합니다. 결국에는 이를 국민의 세금으로 충당해야 할 수도 있습니다. 주택을 전세 방식으로 임대하는 집주인이 기대할 수 있는 유일한 수익은, 집값이 올랐을 때 이를 매도해 얻는 차익입니다. 그런데 정부가 전세 방식으로 임대주택을 공급한다면, 그 집을 팔지 않고서는 그 어떤 수익도 기대할 수 없죠. 무조건 적자만 보는 상품이란 뜻입니다. 결국 필요한 만큼의 임대물량을 계속해서 전세 방식으로 공급할 경우, LH는 도산할지 모릅니다. 이를 막으려면 국민의 세금으로 그 적자를 충당해야 할 거고요. 다만 부동산은 그 비용 자체가 커 세금으로 충당하기가 만만치 않으므로 전세 상품을 공급하기 어렵습니다.

물론, 일정 기간이 지난 후 정부가 오른 가격에 아파트를 매도해서 이익을 환수할 수도 있습니다. 하지만 그럴 경우 국민과 시민 단체들이 가만히 놔둘까요? 정부가 '집 장사'를 한다며 비난할게 틀림없습니다. 얼마 전 임대아파트 분양 전환을 위해 분양가격을 산정하는 문제를 두고도 얼마나 많은 논란이 있었는지 기억할 겁니다.

　두 번째 문제는, 공공성 측면입니다. 임대주택을 전세로 공급한다 해도 전세난을 해소하려면 이를 낮은 가격에 공급해야 합니다. 이를 이용하고자 하는 사람은 많은데 그에 비해 공급량은 터무니없이 부족합니다. 이런 문제를 해결하려면 사용자를 제한해야 하고 제약 조건도 까다롭게 손질해야 합니다. 이 과정에서 자연스럽게 사각지대가 발생하고, 결국 다수의 서민에게 임대주택은 '그림의 떡'이 되어 시장에 미치는 영향도 줄어들 겁니다.

　세 번째 문제는, 가격의 탄력성입니다. 주택의 전세가격은 고정되지 않고 끊임없이 움직입니다. 어느 순간 가격이 떨어졌다가도 어느 시점엔 폭등하는 등 항상 변합니다. 그런데 정부나 기업에서 제공하는 임대아파트는 이러한 상황에 맞춰 유동적으로 가격을 결정할 수 없습니다. 그래서 주택의 전세가격이 떨어질 때는 오히려 임대아파트가 공실로 남기도 합니다. 임대아파트가 주변 시세보다 더 비싸니까요. 아파트를 짓기 전에 전세 공급가를 결정하고 분양했는데, 입주 시점에 주택의 전세가격이 하락해 주변 주택의 시세가 더 저렴하게 되면, 최초 분양받은 이들이 입주를 포기해 버립니다. 현재 수도권에 남은 입주 미분양 물건들도, 임대주택들입니다.

네 번째 문제는, 공급량입니다. 부동산 시장에 전세난이 심할 때 아무리 정부에서 임대아파트를 많이 지어서 상황을 안정화하려고 해도, 필요한 수만큼 무엇보다 필요한 자리에 공급하기는 불가능합니다. 일단, 많은 사람이 선호할 만한 입지 좋은 곳에는 이미 남은 땅이 없고, 있다고 해도 그만큼 비싸서 과도한 비용이 발생하기 때문이죠.

소위 전문가라고 불리는 이들도 터무니없이 올라간 부동산 가격을 잡으려면 정부가 임대주택을 많이 공급해야 한다고 주장합니다. 안타깝게도 이들은 우리나라 전세제도와 임대차 시장의 문제점과 특성을 제대로 파악하지 못하고 있는 것 같습니다. 정부가 임대주택을 많이 공급하면 많은 세입자가 임대주택에 들어갈 것이기에 자연스럽게 전세 시장이 안정될 거라고 보는 건, 너무 단순한 생각입니다. 부동산 시장은 그리 쉽게 예단할 수 없습니다. 또 선진국의 사례를 드는 것도, 우리나라에만 있는 전세제도를 고려하지 않은 분석이기에 무의미합니다. 전세라는 제도 없이 월세 임대차로 흘러가는 다른 나라의 경우, 임대주택을 공급하는 정부나 기업이 많지는 않아도 어느 정도 지속적인 수익이 발생하기에 그와 같은 공급 정책을 계속 확대할 수 있습니다. 하지만 전세 위주의 임대 시장이 정착된 우리나라는 환경 자체가 다르다는 것을 기억해야 합니다.

전세 공급과 수요의 변화

전세 공급은 감소한다 부동산의 매매가격이 하락하는 동안에는 자연스럽게 전세 매물의 양도 줄어듭니다. 이와 관련해 시장에 나타나는 변화를 살펴봅시다.

첫 번째, 입주물량이 줄어듭니다. 앞서 입주물량이 부동산 전세 시장의 하락 요인으로 작용한다고 이야기했습니다. 하락장에서는 프리미엄이 붙지 않기 때문이죠. 그런데 이때는 분양물량도 줄어듭니다. 분양물량이 줄어들기에 시간이 지나면서 입주물량도 줄어드는 겁니다. 그런데 입주물량이 줄어들면서 전세가격의 하락 요인이 약화되는 효과가 생깁니다.

두 번째, 갭 투자자가 이탈합니다. 갭 투자는 매매 시장에서 투기 열풍이란 부작용을 가져왔으나 전세 시장에서는 '구세주' 같은 역할을 수행했습니다. 2015~2017년 전세난이 심하던 시절, 갭 투자가 성행하면서 2018년 이후 전세 시장은 안정됐습니다. 갭 투자는 곧 전세 공급과 같기 때문이죠. 갭 투자자들은 주택의 매매가격과 전세가격의 차이를 이용해 주택을 매수한 뒤 다시 전세로 임대하기에, 자연스럽게 전세 공급이 늘어난 겁니다. 전세난이 진정됨에 따라 대중의 심리는 자연스럽게 매매 시장으로 흘러갔습니다. 다만 부동산 하락장이 도래하면, 갭 투자자들이 손해만 보는 상황이 됩니다. 월세가 발생하는 방식이 아니다 보니, 이들은 오직 집값이 오를 때만 수익을 올릴 수 있죠. 한데 집값 상승은 커녕 오히려 하락하고 있으니 투자자 입장에서는 죽을 맛입니다.

결국 일정 시간이 흐른 뒤에도 집값이 상승할 기미가 없으면 갭 투자자의 이탈이 시작됩니다. 집을 파는 겁니다. 이렇게 나온 집을 매수하는 사람이 실수요자이거나 월세 투자자라면, 자연스럽게 전세 매물이 줄어들겠지요. 실제로, 2010~2013년에 아파트 가격이 더 이상 상승할 것 같지 않던 시기에, 많은 갭 투자자들이 시장을 떠났습니다. 그래서 '곧 전세가 없어질 것'이란 말도 나왔죠. 기억하세요. 갭 투자자는 매매 시장엔 투기 열풍을 조장하고, 전세 시장에서는 전세 물건 공급책이 된다는 걸.

세 번째, 전세 물건이 월세로 전환됩니다. 갭 투자자들이 시장에 내놓은 매물들은 좀처럼 팔리지 않습니다. 전세 만기가 다가오는데 집이 팔리지 않을 경우, 갭 투자자들이 할 수 있는 선택은

부동산 폭등장이 온다

월세 전환입니다. 보유한 부동산을 전세 방식으로 계속 임대할 경우 임대인 입장에서 좋을 게 하나도 없는데, 월세는 다릅니다. 어쩔 수 없는 선택이긴 하지만, 임대 방식을 전세에서 월세로 전환하면 매월 '월세'라는 수익이 발생하니까요. 대출을 받아서 전세 세입자에게 보증금을 빼주고 월세로 전환하면, 다달이 들어오는 월세 수익으로 대출금의 이자를 충당해도 돈이 좀 남습니다. 어찌 됐든 수익이 발생하는 것이죠. 2010~2013년에 이 같은 월세 전환 현상이 일어났습니다. 전세가 없어질 거란 전망이 나올 정도로 많은 주택에 월세 전환이 빠르게 일어났죠.

이 세 가지 상황으로 인해 주택의 전세 공급이 자연스럽게 감소합니다. 부동산 하락장에서 일어나는 전세 공급 감소는 하락 안정장에서는 주택의 전세가격을 상승 전환시키는 요인이 되고요.

전세 수요는 증가한다 주택의 매매가격이 하락하는 시장에서는 전세 수요가 증가합니다. 집값이 오를 거란 기대가 사라지기에 사람들이 집을 사기보다는 빌리는 쪽을 택하는 것이죠. 앞선 부동산 상승장에선 어땠나요? 무주택자였던 사람들까지 대거 내 집 마련에 나선 결과, 임차인의 수가 대폭 줄어들었죠. 하지만 다시 부동산이 하락장으로 전환되면 집을 보유한 사람들까지 집을 팔고 전세로 거주하길 원합니다. 이에 따라 전세 수요는 계속 늘어납니다.

여기에 더해 전세 수요를 늘리는 요인이 하나 더 있습니다. 월세 임차인의 전세 전환입니다. 주택의 매매가격이 상승하던 때는 전세가격까지 치솟기에 어쩔 수 없이 월세로 거주하는 이들이 많습니다. 하지만 다달이 나가는 월세는 현실적으로 엄청난 부담이기에, 월세 임차인들은 가능한 한 전세로 갈아타길 원합니다. 다만 부동산 상승장에서는 전세가격이 웬만해선 떨어지지 않기에 전세로 전환하기가 쉽지 않죠. 그런데 부동산 매매가격이 하락하기 시작하면 전세가격까지 함께 하락하므로 월세에서 전세로 전환하는 것이 보다 수월해집니다. 이를 기회로 삼아 거주 방식을 전세로 전환하는 월세 임차인으로 인해 전세 수요가 또 늘어납니다.

결국 부동산 하락장에서는 전세 공급은 크게 줄어들고, 전세 수요는 늘어납니다. 덕분에 주택의 전세가격이 매매가격보다 먼저, '상승 전환'을 시도하게 되는 것이죠. 그리고 이러한 시점에도 주택의 매매가격은 계속 하락하고 있을 가능성이 큽니다.

미분양 그리고 악성 미분양

미분양 점차 해소 부동산이 하락 안정장이 되면, 집을 구하러 다니는 사람들이 점차 늘어납니다. 학습효과 때문이죠. 우리나라 부동산은 몇십 년 동안, 그 기간과

폭은 달라도 거의 일정한 사이클을 그리며 상승과 하락과 반복해 왔습니다. 대중은 이미 이런 현상을 충분히 목격하고 경험했죠. 따라서 부동산 가격이 일정 기간 하락하면 다시 상승할 거라는 기대도 커집니다. 이들은 생각합니다. '괜한 편견과 잘못된 판단으로 옛날처럼 좋은 기회를 날리는 일은 하지 말자!' 이런 생각으로 빨리 움직이는 사람들이 늘어납니다.

　문제는 집을 사려는 사람이 계약까지 이를 확률은 극히 낮다는 겁니다. 왜 그럴까요? 시장에 매물이 많기 때문입니다. 사람들이 부동산 시장에 관해 갖는 오해 중 하나는, 시장에 나온 매물이 모두 팔려야 가격이 오른다고 생각하는 겁니다. 부동산 하락장이 오래 지속되면 팔리지 않고 적체된 매물이 많게 마련이죠. 매수자 입장에서는 시장에 매물이 많으니 가능하면 가치 대비 저렴한 집을 사려고 할 거고요. 그런데 시간이 흐르면서 매물이 이렇게 많으니 조금만 기다리면 더 괜찮은 집이 더욱 저렴하게 나오지 않을까 싶어집니다. 매물이 많으니 천천히 돌아보면서 이것저것 비교하고 검토해도 괜찮은 분위기입니다.

　바로 이러한 이유로 부동산 하락 안정장에서는 매수자들이 쉽게 계약을 하지 못합니다. 한마디로, 급할 게 없는 것이죠. 이에 더해 미분양된 신축 아파트가 지천에 널려 있습니다. 기왕이면 조금 돈을 더 주고서라도 새 아파트를 사는 게 나을 것도 같습니다.

이때 미분양 아파트가 일반 매물에 비해 매수자에게 메리트로 작용할 요인들이 있습니다. '특별 혜택'입니다. 현장에 따라 다르긴 하지만, 일단 기존 분양가격에 사는 것보다 훨씬 매력적인 조건들을 내세웁니다. 어떤 아파트는 분양가 할인 혜택을, 어떤 아파트는 잔금 유예를 걸기도 하죠. 또 어떤 아파트는 냉장고나 TV 같은 고가 사은품을 내걸기도 합니다. 이러한 특별 혜택들이 매수자를 유혹합니다.

이러한 이유로 전체적인 계약 건수는 많지 않아도, 이런 시기에 성사되는 계약은 주로 새 아파트 미분양 물건에 집중됩니다. 2012년엔가는 '바닥권에서 거래량이 늘고 있는데도 부동산 가격이 오르지 않는다'라는 타이틀의 기사가 나오기도 했습니다. 기사 내용은 보통 바닥권에서 거래량이 늘면 그것이 부동산 상승 신호인데, 현재 거래량은 폭발적으로 늘고 있는데 반해 가격이 오르지 않고 있다는 것이었습니다. 기자는 그 원인을 투자자가 아닌 집값 변화에는 크게 관심이 없는 실수요자가 순수하게 거주할 목적으로 집을 사고 있기 때문이라고 추측했습니다. 결론은 '그러므로 앞으로도 부동산 가격은 오르기 힘들 것 같다'였고요.

이는 부동산 하락 안정기에 미분양 물건이 자연스럽게 소진되는 현상을 잘못 분석한 결론입니다. 미분양 물건들의 가격은 거의 동일합니다. 그리고 일단 양이 많습니다. 이들은 대개 하락세

부동산 폭등장이 온다

가 안정기에 접어들면 자연스럽게 팔려나갑니다. 전체 주택 거래량은 최근 몇 년 사이 최대치를 기록하는데, 대개는 미분양 물건 위주이므로 가격 변화는 거의 없죠. 처음 분양가격에 팔리니 몇 개월 전이나 지금이나 가격은 동일한 겁니다. 어찌 됐든 그 사이 미분양 물건은 시장에서 점차 사라집니다.

건재한 악성 미분양   이처럼 적체되었던 미분양 물건이 점차 해소되는 상황에서도 팔리지 않고 남는 것들이 있습니다. 악성 미분양 물건입니다. 이들은 보통 세 가지 이유로 매수자의 선택을 받지 못합니다.

첫째, 입지가 좋지 않은 경우입니다. 부동산 가격이 계속 상승할 때는 분양이 잘 되므로 분위기에 따라 입지가 좋지 않은 물건도 비싸게 팔립니다. 다만 시기를 조금이라도 늦게 타면, 분양하는 동안 부동산이 하락장을 맞이할 수 있습니다. 결국, 시장 분위기가 급속도로 침체되면서 미분양이 발생합니다. 특히나 입지적 메리트가 없는 상황에서 앞선 상승장 분위기에 따라 분양가격이 다소 높게 책정되어 있었다면, 이런 매물은 매수자들에게 외면당할 수밖에 없습니다.

둘째, 부동산 상승장에서 가장 인기가 좋은 평형대라 비싸게 분양한 경우입니다. 예를 들면, 지금처럼 소형이 인기일 때는 시행사가 평형을 구성할 때 20평대보다 작은 극소형을 집중적으로 배치하고 나머지 중 대부분은 20~30평대, 그리고 40평대 이상은 거의 짓지 않거나 아예 빼고 설계합니다. 분양가격을 평단가로 따져보면, 가장 작은 평형대 아파트가 가장 비싸죠. 하지만 부동산이 하락장으로 돌아서면 인기도 대형 쪽으로 넘어갑니다. 그러면 당연히 면적이 큰 물건부터 조금씩 정리가 되겠죠. 가장 마지막까지 남는 건 예전에 가장 인기 좋았던 물건, 그래서 가장 비싼 가격에 분양된 극소형 아파트가 되는 겁니다. 실제로 2007년 분양된 아파트가 외환위기를 맞으면서 대거 미분양됐습니다. 물론 지금은 많은 미분양 물건이 소진되었으나, 경기도 일부 지역에 남은 것들은 당시 가장 인기가 좋았던 대형 물건이죠. 대개는 50평 이상입니다.

셋째, 예상보다 미분양이 많이 난 경우입니다. 미분양은 일반적으로 전체 세대수의 10~20% 미만으로 발생합니다. 그런데 절반 이상의 세대 수가 미분양되면 이를 해결하기가 매우 어렵습니다. 이럴 경우 해당 아파트의 건설사는 회사 경영 측면에서도 매우 위험한 상황에 처하게 되죠. 실제로 2008년 이후 여러 아파트 분양 현장에서 미분양이 대거 발생했는데, 거의 전 세대가 미분양이 난 아파트의 건설사들은 부도가 났습니다. 이렇게 되면 1군 기업이라고 해도 휘청하게 되죠. 대거 미분양 사태로 유동성 위기에 처한 건설사들이 부도를 피하고자 내놓는 게, '애프터 리빙'

부동산 폭등장이 온다

같은 계약 제도입니다. 전세 세입자들이 그러듯 일단 살아보고 더 살고 싶으면 분양받고 그래도 아니다 싶으면 그때 아무 손해도 보지 않고 나갈 수 있게 보증금을 돌려주는 혜택을 주는 것이죠. 보통 기간은 2~3년입니다.

그런데 애프터 리빙제도가 생각지도 못한 부작용을 가져왔습니다. 미분양 물건이 너무 많아 부도 위기에 처한 건설사들이 애프터 리빙제도를 도입해 미분양 물건에 세입자를 구해 급한 불을 끄긴 했는데, 그 2~3년이란 기간 내에 물건을 팔지 못한 겁니다. 이미 사람들이 들어와 살고 있었으니까요. 게다가 책정된 전세가격이 너무 낮아 투자 비용도 많이 필요하기에, 투자자가 뛰어들기에도 그리 매력적이지 않았습니다. 할 수 없이 건설사들은 세입자들의 만기를 꼬박 기다렸으나, 막상 만기가 되고 새롭게 분양했음에도 워낙 많은 물량 때문에 팔기도 쉽지 않았죠. 무엇보다 큰 문제가 있었습니다. 애프터 리빙 혜택을 받아 전 세대가 거의 비슷한 시기에 입주했기에 만기도 거의 비슷했던 겁니다. 건설사들이 한꺼번에 모든 세대에게 보증금을 내줘야 하는데 돈이 없었습니다. 결국, 건설사는 팔다 남은 물건을 다시 전세로 돌렸지만, 그렇게 되면 또 세입자가 거주하는 동안에는 물건을 팔 수 없는 악순환이 반복될 수밖에 없었죠.

이처럼 다양한 이유로 남은 악성 미분양 물건은 해당 아파트가 속한 지역의 부동산 시장을 침체시키기도 합니다. 그래서 부동산 상승장에서 다른 지역의 가격은 오르는데 그 지역만 오르지 않는 일이 벌어지기도 하죠. 현명한 투자자라면, 이런 상황까지 인지하고 주의해서 접근해야 합니다.

매매 시장에 불어오는 바람

부동산 하락 안정기가 되면, 매매가격은 하락을 멈추고 안정적으로 흘러갑니다. 가격이 하락을 멈추는 건, 전세가격에 근접했기 때문입니다. 단, 아파트의 상태에 따라 근접 정도가 달라지는데, 인기가 좋은 아파트일 경우 전세가율이 60~70%대에 이르면 매수자들이 서서히 거래를 시작하므로 이 시점에서 하락이 멈춥니다. 또 다소 인기가 없는 나홀로 아파트나 입지가 좋지 않은 구축 아파트일 경우 전세가율이 80%에 육박하거나 넘을 때까지 계속 하락할 수 있습니다.

부동산 가격의 하락 안정기에는 분양을 시작한 현장에 아파트 분양이 완판되기도 하고, 거래가 빨리 붙는 지역일 경우엔 프리미엄이 형성되기도 합니다. 이러한 프리미엄은 주로 다른 지역 거주자가 타지역으로 원정 투자를 하면서 형성됩니다. 대개는 반대 사이클도 돌아가는 지역 투자자들이 원정 투자에 나섭니다.

부동산 폭등장이 온다

해당 지역에는 지금까지 상승장이 이어져 가격이 많이 올랐으니, 적당한 시점에 발을 빼고 하락장이 이어져 부동산 가격이 저렴해진 지역으로 투자처를 옮기는 겁니다.

2012~2014년 서울 및 수도권 시장이 바닥권에 있을 때 대구와 부산 지역의 투자자들이 관광버스를 대절해 원정 투자를 다닌 것도 이 때문입니다. 이들은 서울 및 수도권의 미분양 아파트 현장을 다니며 남은 물건들을 거의 싹쓸이하다시피 했죠. 또한 원정 투자자들은 주로 신규 분양 현장에서 분양권을 매입하는데, 현장의 분양 상담사들은 이런 현상을 두고 '바람이 분다'고 표현합니다. 하락이 이어지던 지역이라 시장 분위기가 침체되어 좀처럼 계약이 성사되지 않는데, 어느 날 타지역에서 관광버스를 대절해 들이닥친 집단 투자자들이 남아 있는 물건을 남김없이 계약해 버리는 겁니다.

이 책을 쓰고 있는 2020년 4월에도, 서울 및 수도권의 투자자들이 대거 지방으로 내려가 원정 투자를 하고 있습니다. 다만 이러한 움직임이 해당 지역 부동산의 가격 상승으로 이어지려면, 해당 지역 사람들까지 투자 행렬에 합류해야 합니다. 그렇게 되려면 필수적으로 분위기가 전환되어야 합니다. 이제 그 이상은 부동산 가격이 내려가지 않을 것이라는 분위기 말입니다. 그 역할을 수행하는 것이 바로, 전세가격입니다. 떨어지던 주택의 매매가격이 전세가격까지 근접하면 인기 있는 아파트 시장에 매수자들이 들어와 가격이 조금씩 상승하고, 다소 인기가 없는 아파트 시장에는 매수자들이 사지 않는데도 호가가 상승하는 일이 벌어집니다.

경기 부양을 위해 노력하는 정부

부동산 하락 안정기에는 정부가 규제 완화 정책을 시행하거나 부동산 경기를 활성화할 수 있는 부양책을 쓸 수밖에 없습니다. 앞서 말했듯, 정부의 정치 성향과 관계없이 이들이 추구하는 건 '시장 안정'입니다. 부동산 경기 침체가 다른 업종의 침체까지 불러올 수 있기에, 이 시기에 정권을 잡은 쪽이 진보 성향의 정부라고 해도 규제 완화 카드를 꺼낼 수밖에 없습니다. 부동산 시장이 막 하락장으로 돌아섰을 때는 다시 불씨가 살아나서 광풍으로 번질 우려가 있으므로 쉽게 부양책이나 완화 정책을 쓰기 어렵지만, 하락장을 넘어 하락 안정장이 되면 그때까지도 부동산 경기가 살아나지 않고 있으니 마음껏 안정화 정책을 쓸 수 있는 겁니다. 이쯤 되면 언론에서도 부동산 시장을 부양해야 할 필요성에 대해 언급하기 시작할 거고요.

다만 이러한 규제 완화 정책은 서울 및 수도권이 하락 안정장으로 진입했을 때 나옵니다. 만약 지방 시장이 하락 안정장인데 서울은 아직 상승장이라면 지방에서만 부양책을 쓰기 어렵죠. 무엇보다 정부의 정책은 항상 거대 시장, 즉 서울과 수도권에 집중된다는 것을 명심하시기 바랍니다.

정부가 부동산 경기 부양책을 낸다고 해도, 시장이 바로 반응하는 건 아닙니다. 이 역시 대중심리 때문입니다. 부동산 하락장이 계속 이어져 온 터라, 사람들은 정부의 정책 변화만으로 그렇게 쉽게 주택 가격이 상승하고 경기가 살아날 것이라고 믿지 않는 것이죠. 이러한 이유로 정부의 부양 정책이 나온 뒤에도 부동산 가격이 잠깐 반짝 상승하거나 아예 아무 반응이 없을 수도 있습니다.

현명한 투자자를 위한 팁

투자자는 부동산 하락 안정장에서 어떻게 하는 게 좋을까요? 이때는 아파트를 보유하고 있는 투자자와 보유하고 있는 부동산이 없는 투자자로 구분해서 볼 필요가 있습니다.

먼저 부동산 하락 안정기에 아파트를 정리하지 못하고 보유하고 있는 투자자입니다. 부동산을 매도하기 위해 많이 노력했음에도 결국 팔지 못하고 하락장의 끝 무렵까지 오게 된 경우겠죠. 그런데 이 같은 시기에 많은 투자자가 실수를 저지릅니다. 매도하려고 갖은 애를 쓸 때는 그렇게 팔리지도 않고 계속 가격이 하락하던 부동산이 어찌어찌해서 팔고 나면 상승해 버리니까요. 정말 신기하게도, 개미들은 가격이 꼭대기일 때 사고 바닥일 때 파는 행위를 반복합니다. 왜 그럴까요?

그렇게 될 수밖에 없는 심리와 상황 때문이죠. 이를 이해해야만 그 굴레에서 벗어날 수 있습니다. 부동산 시장이 하락하기 시작하면 부동산을 보유한 이들은 이를 매도하기 위해 애를 씁니다. 하지만 잘 안 팔립니다. 싸게 내놓으면 팔릴까 싶어서 저렴하게 매물을 내놔도 나가지 않습니다. 매수자 입장에서 꼭 매물을 사야 할 이유가 없으니까요. 주변에는 매물이 널려 있고 급매물도 여기저기서 많지는 않아도 계속 튀어나옵니다. 이런 상황이 반복되면 매수자는 더욱 선택을 못 하고 기다리게 됩니다. 그냥 기다리기만 해도 더 싼 물건들이 튀어나오니까 섣부르게 덤빌 필요를 못 느끼는 겁니다.

이쯤 되면 매도자 역시 심신이 지칩니다. 보유한 부동산을 팔려고 몇 년째 노력했는데도 안 팔리니 거의 포기 상태가 된 것이죠. 이렇게 지쳐서 파는 것을 포기하려는 찰나, 누군가가 내 물건을 사겠다고 나섭니다. 당연히 매도자는 홀가분한 마음으로 기분 좋게 보유 물건을 정리하려고 할 겁니다. 그런데 슬기로운 투자자라면 이때 생각해 봐야 합니다. 도대체 왜 그동안 온갖 애를 써서 부동산을 팔려고 해도 선뜻 나서지 않던 사람들이 이제는 자발적으로 사려고 하는 걸까요? 그 이유를 생각조차 해 보지 않는다면 이때다 싶어 얼른 정리해 버리는 실수를 저지르겠죠. 사람들이 매수에 나서는 건, 바로 부동산 가격이 오를 만한 상황이 되었기 때문입니다.

가격이 오를 시점이 되면, 적극적인 투자들이 급매물을 사러 다닙니다. 심지어 이들은 매도자가 내놓은 가격보다 훨씬 저렴하게 부동산을 매수하고자 흥정을 합니다. 오랫동안 부동산을 팔려고 애를 써 온 부동산 보유자는 마음이 급하고 매수자 입장에서는 아쉬울 게 없으므로 결국 또 매수자가 유리합니다. 매도자는 하루라도 빨리 정리하고 싶어서 가격을 또 깎아줄 테니까요. 얼핏 보면 골치 아픈 매물을 정리한 것처럼 보이겠지만, 결과적으로, 이미 급매물인 아파트의 가격을 또 내려서 매도한 겁니다. 그런데 이렇게 막상 부동산을 정리하고 나면 아파트 가격이 오르기 시작합니다. 시세보다 싸게 매도한 터라 다음 매수자가 시세에만 매수했대도 이미 수익을 올린 셈이죠.

이것이야말로, 하락 안정장에서 부동산을 보유한 투자자가 저지르기 쉬운 실수입니다. 이 시기까지 보유했다면, 이제는 좀 더 버티는 것이 최선입니다. 이때 버티지 못하고 부동산을 매도해 버리면, 부동산 투자에 대한 인식이 부정적으로 변하면서 악순환을 겪게 됩니다. 부동산이 최고가를 찍을 때 매수한 뒤 바닥을 칠 때 매도하는 행위를 반복하는 것이죠. 대중심리와 사이클을 조금만 이해해도 이 같은 상황에서 벗어날 수 있을 겁니다.

하락 안정기를 지나고 있을 때 처음으로 부동산 투자에 나서는 이라면, 부동산 가격이 거의 바닥 상태이긴 하나 정확히 언제 투자에 나서야 할지 고민이 될 겁니다. 중요한 것은 대상 물건을 신중히 선택하는 것입니다. 이 시기에는 아직 전세가격 상승이 본격화되지 않아서 아파트의 본격적인 매매가격 상승도 기대하기 어렵기 때문입니다. 가진 자금이 많지 않아서 전세가율이 높은 아파트의 갭 투자를 계획하고 있다면, 조금은 이른 시기입니다. 따라서 투자 시점을 잠시 뒤로 미루는 것도 나쁘지 않은 선택입니다. 이때 어느 정도 자금이 있는 투자자라면 분양권에 투자하는 것도 방법입니다. 단, 미분양이 발생한 아파트의 분양권보다 지금 막 분양을 시작하는 현장의 분양권을 매입하는 걸 추천합니다. 분양권 투자의 경우, 분양이 빨리 끝나는 물건에 프리미엄이 형성될 가능성이 더 크기 때문이죠.

그다음 내 집 마련을 위해 아파트 매수를 고민하는 사람이라

부동산 폭등장이 온다

면, 조금 빨리 움직이길 바랍니다. 이 시기에 집을 마련하지 않으면 전세를 한 바퀴 더 돌아야 하는데, 다음 만기가 돌아오는 시점이 되면, 부동산이 이미 상승을 시작했을 가능성이 큽니다. 어차피 매수한 뒤 실제로 거주할 집이라면, 가격이 조금 더디게 오르더라도 내 집에서 편하게 거주하면서 수익까지 기대할 수 있는 편이 더욱 현명하지 않을까요?

03

상승기

• • •

부동산 시장이 하락과 하락 안정기를 거치고 나면, 자연스럽게 상승을 위한 몇 가지 여건이 조성됩니다.

상승을 위한 여건들

첫째, 신규 공급물량이 부족해집니다. 부동산 하락장에서는 분양이 잘되지 않으므로, 건설사들은 어쩔 수 없이 분양해야만 하는 현장을 제외하고는 최대한 분양을 뒤로 미루려고 합니다. 이에 따라 공급되는 신규 아파트 물량이 자연스럽게 줄어듭니다.

둘째, 그동안 적체되어 있던 미분양이 점차 해소됩니다. 앞서 시장을 침체기로 이끌고 분위기를 다운시키는 결정적 원인은 미분양이라고 했습니다. 미분양이 해소되지 않고 남아 있으면 그 지역의 부동산 가격이 상승하기 매우 어렵습니다. 이때 부동산이 부분 시장으로 나뉘어 있다는 것을 기억해야 합니다. 소형과 대형 평형으로 나뉜 시장이죠. 남은 미분양 물건 대부분이 소형일 경우엔 소형 부동산 시장의 장래는 어둡지만, 대형 물건은 오히려 물량이 적으므로 상승으로 전환하기 쉬운 상태가 됩니다. 부동산을 지역별로 분석할 때는, 단순히 미분양의 수만 파악할 게 아니라, 이를 소형과 대형으로 구분하여 분석해야 시장을 좀 더 정확하게 볼 수 있습니다.

셋째, 아파트의 전세가격이 상승합니다. 그 지역 부동산이 대세 상승장으로 이어지기 위해서는 반드시 전세가격이 밑에서 매매가격을 밀어 올려주는 작용을 해야 합니다. 그러려면 전세가격 상승이 선행되어야 하죠. 물론 아파트의 전세가격이 상승하지 않는데, 일시적으로 매매가격이 오를 수 있습니다. 하지만 이런 현상은 그리 오래가지 않습니다. 인기 없는 아파트나 빌라는 투자자들이 선호하지 않으므로 이런 물건의 가격까지 오르는 '대세 상승장'이 오려면, 반드시 전세가격이 아파트의 매매가격을 밑에서 밀어 올려야 합니다.

넷째, 분양가격이 낮게 책정됩니다. 부동산이 지속해서 하락해 왔기에 신규 아파트의 분양가격도 과거 상승장에서 책정되었던 분양가격에 비해 저렴하게 정해집니다. 이렇게 되면 투자자는 물론이요, 실수요자들까지 이 정도의 가격이라면 앞으로 더 오를 거라는 기대를 하게 되죠. 낮은 분양가격에 의해 프리미엄이 자연스럽게 형성되어야, 대중심리를 자극하게 되는 겁니다.

부동산 폭등장이 온다

상승 전환의 키, 전세

부동산 상승 여건이 조성되었다고 해서 바로 상승장으로 전환하는 건 아닙니다. 막상 이런 시기에 부동산 중개소에 가 보면, 상당히 많은 매물이 나와 있지만 거래가 활발하게 이뤄지지는 않고 있다는 걸 알 수 있죠. 매수자 입장에서는 앞으로 부동산 가격이 올라갈 것 같긴 한데 이미 매물이 많이 나와 있으므로, 굳이 급하게 계약할 필요성을 못 느끼는 겁니다. 그래서 분위기가 올라가는 쪽으로 선회하지 못하고 정체 구간이 발생하는 것이죠.

부동산 시장이 하락 안정기를 지나 상승으로 전환되고 상승장이 이어지려면, 반드시 대중심리가 모여야 합니다. 그런데 대중은 부동산 가격이 실제로 올라가는 것을 내 눈으로 직접 보고 느껴야 비로소 마음을 움직입니다. 누군가가 나서서 부동산을 매수하고 이를 통해 수익을 올리는 걸 봐야만 매수 심리가 붙는데, 좀처럼 집을 사는 사람이 나오질 않습니다. 이 같은 답답한 상황을 해결하는 것이 바로 '전세'입니다.

먼저 인기가 좋은 아파트는 보통 전세가율이 60~70%대가 되면 거래가 시작됩니다. 대중의 선호도가 높으니 적당한 시점에 매수자가 나타나는 것이죠. 전세가격이 적당한 비율로 치고 올라

오면서 이에 영향을 받아 한두 건 정도만 매매 거래가 성사돼도, 바로 호가 매물의 시세가 조금씩 변합니다. 예를 들어, A 아파트의 매매가격이 5억 원이고 전세가격이 3억 2,000만~3억 5,000만 원이라고 합시다. 이미 시장에는 5억 원 전후 가격대의 매매 물건이 수십 채 나와 있습니다. 물론, 동과 층에 따라 가격들이 조금씩 다르겠죠. 해당 아파트의 전세가격은 지금까지 계속 올랐기에 대중은 A 아파트의 전세가격은 앞으로도 상승할 것으로 예상합니다. 그런 상황에서 해당 아파트의 전세 매물이 3억 5,000만 원에 거래된다면 다음 매물은 3억 7,000만~3억 8,000만 원에 팔릴 수 있습니다. 이에 따라 시장에 나와 있던 매매 물건도 5억 원 이하짜리는 거의 사라지고 5억 3,000만~5억 5,000만 원짜리 매물이 등장합니다. 또 일정 시간이 흐른 뒤 3억 7,000만 원짜리 전세 매물이 등장해 거래되면, 또다시 매매 호가가 올라갈 겁니다. 이 과정을 거치면서 거래가 많이 이루어지지 않는다고 해도, 매매로 나온 물건의 호가와 전세가격이 상호작용하며 가격을 상승시키는 상황이 발생하는 겁니다.

이처럼 인기 있는 아파트는 간간이 거래되면서 새 거래 가격이 기준이 되어 다시 매매가격이 오른다는 사실을 알게 되었습니다. 그런데 시장에서 별로 인기가 없는 아파트의 가격이 상승하는 과정은 상식적이지 않습니다. 이런 아파트는 실제로 거래가 거의 없습니다. 시장에 나와 있는 매물도 정말 많죠. 이 같은 상황

부동산 폭등장이 온다

만 보면 가격이 절대 올라갈 것 같지 않습니다. 그런데도 해당 아파트의 매매가격이 올라가는 정말 알 수 없는 일이 벌어집니다. 상승하는 아파트의 전세가격에 밀려서 매매가격까지 오르는 것이죠. 예를 들어, 3억 원짜리 나홀로 아파트 B가 있습니다. 시장에는 3억 원짜리 매물이 수십 채가 나와 있어서 자기 먼저 사달라고 아우성칩니다. 반면, 전세 매물은 거의 없어서 서서히 전세난이 시작됩니다. 전세 매물이 워낙 귀하다 보니 전세가격이 상승하는데, B 아파트의 전세가율이 85~90%에 육박할 때까지 매매가격은 전혀 움직이질 않습니다. 사람들이 선호하지 않는 데는 그만한 이유가 있게 마련이죠.

이때 B 아파트의 전세 매물이 등장합니다. 2억 6,000만 원입니다. 얼마 되지 않아 이 물건이 나갑니다. 전세 물건이 귀하다 보니 찾기도 쉽지 않고 인기 있는 아파트의 전세가격은 하늘 높은 줄 모르고 올라가고 있습니다. 인근 지역의 아파트 전세가격이 오르면서, 전세 매물을 찾으려면 보다 떨어진 곳까지 알아봐야 하는 상황이 벌어집니다. 전세가율이 이렇게 높아진다고 해도, 우리나라에는 전세자금 대출과 전세보증 보험이 너무나 잘 되어 있기에 임차인 입장에서는 거래하는 데 전혀 문제 될 것이 없죠.

이렇게 B 아파트의 2억 6,000만 원짜리 전세 물건이 거래되면, 매매 호가들도 변하기 시작합니다. 단, 이때도 매매 거래는 이뤄지지 않습니다. 나와 있던 매매 물건 중 3억 원짜리가 일부 사라지고 3억 1,000만 원짜리가 등장합니다. 그사이 새로운 전세 매물이 등장하는데, 가격은 2억 7,000만 원. 얼마 되지 않아 거래가 됩니다. 그럼 매매 호가가 완전히 변합니다. 이제 3억 원짜리 매물은 완전히 사라집니다. 호가는 3억 1,000만~3억 2,000만 원. 그리고 얼마 후 2억 8,000만 원짜리 전세 매물이 다시 나타나고 이 역시 또 거래됩니다. 이 전세 매물이 거래되는 이유는 무엇일까요? '매매 호가'가 올랐기 때문입니다. 이 매물이 거래되는 순간 B 아파트의 매매 호가는 또다시 변합니다. 3억 3,000만~3억 5,000만 원짜리까지 나오죠. 그러는 사이 우연히 매매 물건 하나가 거래되면 이것이 기준이 되어 실거래가격이 상승하고, 매매호가가 또 상승하고, 전세가격도 또 그만큼 높아집니다.

이러한 상황이 계속 반복되면서, 부동산의 매매가격이 상승하는 겁니다. 분명히 거래가 없는데도 매매 호가가 전세가격에 밀려 올라가면서 어쩌다 오른 가격에 거래가 하나씩 되면서 그것이 새로운 기준이 되어 계속해서 가격이 올라가는 겁니다.

인기 없는 아파트는 사실상 매물을 내놓고 기다려도 아무도 쳐다보지 않기에 가격이 오를 수 없었습니다. 게다가 이미 매물이 많이 나와 있으니 가격이 오를 거란 기대가 없어 매수자도 나타나지 않았죠. 그런데도 전세가격이 매매가격의 턱 밑까지 올라

부동산 폭등장이 온다

오면 상황이 바뀝니다. 실제 매매 시장에는 큰 변화가 없습니다. 거래도 거의 없고 실제 거래가 되는 건 전세 위주죠. 그런데 전세 가격이 계속 오릅니다. 매매 호가가 변하지 않으면 이것도 불가능합니다. 매매가격의 거의 90%까지 올라왔는데 전세가격이 계속 올라가면, 전세가격이 매매가격을 역전하는 상황이 일어납니다. 그런데 그런 일은 절대 벌어지지 않죠. 어떤 임차인이 매매가격보다 높은 금액에 전세 계약을 하겠습니까? 결국 전세 만기에 임대인이 보증금을 되돌려 주지 않으면 해당 아파트를 떠안아야 하는데, 매매가격이 보증금보다 낮다면 임차인은 보증금의 일부를 날릴 수밖에 없으므로, 매매가격을 뛰어넘는 가격에 전세 계약은 이뤄질 수가 없는 겁니다. 결국 부동산의 매매 거래가 이뤄지지 않는 상황에서도 매매 호가가 계속 올라가는 것은, 오르는 전세가격을 빼고서는 달리 설명할 방법이 없습니다.

부동산의 오르는 전세가격에 영향을 받아 매매 호가가 올라가고 간간이 거래가 되면, 해당 아파트의 실거래가 역시 오르는 그래프를 완성시킵니다. 대부분의 사람은 해당 아파트의 매매가격이 계속 올라가는 이유를 전혀 알지 못합니다. 시장에는 매물들이 계속 넘쳐나고 있고 거래도 많이 일어나질 않고 있으니 올라간다는 지표를 찾을 방법이 전혀 없는 겁니다. 그런데도 몇 개월이 지나면 가격이 올라 있고, 또 몇 개월이 지나면 가격이 올라 있는 상황이 반복됩니다. 사람들은 B 아파트의 가격이 왜 오르는지 알 수 없지만, 올라가고 있는 것만은 눈으로 확인할 수 있습니다. 이때 선도적인 투자자들이 조금씩 시장에 들어오기 시작하죠. 이러한 일이 2015~2016년에 서울에서 벌어졌습니다.

이후부터는 오르는 주택의 전세가격에 매매가격이 밀려 올라가고 시장에 나온 투자자들의 돈이 투입되면서, 부동산 가격의 상승폭 역시 커집니다.

상승기에 일어나는 일

이미 하락 안정장에서부터 주택의 전세가격은 상승합니다. 전세가격에 밀려 매매가격까지 오르는 상승장이 되면, 전세 시장의 수요와 공급이 크게 어긋나게 됩니다. 수요는 많아지고 공급은 적어지는 수급 불균형 상태. 그러면서 전세난이 시작됩니다.

시작되는 전세난 전세난이 벌어지면 임차인들이 이를 더욱 가속화하는 행동을 합니다. 전세 시장은 실수요자들의 시장인데, 실수요에 가수요까지 가세하는 거죠. 매매 시장에 붙는 투기수요도 아니고, 전세 시장에 무슨 가수요가 있는지 의아하다 싶을 겁니다. 하지만 전세난이 벌어지면 분명 가수요가 발생합니다.

부동산 폭등장이 온다

임차인이 전셋집을 구하러 다니는 시점은 언제일까요? 보통은 전세 만기 2~3개월 전입니다. 그런데 전세 매물이 귀해지는 시기가 되면 임차인들도 다음에 살 집을 구하지 못할까 걱정돼 좀 더 빨리 집을 보러 다니기 시작하죠. 전세난 초기에는 4~5개월 전부터, 전세난이 심화되면 6개월 전부터 전셋집을 구하러 다니는 겁니다. 문제는 이러한 행동이 그들에게 전혀 도움이 되지 않는다는 겁니다. 집을 보러 다니다가 맘에 드는 집을 찾는다 해도, 바로 계약할 수는 없기 때문이죠. 임차인의 계약 만기가 많이 남아 있는 상태이므로 새 임대인이 그때까지 기다려줄 수도 없습니다. 결국 임차인들은 임대인에게 집을 보러 다니는 사람이 많다는 사실만 인지시킨 후 계약도 못 하고 돌아옵니다. 이러한 상황이 바로 전세 가수요에 해당합니다.

정작 계약할 수 없으면서 집을 보러 다닌 임차인 때문에 임대인은 전세 수요자가 많다는 착각을 하게 됩니다. 이에 따라 주택의 전세가격이 올라가는 폭은 더욱 가팔라집니다. 매물은 적은데 수요가 많다는 생각이 든 임대인은 애초에 전세 보증금을 1,000만 원 올리려 했으나 계획을 고쳐 2,000만~3,000만 원을 올립니다. 전세 만기 도래 후 살 집을 구하지 못할 수 있다는 불안감에서 시작된 임차인의 행동이 오히려 현실에는 도움도 안 되고 오히려 전세 시장에 불리한 상황을 초래합니다. 부동산 상승장 후반기로 갈수록 전세난은 더욱 심화됩니다.

분양 완판 및 대형으로 인기 전환 부동산의 하락 안정장에서는 미분양 물건이 점차 해소된다고 이야기했습니다. 이어 상승장이 되면 악성 미분양을 제외한 거의 모든 미분양 물건이 소진됩니다. 부동산 시장에서는 이미 소형과 대형 아파트의 인기도 전환됩니다. 지금 시점으로 보면 새롭게 다가올 부동산 상승장에서는 대형이 인기 있는 상황으로 전개되겠죠. 이때까지 남은 악성 미분양은 극소형일 가능성이 매우 큽니다. 그렇게 남은 극소형 아파트는 할인해도 사람들이 거들떠보지도 않는 애매한 물건이 됩니다. 현시점 경기도권에 남아 있는 초대형 악성 미분양 물건들처럼 말이죠.

이렇게 대형 아파트의 가격이 올라가는 상황이 지속되면 반드시 소형에 비해 대형이 인기를 끄는 적당한 이유가 나오게 되고, 그것이 무슨 진리처럼 인정받습니다. 저는 다가올 상승장에서 대형의 인기 원인은 무엇이 될지 너무나 궁금합니다. 그리고 사람들은 이를 근거로 대형을 좋아하고 찾으면서 가격이 계속 오를 거라 믿게 되겠죠.

부동산의 소형에서 대형으로의 인기 전환 과정은 이미 앞에서 설명했습니다. 부동산 가격이 하락하는 과정에서 매매가격과 전세가격이 격차가 덜한 대형이 전세가격을 먼저 만나 상승하기 시작한다고 말이죠. 그리고 이때 소형은 남은 미분양 물건들이 있

부동산 폭등장이 온다

고 전세가격을 만날 때까지 가격이 계속 하락하고 있는 상황이라고. 결국 대형 아파트의 인기가 좋아져서 매수자들이 늘어 가격이 오르는 게 아니라, 전세와 연관이 있다고 말했습니다. 실제로는 사람들이 대형 아파트를 사지 않는데도 가격이 오릅니다. 그리고 사람들은 대형 아파트의 가격이 오르는 결과를 먼저 눈으로 보고 뒤늦게야 그에 맞는 이유를 찾기 시작할 겁니다.

그래서 그 이유가 매우 궁금한 겁니다. 한때 강남에서 대형 아파트의 가격이 오르기 시작하자 '캥거루족'을 그 근거로 내세운 기사도 나왔습니다. 성인이 돼 결혼하고 분가해야 함에도 부모의 집에 계속 얹혀사는 자녀들 때문에 대형 아파트 가격이 오른다는 겁니다. 시간이 흘러 소형 아파트가 인기를 끌자 1~2인 가구 증가 추세로 이유를 설명했죠. 인기 있는 아파트 평형을 가족 수로 판단하던 시절이라 대형의 인기 상승도 이를 근거로 설명한 겁니다. 그런데 그 이유가 참 그렇지 않나요? 자녀와 같이 살기 위해 소형을 정리하고 대형 아파트를 사는 부모? 그냥 부모가 큰 집에 살고 있으니 자녀가 함께 살 수 있는 여건이 되었다는 설명이 자연스럽지 않을까요? 대형 아파트를 새로 매수하는 게 아니라, 기존에 살던 대형 아파트에 그냥 더 많은 이들이 사는 것뿐입니다. 이러한 현실은 대형 아파트의 가격이 올라가는 것과는 거의 상관이 없을 것 같은데, 이러한 주장에도 대중은 '아, 그렇군' 하면서 고개를 끄덕입니다.

어찌 됐든, 부동산 상승장에선 소형에서 대형으로 인기가 전환되고, 악성 미분양을 제외한 거의 모든 미분양 물건이 소진됩니다. 그리고 새롭게 분양을 시작한 현장에는 미분양도 거의 발생하지 않고, 혹여 생기더라도 조금 있으면 사라지죠. 투자 열기가 서서히 살아나는 겁니다.

분양 프리미엄 발생 신규 아파트의 분양가격은 시장의 분위기와 바로 이전 현장 분위기가 참고되어 책정됩니다. 따라서 부동산 상승장에서 새로 분양되는 아파트 가격은 근처, 그것도 얼마 전 분양된 아파트 가격보다 높게 책정될 가능성이 매우 큽니다. 바로 전 현장에서 분양이 잘 안 되었다면 모를까, 새로 시작하는 현장에서 굳이 신규 아파트의 분양가격을 낮게 책정할 이유가 없죠. 그런데 각 현장에서 분양된 아파트들이 상호작용을 일으킵니다. 사실상 상승장으로 처음 돌아선 후 앞서 분양을 시작한 아파트가 여러 면에서 좋은 경우가 많습니다. 지금까지 부동산 시장은 침체기를 겪었기에 분양도 거의 없었고 미분양 물건도 쌓여 있었죠. 그런데 이런 상황에서 분양을 시작했다는 건, 건설사가 어느 정도 자신을 갖고 있는 경우에 해당합니다. 그 자신감의 근원은 '입지'일 가능성이 큽니다. 따라서 처음 분양하는 아파트는 입지가 가장 좋은데도 처음 분양했기에 가장 저렴할 수 있습니다. 그럼 어떻게 될까요? 바로 전에 끝난 분양 현장에 프리미엄이 발생합니다. 이렇게 붙은 프리미엄 때문에 다음 현장의 분양 물

부동산 폭등장이 온다

건도 비싸지는데 또다시 잘 팔리게 되죠. 각 분양 현장이 상호작용하면서 프리미엄이 점점 올라갑니다. 신도시 분양 시 프리미엄이 높게 형성되는 것도 이 때문이죠. 그런데 이를 잘 모르면, '그렇게 많은 공급물량이 해당 지역에서 감당될까?' '너무 늘어 시장이 하락하지 않을까?' 하면서 걱정하게 되는 겁니다.

정리해 봅시다. 상승장 초기 분양하는 아파트는 자연스럽게 프리미엄이 형성되고, 그 영향으로 그다음 현장의 분양가격은 더 높게 책정됩니다. 이렇게 형성된 프리미엄이 분양권 투기 열풍을 조장합니다. 부동산 하락장에서 상승으로 막 돌아선 시기에는 특별한 규제가 거의 없으므로, 분양권의 경우 대개 계약금 10%만 있어도 매수가 가능합니다. 따라서 이 시기엔 분양권이 부담은 없고 수익이 높은 투자처가 되므로 투기로 진화되는 것이죠.

갭 투자 성행 전세난이 시작되면 전세가율이 거의 최고치에 이르게 됩니다. 인기 아파트는 70%대, 비교적 선호도가 떨어지는 아파트는 80~90%대가 되는데, 심지어 95%에 다다르는 물건도 생깁니다. 자연스럽게 아파트의 매매가격도 상승하죠. 점차 아파트에 투자하는 사람들이 늘어납니다. 바로 이때, 전세를 끼고 아파트를 매수하는 갭 투자가 유행처럼 번지죠. 투자금이 적기에 그 어떤 방식보다 좋은 투자법이 되니까요. 전세가율이 높은 아파트를 매입한 후 전세 세입자를 구하면, 거의 2년 뒤에는 인상된 보증금으로 투자 원금을 회수하는 것이 가능하죠. 그때부터 해당 아파트는 수익만 가져오는 수단이 되는 겁니다.

발 빠른 투자자들은 투자 원금을 회수하여 또 다른 물건을 사고 또 사고 하면서, 갭 투자로 수십 채를 매수하는 무리한 투자를 진행합니다. 갭 투자가 성행하게 되는 근본 원인은, 레버리지 투자가 가능하기 때문입니다. 3억 원짜리 아파트를 전세가율이 90%일 때 산다면 자기자본금은 매매가격의 10%에 해당하는 3,000만 원만 투입하면 되죠. 2년 뒤 해당 아파트의 전세가격이 올라 3억 원이 되고 매매가격이 3억 4,000만 원 정도가 된다면 투자 수익이 130%에 달합니다. 이에 따라 투자 원금을 회수한 뒤 지속적으로 수익만 발생하는 부동산을 갖게 되는 것이죠.

만약 부동산 하락장에서 막 상승장으로 돌아서던 2014년에, 서울의 인기 없는 아파트를 갭 투자로 매입한 후 이를 2020년 현재까지 보유하고 있다면, 어느 정도의 수익을 내고 있을까요? 이해를 돕기 위해 목동에 있는 오래된 나홀로 아파트 K를 예로 들겠습니다. 이 아파트는 16층짜리로 $59m^2$ 평형이 47세대, $84m^2$ 평형이 56세대로 이루어졌습니다.

K 아파트 $59m^2$ 평형 실거래가 표입니다. 1년에 3~4건의 매매 거래가 전부인, 인기 없는 아파트입니다. 그런데 이런 아파트

부동산 폭등장이 온다

계약월	매매가격	전세가격
2020.02.		3억 1,500(6일, 7층)
2020.01.	4억 7,000(9일, 10층)	
2019.12.	4억 500(30일, 6층)	
2019.10.		2억 8,000(30일, 2층)
2018.12.		2억 8,000(26일, 3층)
2018.08.	3억 4,800(15일, 3층)	2억 8,000(7일, 3층)
2018.06.	3억 4,800(29일, 3층)	
2018.05.		2억 8,000(17일, 7층) 2억 5,000(28일, 2층)
2018.01.	3억 4,000(8일, 2층)	2억 8,000(8일, 2층)
2017.12.	3억 2,000(23일, 1층)	
2017.05.		2억 6,000(30일, 3층)
2017.04.	2억 3,000(21일, 3층)	
2017.03.		2억 6,500(10일, 2층) 2억 6,000(11일, 5층)
2017.01.		3억(10일, 4층)
2016.09.	3억 1,500(28일, 4층)	
2016.08.	3억 1,000(20일, 3층) 3억 800(12일, 3층)	
2016.06.		2억 8,000(11일, 3층)
2016.05.		2억 7,000(27일, 3층)
2016.04.	2억 9,400(14일, 5층)	
2016.03.	2억 8,900(29일, 3층) 3억 300(17일, 7층)	2억 8,000(30일, 7층)
2016.02.	2억 9,780(1일, 6층)	2억 6,000(2일, 2층)
2015.08.		2억 5,000(13일, 5층)
2015.05.	2억 7,700(20일, 4층) 2억 9,000(21일, 10층)	2억 2,500(11일, 3층)
2015.02.	2억 7,000(12일, 9층)	
2014.09.	2억 6,800(23일, 10층) 2억 8,300(19일, 4층)	
2014.05.	2억 6,900(20일, 8층)	
2014.04.		2억 2,000(26일, 2층)
2014.03.	2억 5,700(21일, 1층)	2억 3,500(12일, 9층)

자료원: 2020.03 국토교통부

가 상승장에서 전세난이 시작되면 전세가율이 치솟죠. 보다시피, 2014년 3월에 거래된 물건의 매매가격은 2억 5,700만 원입니다. 당시 전세 매물은 2억 3,500만 원에 거래됐습니다. 전세가율이 90%가 넘습니다. 이때 갭 투자를 했다면 중개수수료와 세금 등을 더해 실제 투자금은 3,000만 원 정도 들었을 겁니다. 층이 다르긴 합니다만, 이 아파트는 2020년 4억 7,000만 원에 실제 거래되었습니다. 무려 2억 1,300만 원이 오른 것이죠. 투자 수익률은 700%가 넘습니다. 7년 동안 700%이니, 거의 1년에 100%씩 번 셈입니다. 전세가격은 어떤가요? 2016년에는 구입 당시의 매매가격을 뛰어넘습니다. 이때 투자 원금은 모두 회수했겠죠. 그리고 이 아파트는 2016년부터 5년 동안 무자본 수익이 발생하는 투자처가 되었습니다. 대중이 갭 투자에 열광하는 것도 이해가 됩니다.

정부의 규제 시작 이렇게 부동산 상승장 후반부에 이르면 분양권 투자와 갭 투자에 대한 사람들의 관심이 과열 양상으로 치닫습니다. 이에 따라 대중심리 역시 부동산 대세 상승 쪽으로 몰려 투기 열풍이 일어납니다. 시장이 이렇게 흘러가면 당연히 정부도 가만히 있을 수 없습니다. 이곳저곳에서 과열된 시장을 안정시키라는 요구가 늘어날 테니까요. 이에 정부는 각종 규제 정책을 내놓습니다. 말했듯, 정부의 정치 성향이 보수인지 진보인지는 중요하지 않습니다. 일단 정책 기조는 규제로 흘러갑니다.

부동산 폭등장이 온다

어떤 물건이든 괜찮다 앞에서 전세
난이 시작되면 인기 없는 아파트도 전세가율이 치솟고 거래가 없
어도 가격이 올라가는 상황이 만들어진다고 이야기했습니다. 이
러한 이유로 이 시점에는 나홀로 아파트든 세대수가 적은 주상복
합이든 빌라든 거의 모든 주택의 매매가격이 전세가격에 밀려 올
라갑니다. 이때는 가진 자금에 맞는 적당한 물건을 선정해 하루라
도 빨리 매수하는 게 현명합니다. 무엇을 살까, 어떤 것이 오를까
고민하는 동안 훌쩍 뛰어오른 매매가격을 보게 될 테니까요. 싸게
매수하려고 노력하는 합리적인 행위가 오히려 투자를 망치는 비
합리적 행동이 될 수 있음을 명심하세요.

투기 열풍이 불면 갭 투자 물건을 매도하라 이 말이 무슨
뜻인지 언뜻 이해하기 힘들 수 있습니다. 갭 투자가 활성화되면
서 투자의 순풍이 불어오는데, 오히려 갭 투자로 매수한 물건을
매도하라니 이상할 겁니다. 그런데 갭 투자로 매수한 물건의 특
성을 이해하면 이 말이 무슨 뜻인지 충분히 이해할 수 있으리라
봅니다. 갭 투자로 매수한 물건은 전세가율이 높은 아파트입니다.
전세가율이 높다는 건 인기가 없다는 뜻이기도 하죠. 이런 물건
은 반드시 전세가격에 의해서 매매가격이 밀려 올라갑니다. 이는
전세가격이 올라가지 않으면 더 이상의 가격 상승을 기대하기 어

렵다는 말이기도 합니다. 갭 투자가 활성화되면 부동산 전세 시장이 어떻게 될까요? 앞서 말했듯, 갭 투자는 전세 공급에 해당하므로 전세 매물이 시장에 많이 나오면서 점차 안정화됩니다. 전세 시장이 안정화된다는 건, 바로 갭 투자 물건의 성장 동력이 약해진다는 의미입니다. 해당 물건의 가격 상승을 더는 기대하기 어렵다는 것이죠. 또한 이런 물건은 인기가 없으므로 가격 상승이 둔화되면 매수자 또한 점차 사라지게 됩니다.

가격이 더 오르기를 기다렸다가 팔려고 한다면, 사라진 매수세로 인해 매도 자체가 어려워질 수 있습니다. 거기에 정부의 규제까지 더해진다면 오히려 부동산 가격이 고점을 찍고 하락할 수 있습니다. 명심하세요, 전세가율이 높은 갭 투자 물건의 생명은 전세난과 관련이 있습니다. 전세난이 끝나면, 이 물건의 생명도 끝납니다.

부동산 폭등장이 온다

04

상승 조정기

· · ·

　부동산 상승 열기가 이어지던 시장은 2018년 9.13 대책이 나온 뒤 급속도로 위축됐습니다. 이때 나온 정책들은 사상 초유의 강력한 대책이었죠. 대출 규제가 핵심이었는데, 규제지역 내에서 유주택자의 담보대출이 아예 금지되었고, 실거주 목적 외 고가주택(공시가격 9억 원 초과) 주택담보대출도 막혔습니다. 2주택자 이상은 전세자금 대출을 위한 공적 보증HUG도 제한됐고요. 그 외 종부세 인상, 장기 보유 특별공제 요건 강화, 일시적 1가구 2주택 허용 기간 단축, 임대사업자 혜택 축소, 주택임대사업자에 대한 대출규제 강화, 분양 규제 강화까지, 초강수를 둔 셈이었습니다.

　지금까지 부동산 시장이 과열될 때마다 역대 정부가 내놓은 규제 정책 중, 이처럼 대출을 아예 막은 경우는 없었습니다. 전무후무하다 싶을 만큼 강한 규제로, 시장은 큰 충격을 받았죠. 이에 따라 강남을 비롯한 서울 전역에서 급매물이 나오고 있다는 뉴스가 연일 보도되었고, 부동산 전문가들까지 정부의 강력한 규제로 시장이 하락세로 전환할 것으로 예측했습니다.

　그런데 이는 노무현 정부가 2003년 내놓은 10.29 대책을 떠

올리게 합니다. 당시 대책의 내용을 보면, 종합부동산세 신설 및 2005년 도입, 3주택자 양도세 60% 강화, 투기지역 LTV 40%로 제한, 투기 과열 지구 분양권 전매 금지, 재건축 초과이익 환수제 추진, 주택거래 신고제 도입 등이었습니다. 당시에도 '사상 초유의 종합대책'이라고 불렸죠. 이로 인해 투자자들도 이른바 '멘붕' 상태가 되었고, 시장도 급속히 침체기로 접어들었습니다.

정책이 시장을 누를 때

　　　　　　　　노무현 정부와 문재인 정부가 내놓은 이러한 규제 정책들은 전례없는 강력한 것들이었기에 시장은 빠르게 얼어붙었습니다. 하지만 그것도 잠시, 시장은 다시 상승했습니다. 왜 그럴까요? 정책이 너무 약한 탓이었을까요? 아닙니다. 당시 부동산 시장이 과열 양상을 보이긴 했으나 가격의 폭등까지는 이르지 않아 갑자기 하락장으로 돌아설 만큼의 여건이 완성되지 않은 탓입니다. 정부가 내놓은 과도한 정책 때문에 인위적으로 시장이 하락한 것이라, 대중심리가 결국 이를 이겨낸 것이죠.

　　모든 투기 시장에서는 대중심리가 과열 양상을 보이고, 그 상승장의 끝자락에서 가격의 폭등이 일어납니다. 이 폭등으로 인해 부동산 하락을 위한 여건이 자연스럽게 조성되죠. 그런데 폭등이 오지 않은 상황에서 대중심리로 올라가는 힘을 인위적으로 누르게 되면, 잠시 눌린다고 해도 웅크렸던 에너지가 더욱 응축되어 결국 강하게 폭발하게 됩니다.

그럼에도 정부 입장에서는 부동산 시장이 폭등할 때까지 가만히 두고 볼 수가 없습니다. 과열 양상이 보일 때마다 폭등만은 막고자 무언가를 꼭 행합니다. 그것이 정부의 역할이기도 하고요. 따라서 부동산 시장이 과열될 때 나온 정부의 규제로 잠시 눌린 것처럼 보이던 시장은, 하락 여건이 충분히 마련되지 않았을 경우엔 결국 규제를 이겨내고 다시 상승합니다. 다만 그 전에 일시적인 하락이 보일 수 있다는 것만 기억하면 됩니다.

모르면 착각하기 쉬운 신호

사실 그 어떤 부동산 이론서에도 이러한 시기는 언급되지 않습니다. 우리나라에서만 벌어지는 일이기 때문에 그렇습니다. 그것도 서울 및 수도권 시장에서만 일어나죠. 이러한 이유로 시장이 이같이 흘러갈 때 많은 이가 부동산 하락장이 시작된 것으로 착각하곤 합니다.

2000년 이후 두 번의 부동산 폭등 상황과 두 번의 강력한 규제가 있었습니다. 그리고 두 번의 정책 모두 실패로 돌아갔습니다. 우연히도 정권의 성향이 닮았던 노무현 정부와 문재인 정부 시절에 나온 규제이기에, 진보 색채가 강한 정부의 정책 실패로 비판받게 되었습니다. 정부의 정책이 실패로 돌아가는 것을 경험한 사람들은 이 같은 상황이 정부의 인위적 조정으로 인한 일시적 하락이라는 걸 알게 되었습니다. 당시에는 부동산 전문가들까지 하락장이 도래했다고 봤지만 말이죠.

부동산 경기를 사이클로 표현할 때는 일반적으로 다음 그래프처럼 4단계로 나눠 설명합니다. 상승기 다음 후퇴기, 그다음 하향기, 다시 회복기로 말이죠. 부동산 이론을 공부한 이들은 대부분이 4단계만 기억합니다. 따라서 정부의 규제로 시장이 얼어붙으며 가격이 떨어질 때는 '후퇴기'에 해당한다고 보는 겁니다.

──────── 부동산 경기 변동 그래프 ────────

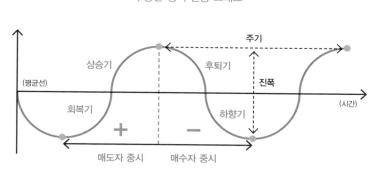

그래서 어떤 전문가는 시장이 하락기를 대단히 짧게 지나가고, 그 정도로 투자의 열기가 대단하기에 앞으로 대세 상승만 남았다고 말합니다. 제가 9.13 대책 이후 시장이 침체 상황에 놓였을 때 부동산 관련 강의를 했는데, 당시 수강생들도 거의 지금의 상황을 하락장으로 보고 있었죠. 해당 강의에서 저는 지금의 상황은 정부의 강력한 정책에 의한 일시적인 현상에 불과하고 조만간 폭등이 올 거라고 이야기했지만, 제 말에 수긍하는 분위기는 아니었습니다. 하지만 일시적 하락장은 우리나라 부동산 시장이 흘러온 역사에서 쉽게 확인할 수 있습니다. 그래서 저는 대한민국 부동산이 다음 같은 사이클을 그리며 흘러간다고 생각합니다.

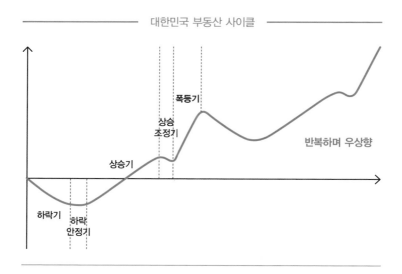

대한민국 부동산 사이클

부동산 폭등장이 온다

만약 다음 부동산 사이클이 상승기에 해당하고 상승 열기가 강해졌는데도 정부가 강한 규제 정책을 펼치지 않아 시장이 자연스럽게 그냥 흘러간다면, 이 시기가 없어질 수도 있습니다. 그러나 저는 다음 사이클에서 그 어떤 정권이 들어온다고 해도, 부동산 시장에 상승 열기가 강해진다 싶을 때는 반드시 정부가 강력한 규제 정책을 내놓을 거라고 생각합니다. 이에 따라 시장이 일시적으로 하락하는 상황이 벌어지겠죠. 아무도 언급한 바 없는 이러한 시기를 이번 책에 처음 소개한 것도 이 때문입니다.

지방은 다르다

우리나라의 부동산 시장은 부분 시장이라고 설명했습니다. 지방에는 서울 및 수도권과 비슷한 그래프를 그리며 시장이 움직이는 도시도 있고, 거의 반대로 움직이는 도시도 있습니다. 하지만 정부의 정책은 서울 및 수도권에만 집중되어 있죠. 서울 및 수도권이 시장 침체기일 때 지방 어느 도시에 과열 및 폭등 양상이 보여도, 정부는 그 도시에 강한 규제책을 발표하지 않습니다. 정부의 정책을 특정 지역에만 강하게 펼칠 수는 없기 때문입니다. 표면적으로라도 대한민국 전 지역에 평등한 정책이 적용되어야 하니까요.

따라서 지방 도시의 사이클에는 일시적 하락 시기를 적용할 수 없습니다. 지방 부동산의 사이클 전체 기간이 서울 및 수도권과 다른 것도 이 때문입니다. 서울 및 수도권 부동산의 사이클은 기간이 길고 진폭이 매우 큰데, 지방 부동산 사이클은 대체로 기간이 짧고 진폭이 작습니다. 정부의 정책이 서울 및 수도권 시장에 미치는 영향 때문이죠. 앞서 말했듯, 정부의 정책이 시장에 미치는 영향은 애초에 정부가 원하던 방향이 아니라, 부작용으로 작용한다는 것도 반드시 기억하길 바랍니다.

현명한 투자자를 위한 팁

무조건 버틸 것 이 시기가 상승 조정기라는 것을 모르는 사람들 중에는 보유한 부동산을 급매로 정리하는 사람도 생깁니다. 그로 인해 시장이 하락하는 듯 보이는 것이죠. 대다수의 전문가가 하락을 예상하므로 이 시기에 투자 물건을 보유하고 있다면, 정말 당황스럽고 두려울 겁니다.

하지만 여기까지 책을 읽은 투자자라면, 이 같은 상황이 벌어져도 일시적인 조정장이라는 걸 알아채야 합니다. 그래야 이에 적절히 대응할 수 있으니까요. 부동산 상승 조정기에 투자 물건을 보유하고 있다면, 무조건 버텨야 합니다. 정부의 강한 규제의

부동산 폭등장이 온다

충격으로 인해 잠시 시장이 하락하는 듯 보여도, 시장은 반드시 이 충격을 이겨냅니다. 그리고 더 큰 가격 폭등이 발생할 수 있으므로 확신을 가지고 버티면 됩니다.

물론, 이 때 보유하고 있는 물건이 어떤 것이냐에 따라 선택은 약간 달라질 수 있습니다. 시장에서 별로 인기가 없는 물건이라면 과감히 정리하는 것도 나쁘지 않은 선택입니다. 그런 물건은 부동산 시장이 일시적인 하락 후 다시 폭등한다고 해도, 가격이 크게 상승하지 않을 가능성이 있기 때문입니다.

신규진입도 좋다 만약 이때까지 투자를 진행하지 못했다면, 이 기회를 놓치지 말고 과감히 시도해 보길 바랍니다. 잔인한 말처럼 들리겠지만. 타인의 불행이 나에겐 행복이 될 수 있습니다. 부동산 시장의 일시적 하락을 '하락 전환'으로 오해한 이들은 보유하던 부동산을 급매물로 정리합니다. 이럴 때 괜찮은 물건을 저렴하게 매수할 기회가 생깁니다. 이후 폭등 상황이 기다리고 있으므로, 단기간에 고수익을 올릴 절호의 기회입니다.

단, 주의할 것은 보유 기간을 길게 가져가면 안 된다는 겁니다. 상승 조정기 이후 도래하는 폭등기는 짧게 이어지고 잠시 정체 구간이 찾아온 후, 하락기를 맞기 때문이죠. 그러니 기분 좋게 수익을 올렸다가도 '말짱 도루묵'이 될 수 있다는 것도 명심합시다.

05

폭등기

정부는 시장이 과열되는 것을 막기 위해 부동산 상승장에서 강력한 규제를 펼치지만, 이에 잠시 충격을 받아 하락하는 듯 보였던 시장은 마침내 규제를 이기고 다시 상승합니다. 주목할 것은 이때의 상승이 폭등으로 이어진다는 것입니다.

정책의 부작용

부동산 가격이 폭등하는 가장 근본적인 원인은 대중심리에 있습니다. 하지만 이러한 상황으로 몰고 가는 건 다름 아닌, 정부가 내놓은 정책입니다. 무엇보다 정책이 가져온 부작용 때문이죠. 일단 부동산 가격이 폭등하려면 시장의 수요와 공급에 큰 불균형이 일어나야 합니다. 수요와 공급의 균형이 깨지지 않으면, 아무리 매수세가 많고 힘이 넘쳐도 강한 매도세와 부딪혀 폭등까지는 일어나지 않기 때문이죠.

정부가 내놓은 규제 정책의 부작용이 시장에 어떤 영향을 주는지 자세히 살펴봅시다. 먼저 가장 중요한 매도 부분입니다. 부동산 상승장이 이어지면 기존 아파트 보유자들은 가격이 더 오를 것으로 기대하면서 가진 부동산을 당장 매도하는 걸 자제합니다. 자칫 일찍 팔았다가 이후 계속 가격이 더 올라간다면 땅을 치며 후회하게 될 테니까요. 모든 투자자가 그렇듯 아파트를 보유한 이들은 가격이 꼭대기일 때 팔고 싶어 합니다. 하지만 사람들은 언제가 정확히 꼭대기인지 모르기에, 최대한 분위기에 편승하려고 합니다. 부동산 상승장이 이어지면 분위기상 가격이 더 올라갈 것으로 보는 경향이 강해지기에, 어찌 됐든 계속 자산을 보유하는 쪽으로 마음을 굳힙니다.

이러한 상황에서 갑자기 정부의 강력한 규제 정책이 나오면, 보유자들은 큰 고민에 빠집니다. 하지만 결과적으로 이들은 더욱 보유하는 쪽으로 마음을 다잡을 가능성이 큽니다. 정부의 규제로 인해 예상치 못한 손해가 발생하기 때문이죠. 양도세 규제 정책이 나온 상황에서, 양도세를 피하고자 지금 가진 부동산을 매도할 경우 오히려 손해라는 생각이 들죠. 무엇보다 강력한 대출 규제는 매수세를 크게 약화시킵니다. 그렇게 되면 시장에 매물을 내놓아도 잘 팔리지 않게 되죠. 지금 당장 팔려면 시세보다 싸게 내놓아야만 하는데, 이것이야말로 부동산 보유자들이 가장 피하고 싶은 상황이 아닐까요? 앞서 대중심리를 분석할 때 이야기했듯, 인간의 본성인 '손실 회피 편향' 때문이죠. 인간은 무언가를 얻어서 생기는 기쁨보다 무언가를 잃어서 생기는 슬픔이나 분노

부동산 폭등장이 온다

를 훨씬 크게 느끼니까요. 그러니 정부가 규제 정책을 내놓았을 때 매도에 나서는 사람은 더욱 줄어듭니다. "그래도 가격이 많이 올랐으니 양도세를 내도 많이 남지 않니?"라는 말이 통하지 않는 겁니다.

여기서 많은 사람이 착각하는 것이 하나 있습니다. 매도물량이 줄어드는 근본 원인이 정부의 규제에 있다고 생각하는 것이죠. 사실은 전혀 그렇지 않습니다. 매물이 줄어드는 근본 원인은 부동산 가격이 오르고 있기 때문입니다. 만약 가격이 계속 떨어지고 있는 상황에서 정부의 규제까지 더해져 시장이 더욱 침체될 가능성이 크다면 어떻게 될까요? 오히려 매도자들이 앞다퉈 자신의 집부터 팔고자 아우성칠 겁니다.

주식 시장에도 참고하기 좋은 사례가 하나 있습니다. 초보 주식 투자자가 처음 투자해서 원금을 손해 보는 상황이 생기고 하락장을 맞으면, 손절매하고 현금화하는 게 아니라 무조건 버틴다는 겁니다. 이 역시 손실 회피 편향 때문이죠. 이렇게 주식 시장에 하락세가 쭉 이어지다가 옆으로 횡보하는 기간이 길게 늘어납니다. 그때까지도 초보 투자자는 계속 버팁니다. 비자발적 장기 투자자가 되는 겁니다. 그런데 이렇게 옆으로 횡보하던 주가가 갑자기 다시 한번 급락하게 됩니다. 이때 어떤 일이 벌어질까요? 더이상 버틸 수 없다고 판단한 초보 투자자들이 더 큰 손해를 감수하면서 가지고 있던 보유 주식을 내던져 버리죠. 그리고 기다렸다는 듯 곧바로 해당 주가는 크게 상승합니다.

잘 버티는 듯 보였던 초보 투자자는 왜 그렇게 어리석은 결정을 내린 걸까요? 공포심 때문입니다. 처음에 주가가 하락할 때는 손해 보기 싫다는 마음이 가장 크게 작용하지만, 다시 주가가 제자리를 찾아갈 거라는 믿음이 있습니다. 크게 하락하고 옆으로 횡보하는 동안에 그러한 기대는 더욱 커집니다. 이러한 상황을 '바닥 다지기'로 볼 수 있기 때문이죠. 그러던 중 느닷없이 발생한 주가 급락은 초보 투자자의 기대와 믿음을 산산조각 냅니다. 얼마나 더 하락할지 모른다는 생각이 공포심을 가져온 거죠. 결국 초보 투자자들은 공포에 질려 보유했던 주식을 서둘러 내던집니다.

많은 사람이 어떤 사건의 근본적인 원인과 이를 가속화하는 추가적 요인을 혼동합니다. 일단 시장을 움직이는 대중심리를 잘 모르면 착각하기 쉽죠. 정부의 규제는 매도물량이 줄어드는 요인을 가속화하는 추가 요인일 뿐입니다. 근본 원인은 계속해서 가격이 오를 것이라는 대중의 믿음입니다. 이런 믿음이 사라진 상황에서 정부가 규제 정책을 펼친다면, 실제로 많은 매도물량이 쏟아지겠죠. 하지만 2019년 정부가 내놓은 12.16 대책으로 양도세 규제가 한시적으로 풀리면서 매도물량이 대거 쏟아져 나올 거란 예상이 우세했으나, 이는 정말 착각이었습니다. 시장을 움직이

부동산 폭등장이 온다

는 근본적인 원인을 몰랐기 때문입니다. 이처럼 부동산 시장의 과열 조짐에 정부가 내놓은 규제 정책의 부작용으로, 부동산 매물은 급속히 줄어들게 됩니다.

이제 매수 부분을 검토해 볼까요? 부동산 상승장에서 엄청나게 커진 매수 세력은 정부 규제로 인해 크게 약화됩니다. 규제가 나온 초반에는 매수세가 거의 사라지다시피 하지만, 시간이 흐르면서 시장이 규제를 이겨내는 모습이 드러나면 매수세가 다시 살아납니다. 이는 이미 역대 정권이 내놓았던 규제 정책에 대한 경험과 이를 시장이 이겨내는 과정을 겪으며 쌓인 내성이 크게 작용한 탓입니다.

이때 대다수의 사람이 오해하는 것이 있습니다. 부동산 폭등이 시장에 몰린 많은 매수자가 서로 부동산을 사려고 경쟁하기에 일어나는 것이라고 말이죠. 사실 주식 시장이라면 이렇게 해석해도 큰 무리가 없습니다. 특정 주식이 폭등하면 엄청난 거래량이 동반되면서 주가가 크게 상승하는 모습이 나타나죠. 주식의 특성상 매도하는 세력도 계속 매도에 임하고 그것을 시장이 모두 소화해 내면서 가격이 오르기 때문입니다. 주식은 매도 세력이 만만치 않으므로 가격이 상승하려면 매도 세력보다 더 많은 매수 세력이 존재해야 합니다. 따라서 주식 가격이 상승할 때는 먼저 주 세력이 가격을 올리기 위해 매도호가에 나와 있는 매물을 빠르게 소화해 버립니다. 그 현상을 본 투자자들이 대거 매수에 참여하면서 가격을 더욱 올리는 상황이 발생하는 것이죠.

그런데 부동산은 다릅니다. 일단 거래가 빈번하게 일어나지 않습니다. 또 특정 세력이 개입해 부동산을 대량 매입하고 중간에 다른 물건까지 비싸게 매입하면서 시장에 나온 매물의 가격을 올리기에는, 너무 큰 비용이 드는 데다 지역적 한계가 있기에, 흔히 말하는 '작전세력'이라는 게 생기기 힘듭니다. 또한 정부의 규제에 의해 매수세가 줄었다가 다시 살아나기는 하지만, 여전히 규제의 효과는 남아 있습니다. 따라서 대출을 받을 수 없어 자금력이 달리는 사람은 매수세에 가담할 수가 없죠. 결국, 매수세 전체의 크기는 줄어들 수밖에 없습니다.

매도물량과 매수 세력을 비교해 봅시다. 폭등 상황이 오면 일단 매도물량이 크게 줄어듭니다. 1,000세대 규모의 아파트일 경우 평소엔 최소 50채에서 많게는 100채 정도의 매물이 시장에 나와 있는데, 시장이 폭등하면 10채 미만으로 줄어들어 버립니다. 그것도 10채 모두가 팔려야 가격이 오르는 게 아니라, 하나가 거래되면 나머지 매물의 호가가 크게 올라 버리죠. 이는 부동산이 주식처럼 초 단위로 거래되는 게 아니라 긴 시간에 걸쳐서 하나씩 거래되기 때문에, 하나가 거래된 이후 시장 분위기에 따라 나머지 매물의 가격을 조정할 시간이 충분해서 벌어지는 일이죠.

이렇게 되면 매수 세력이 그렇게 많지 않아도 가격이 폭등할 수 있겠죠. 실제로 부동산 가격이 폭등한 지역의 부동산이 어떻게 거래되는지 자세히 들여다보면, 거래는 몇 건 안 되는데 가격이 하루에도 몇천만 원씩 오르는 걸 볼 수 있습니다.

대한민국 지역 순환 장세

부동산 시장이 폭등할 때, 서울 및 수도권 시장 전체가 비슷한 시간에 똑같이 가격이 오르는 건 아닙니다. 지역에 따라 시차를 두며 움직이죠. 강남이 오를 때 가까운 서초가 같이 오르고, 그 뒤에 송파나 강동이 움직이고, 그다음으로 강북. 이런 식으로 시차를 두고 각기 다른 행정구역이 폭등 상황을 차례차례 맞이하게 됩니다. 이를 '지역 순환 장세'라고 합니다. 이 같은 상황이 벌어지는 것도 대중심리와 매수 세력의 영향 때문이죠.

어느 지역이든 그 지역 사람들이 가장 관심을 두고 선호하는 동네가 있습니다. 서울에서는 강남이 그렇습니다. 이런 곳을 '대장 지역'이라고 칭합니다. 이들은 시장이 변할 때 항상 가장 먼저 움직입니다. 매수도 여기서부터 일어납니다. 대장 지역의 가격이 상승하면 이어서 인접 지역 주민이 반응합니다. 그러면서 점점이 지역과 주변의 매물이 줄어들죠. 강남이 올랐으니 가까운 우리 동네의 부동산 가격도 오를 거란 기대가 확산되면서, 매도자들이 내놓은 매물을 거둬들이는 겁니다. 이로 인해 매물이 확 줄어들면 매수세가 조금만 붙어도 가격이 크게 오르는 현상이 나타납니다. 그렇게 되면, 대중의 관심이 아직은 크게 오르지 않은, 인접 지역으로 퍼져나가죠. 그렇게 그다음 인접 지역의 주민마저 반응하면서 연쇄 작용이 일어납니다.

하지만 폭등이 일어나기 전 정부가 내놓은 규제 때문에 매수세는 크게 약해져 있는 상황입니다. 매수세가 약할 경우 그동안 크게 오른 아파트의 가격은 다소 부담스럽게 느껴집니다. 그러니 부동산 가격이 상승을 거듭하던 상승장에서처럼 전방위적인 매수 상황은 벌어지기 힘듭니다. 따라서 매수 세력은 한 곳으로 집중되고 그 외 지역엔 관망 장세가 펼쳐지는 것이죠. 매수자와 매도자가 서로 거래하지 않는 상황이 진행되는 겁니다. 매도 매물이 먼저 줄어들어야 그 지역으로 매수 세력이 움직입니다. 이는 한 무리의 매수 세력이 한 지역을 매수하고, 그다음 지역을 매수하고, 또 그다음 지역을 매수하는 식으로 옮겨 다니는 것처럼 보이기도 합니다.

일단 부동산을 매수한 사람은 당분간은 이를 보유해야 하므로 추가로 자산을 매수할 여력이 줄어듭니다. 안 그래도 부동산은

부동산 폭등장이 온다

다른 투자 상품에 비해 투입되는 금액 자체가 큰데, 폭등장에서는 매매가격이 치솟음에 따라 떨어진 전세가율과 대출 규제로, 어느 때보다 많은 자본금을 투입해야 합니다. 정부의 규제가 나오기 전에는 갭 투자나 분양권 투자 등으로 여러 채의 부동산을 소액으로 마련할 수 있었죠. 하지만 폭등장에서는 그것이 불가능해지는 겁니다. 상황이 이렇게 되면, 한 번 폭풍처럼 폭등이 일어났다가 지나간 지역은 정체를 겪게 됩니다. 사람들의 관심이 다른 지역으로 옮겨가기 때문이죠. '이미 가격이 폭등했는데 뒤늦게 들어가서 많은 자금을 투입할 필요가 있을까?' '앞으로 가격이 더 오르긴 할까?' 이런 생각이 드는 겁니다. 시장이 폭등할 때는 분위기가 달아오른 상태이므로 이것저것 따지고 생각할 겨를이 없지만, 폭등이 지나가고 정체 구간이 시작되면 분위기도 가라앉기에 분위기에 취해서 움직이는 매수자들 역시 줄어듭니다.

부동산 가격 폭등은 서울 및 수도권 전역으로 지역을 옮겨가며 발생하고, 이미 폭등한 지역은 다시 매수와 매도 세력이 팽팽하게 붙어 누가 이기나 힘겨루기를 하는 지루한 정체 구간으로 이어집니다. 이때 기억해야 할 것이 하나 있습니다. 이러한 시기에는 부동산을 팔려고 해도 잘 팔리지 않는다는 겁니다. 제가 유튜브 영상이나 강의에서 '오를 때 팔라'고 강조하는 것도 이미 부동산 가격이 오를 만큼 오르고 난 뒤에 매도하려고 하면 잘 팔리지 않기 때문입니다. 그렇게 되는 데는 몇 가지 이유가 있습니다.

첫째, 누가 보기에도 가격이 비싸기 때문입니다. 폭등이란 자산의 가격이 보통 사람의 예상보다 단기간에, 훨씬 많이 오르는 것을 뜻합니다. 폭등이 있으면, 가장 먼저 드는 생각이 '가격이 비싸다'입니다. 매수하려는 입장에서 가격이 너무 부담스럽습니다. 부동산에 투자하는 사람은 본인이 사고 난 뒤에도 집값이 계속 오르길 기대합니다. 그런데 본인이 생각하기에도 부담스러운 가격인데, 그 뒤에 가격이 더 오른다면 이후 사람들은 더욱 부담스러워 외면하지 않을까 하는 생각에 주저하게 되는 것이죠.

둘째, 시장 분위기가 가라앉기 때문입니다. 사실 상승장이 쭉 이어지면서 가격이 오르고 거듭해서 오르면 그 분위기에 취해 대중은 이미 가격이 부담스러워도 더 오를 것으로 기대할 수 있습니다. 하지만 가격 폭등 후 정체 구간이 오면 분위기가 가라앉습니다. 이쯤 되면, 바로 직전에 부동산을 매수한 사람도 본인이 가장 꼭대기에서 산 것은 아닐까 불안해지죠. 분위기란 게 이렇게 중요합니다. 열기가 식고 차분해지면 복잡 미묘한 심정이 교차하는 게 인간이죠.

셋째, 집을 매수하려는 사람이 거의 없기 때문입니다. 가격이 부담스럽기도 하거니와, 이미 부동산을 사려는 사람은 이미 다른 지역으로 관심을 돌린 상황입니다. 아직 가격이 오르지 않은 지역도 있는데 이미 오를 대로 오른 지역의 물건을 굳이 비싼 돈을

부동산 폭등장이 온다

주고 사려는 사람이 있을까요? 그만큼 매수 세력이 약해집니다.

이와 같은 이유로 부동산이 폭등한 후에는 주택을 매도하는 것이 정말 어렵습니다. 이 외에도 문제가 하나 있는데, 이렇게 정체 구간을 기어 가던 부동산이 어느 순간 하락장으로 들어선다는 사실입니다. 부동산 가격이 떨어지지 않은 상황에서도 팔기 어려운데, 본격적으로 떨어지기 시작하면 매도는 거의 불가능해집니다. 결국 비자발적 장기 보유자가 되어야 하죠. '뭐 그렇게 된다면야 계속 보유하다가 다음 사이클에서 팔면 되지!'라고 생각할 수도 있습니다. 그런데 복병이 기다리고 있습니다. 바로 대형과 소형 부동산의 인기 전환입니다. 현재 폭등장에서 보유 중인 물건은 중·소형일 가능성이 큽니다. 특히 소형 부동산을 가지고 있을 확률이 높죠.

부동산이 한 사이클을 지나서 소형과 대형의 인기가 전환되면, 그 전에 매수해 보유하고 있던 소형 부동산은 다음 사이클에서는 철저히 소외되기 쉽습니다. 이런 상황이 2007년에 벌어졌죠. 당시는 대형 부동산이 인기를 끌며 가격이 치솟았습니다. 폭등 바로 직전에 대형 아파트를 매수한 후 2008년 하락장을 맞이한 이들은 아파트가 팔리지 않자, 매도를 포기하고 비자발적인 장기 보유자가 되었습니다. 하지만 어느 순간 사람들은 대형보다 소형 부동산을 좋아하게 되었고, 상승장에서 가격이 치솟는 소형에 비해 대형 부동산의 가격은 찔끔찔끔 올랐습니다. 이때 무리하게 대출을 받아 대형 아파트를 매수한 분들 중에 아직도 투자 원금을 회수하지 못한 이들이 수두룩합니다. 이런 일이 또 생기지 말라는 법은 없습니다.

무분별한 투자자

부동산 폭등장에 반드시 나타나는 사람들이 있습니다. 지금까지는 철저하게 부동산을 외면해 오던 이들이죠. 그런데 부동산 가격이 폭등하기 시작하면 이들은 뭐라도 사기 위해 안달하면서 여기저기를 기웃거립니다. 현장에서 일하다 보면 신기하다는 생각까지 듭니다. '투자에 관심이 없던 사람이 상투를 잡는다'라는 말이 괜히 나온 건 아닌가 봅니다. 이들과 상담하면서 발견한 공통점은 모두가 지금까지 부동산 투자는 투기이며, 우리나라 경제를 좀먹는 아주 이기적인 행태로 여겼던 사람들이라는 겁니다. 그런데 이들이 왜 이 시점에 부동산을 사려고 나선 걸까요? 이들은 이렇게 말합니다. "나쁜 임대인들이 전세 보증금을 계속 올리니까 여기저기 자꾸 이사 다니는 것도 힘듭니다. 이제는 그냥 한곳에 정착하고 싶어요." 말은 이렇게 하면서도 상담하는 내내 이들이 제게 가장 많이 하는 질문은, "어느 지역의 부동산이 앞으로 가격이 오를까요?"입니다. 솔직하게 "원래는 부동산에 관심이 아예 없었는데 주변에서 사람들이 돈 버는 걸 보니 나도 하나 사야겠다 싶어서 왔습니다"라고 말하는 이도 있습니다. 어찌 됐든 부동산에 부정적이었거나 관심이 없었다는 것은 공통적입니다.

문제는 이들 모두 부동산에 관해서는 '부' 자도 모르고 있다는 겁니다. 이들이 무슨 계획을 철저히 세웠겠습니까? 그런데 섣부른 매수나 투자를 말려도 소용이 없다는 것 또한 공통점입니다. 이들은 이미 부동산을 사기로 마음먹고 현장을 찾은 겁니다. 살까 말까가 아닌, 뭘 사면 좋을까를 알기 위해 여기저기 다니면서 상담을 받고 있는 겁니다. 결국 이들은 별것도 아닌 '미끼' 혜택이나 프리미엄을 받아주겠다는 상담사의 말에 현혹돼 덜컥 계약서에 서명합니다.

효과 없는 추가 규제

강력한 규제 이후 시장이 다시 움직이면서 가격이 폭등하면, 정부는 어쩔 수 없이 또 다른 규제 정책을 내놓습니다. 시장의 안정을 위해서라도, 아니면 지금까지 취해온 입장 때문에라도 지속적인 규제를 가할 수밖에 없습니다. 이러한 상황에서 나오는 추가 규제는 사실상 시장에서 별 영향력이 없습니다. 시장 역시 규제에 대한 내성이 생겼으니까요. 부동산 상승장에서 처음 나왔던 강력한 규제에 대한 반응과는 다른 양상을 보인다는 게 특징이죠.

과거 강력한 규제가 나왔을 때는 일단 시장이 전방위에서 반응을 보였습니다. 어찌 됐든 시장 전체가 반응하면서 일시적이긴 해도 충격을 받는다는 겁니다. 하지만 규제를 이기고 시장이 다시 상승한 뒤 나오는 규제에 대해서는 그 반응에서 지역적으로 차이가 납니다. 이때 나오는 반응이 '풍선 효과'입니다. 정부에겐 남아 있는 카드가 많지 않으니 한 번에 규제를 모두 쓸 수 없습니다. 남은 카드를 소진했는데도 시장이 이를 또다시 이겨버리면 정부 입장이 난처해질 테니까요. 이러한 이유로 정부는 쓸 수 있는 카드를 지역과 시기를 따져가며 아끼면서, 조심조심 내놓는 기지를 발휘해야 합니다. 이때 쓰는 카드가 '핀셋 규제'로, 먼저 오르는 지역만 규제하고 나머지 크게 움직이지 않는 지역은 그대로 두는 정책이죠.

결과적으로, 먼저 가격이 오른 지역은 더 이상 상승할 여력이 없어지는데 규제까지 더해지면서 정체됩니다. 혹자는 이를 두고 정부의 규제가 통한 결과라고 생각할지 모릅니다. 그러나 실제로는 이미 부동산 가격이 폭등해 상승 동력을 잃었기 때문으로 보는 것이 타당합니다. 이미 폭등한 지역은 더 이상의 규제가 없어

부동산 폭등장이 온다

도 가격이 크게 상승하지 않고 정체를 겪을 가능성이 큽니다. 말했듯, 아직 오르지 않은 인접 지역이 좋은 투자처로 부상하면서 매수세가 옮겨가니까요.

아직 오르지 않은 지역, 즉 추가 규제가 가해지지 않은 지역은 이미 폭등한 지역을 피해서 연이어 가격이 상승합니다. 풍선의 한쪽을 누르면 다른 쪽이 튀어나오는 것처럼, 오른 지역을 규제로 누르면 아직 오르지 않은 규제가 없는 지역의 집값이 오르는, 풍선 효과가 일어나는 것이죠. 이로 인해 앞서 말한 지역 순환 장세가 펼쳐집니다.

폭등 뒤에 벌어지는 일

시장에 과열 양상이 일어나면서 본래 그 물건이 내재적으로 지니고 있는 적정 가치를 넘어서까지 가격이 치솟을 때, 이를 폭등이라 합니다. 일종의 거품이 포함된 가격이라고 할 수 있죠. 어떤 물건의 가격이 일정 기간 지속해서 상승하면 필연적으로 나타납니다. 인간 본성에 내재된 탐욕이 애초에 해당 물건에 관심이 없거나 부정적이었던 사람마저 끌어들이는 것이죠. 그렇게 물건이 지니고 있는 적정 가치를 뛰어넘는 수준으로 가격이 오릅니다.

이렇게 폭등한 가격은 거품이 터질 만한 요인이 발생하거나 아니면 사람들의 마음에 더 이상 구매 욕구가 생기지 않는 시점이 되면, 자연스럽게 내려갑니다. 앞서 말했듯, 우리나라 부동산 시장에서는 미분양이 이러한 거품을 터뜨리는 역할을 담당하죠. 미분양이 발생하면 그동안 앞다퉈 부동산을 매수하려던 사람들이 그 이유를 상실하니까요. 매수 세력이 점점 약해지면 상황이 전환되어 부동산을 매도하려는 사람들의 마음이 급해지는 시장이 됩니다. 그러면서 다음 사이클인 하락장으로 연결되는 것이죠.

현명한 투자자를 위한 팁

오를 때 팔아라 누누이 강조하지만, 폭등이 완성되고 나면 부동산을 매도하는 것이 어렵습니다. 이미 폭등해 부담스러워진 가격과 아직 가격이 덜 오른 지역으로 대중의 관심이 이동하면서 매수세도 약해졌습니다. 특히나 부동산 가격이 폭등한 지역에는 정부의 추가 규제가 있을 수 있으므로 매수세가 사라지고, 이에 겁먹은 매도자들이 너도나도 매물을 내놓을 수 있습니다.

인간은 언제나 자신이 보유한 물건을 최고 가격에 팔길 원합니다. 또 그렇게 할 수 있을 거라 착각합니다. 그렇게 매도할 타이밍을 기다리고 기다리다가 결국에는 하락장을 맞으며 온갖 고생을 하게 된 사람이 허다합니다. 2006~2007년에 인기 있었던 대형 아파트를 높은 분양가에 덜컥 분양받은 이들은, 오매불망 '매도하기 좋은' 때를 기다리다가 빠르면 2013~2014년 부동산 가격이 거의 바닥을 칠 때, 늦으면 시장이 본격 상승하기 전인 2015~2017년 사이에 매도했죠. 그들은 하나같이 말합니다. 당시만 해도 보유한 부동산의 가격이 절대 떨어질 것 같지 않았다고요. 그래서 매수한 겁니다. 하지만 아무리 기다려도 가격이 오르지 않았습니다. 그도 그럴 것이 하락장을 지나면서 대중의 관심은 이미 소형 부동산으로 옮겨갔으니까요.

앞으로도 똑같은 상황이 벌어질 겁니다. 이를 명심하고 부동산의 가격이 계속 오르는 상황이라도 약간의 아쉬움을 안고 매도하는 것이 최선이라는 걸 기억합시다. 대안이 없을 때는 그렇게 하기 쉽지 않겠지만, 우리에겐 대안이 있습니다.

사이클이 반대인 지역을 공략하라 앞서 이야기했듯, 우리나라 부동산 시장은 부분 시장입니다. 서울 및 수도권 시장이 폭등 상황일 때 지방의 몇몇 도시는 사이클상 바닥을 찍고 이제 막 상승을 준비하는 상황일 수 있습니다. 지금까지 설명한 부동산 사이클을 제대로 이해했다면, 선택은 달라져야 합니다. 서울 및 수도권 폭등장에서 보유한 부동산의 가격이 더 오르길 기대하면서 꼭대기에 매도하고자 남은 위험을 감수할 것이 아니라, 안전하게 매도한 뒤 아직 바닥권에 있는 지방 부동산을 매수해서 보유하는 게 현명합니다.

이것이야말로 리스크를 최소화하면서 수익률은 극대화하는 최고의 투자 방법입니다. 오랜 기간 부동산에 관심을 두고 투자했음에도 이렇다 할 수익을 올리지 못했다면, 몇 번의 투자로 엄청난 수익을 올린 줄 알았으나 결국엔 쓰디쓴 열매를 따게 되었다면, 부동산 사이클을 몰랐기 때문일 가능성이 큽니다. 우리나라 부동산 시장이 서울 및 수도권과 지방으로 나뉜 부분 시장이며, 이 시장의 사이클이 다르게 움직이고 있다는 사실은 투자자들에게 대단한 희소식이 될 수 있습니다. 어떤 시점에 부동산에 관심을 갖게 됐든, 어떤 시점에 부동산 투자에 나서려 하든, 기회가 있다는 말이 되기 때문이죠! 남은 것은, 알게 된 것을 실행에 옮기는 것입니다.

• • •

이제 여러분은 대한민국 부동산이 사실상 '대중심리'에 의해 특정 사이클을 그리며 흘러간다는 걸 알게 되었습니다. 인간은 평상시에는 지극히 합리적이고 이성적으로 생각하고 행동하는 것처럼 보입니다. 그러나 절체절명의 위기 상황이나 탐욕이나 공

부동산 폭등장이 온다

포 같은 극단적인 감정이 개입되는 상황에서는 오히려 비합리적이며, 그렇기에 비이성적으로 의사결정을 합니다. 이로 인해 부동산 역시 투기 시장이 되고, 거품이 생기기도 하며, 또 자연스럽게 하락과 상승을 반복합니다. 부동산 시장이 인간의 비이성적인 판단으로 흘러가기에 예측할 수 없을 것 같지만, 아이러니하게도 바로 그러한 이유로 예측 가능합니다.

지금까지 이 책에서 다룬 부동산 사이클의 각 시기에 어떤 일이 벌어지는지를 보면서, 우리나라 부동산 시장을 더욱 깊게 이해하게 되었으리라 믿습니다. 지금 여러분이 이 책을 읽고 있는 시점, 우리나라 부동산은 어느 사이클에 위치하고 있나요? 이를 안다면 바로 언제 투자에 나서면 되는지, 어떤 물건을 사면 되는지 알게 되었을 것입니다. 폭등장에서 부동산의 가격이 더 오르기만 기다리는 위험을 감수하겠습니까, 아니면 안전하게 바닥권에서 매수하여 큰 수익을 올리는 기쁨을 누리겠습니까? 대중이 선택하는 대로 인기 있는 부동산을 선택하겠습니까, 하락장에서 벌어질 인기 전환까지 감안해 투자 물건을 고르시겠습니까? 판단은 여러분의 몫입니다.

비난을 그치고
실행할 시간

2020년 4월 현시점, 정부가 내놓은 정책을 두고 거센 비판이 일고 있습니다. 오르는 집값은 잡지도 못하면서 결국 세금만 많이 올려서 서민들의 부담이 가중되고 있다고 말이죠. 사실은 저역시 정부에 비판의 목소리를 내는 사람 중 하나입니다. 다만, 언제나 규제를 이겨내는 시장의 특성을 이해한다면 사실상 정부로서는 마땅한 해결책이 없고 그저 시장이 극단적인 방향으로 흘러가는 것을 막는 것이 최선임을 알게 됩니다. 어떤 똑똑한 정권이 세워진다고 해도 부동산이 투기 상황으로 치달을 때 할 수 있는건 없습니다. '시장 안정화'란 거의 불가능한 구호에 불과합니다. 오히려 시장이 투기화될 때 방향을 억지로 돌리면 폭락 상황이 벌어질 수 있다는 것도 기억해야 합니다. 1990년대 초 일본의 부동산 버블이 꺼지는 과정에서 이를 확인할 수 있습니다.

1장에서 역대 투기 사건과 우리나라 부동산 시장의 공통점과 차이점을 비교했습니다. 일본 부동산의 대폭락은 먼저 엄청난 규모의 폭등이 있었기에 벌어진 일이죠. 도쿄의 땅만 팔아도 미국 전체를 살 수 있다는 말이 나올 정도로 가격이 폭등했으니까요. 그렇게 부동산 가격이 폭등하는 상황에서 일본 정부는 아무것도 하지 않았습니다. 이미 폭등한 뒤에 나온 강력한 규제가 폭락으로 이어진 겁니다.

우리나라 정부는 부동산 정책을 낼 때마다 일본 부동산 대폭락 사례를 참고하는 것 같습니다. 그로 인해 우리나라 부동산은 가격이 폭등할 때도 그 폭이 그리 크지 않습니다. 시장이 과열되는 조짐만 보여도 강력하게 규제하기 때문에 폭등의 폭이 커지는 걸 방지하는 셈이죠. 하지만 정부의 규제가 시장 폭등 상황까지 막을 수는 없습니다. 일본 같은 폭등이나 폭락 이후 반드시 찾아오는 하락의 충격도 일본처럼 심하진 않을 것입니다.

부동산이 폭등할 때 정부가 개입하지 말고 시장에 맡겨야 한다고 말하는 이도 있습니다. 하지만 투기 시장을 연구하면서 이러한 생각은 정말 잘못된 것임을 깨달았습니다. 시장이 투기화될 때 이를 규제하지 않으면 폭등 상황이 얼마나 지속될지 아무도 장담할 수 없습니다. 400만 원에서 시작한 비트코인은 2,700만 원대까지 치솟았습니다. 이에 대한 규제가 늦어지면서 상상하지 못한 광풍이 불었죠. 만약 부동산에 투가 열풍이 불 때 정부가 개입하지 않는다면 평당 1억 원이 아닌, 2억, 3억 원 이상으로 가격이 오를 수도 있습니다. 그 피해는 고스란히 집 없는 서민들이 감수해야 할 겁니다.

이 책 한 권으로, 집도 없고 가진 돈도 많지 않은 서민이 한순간 부자가 될 수 있다고 말할 생각은 없습니다. 다만 이 책이 우리나라에서 실제로 부자가 되는 데 도움이 되는 부동산 투자를, 제대로 할 수 있게 만드는 데 조금이나마 도움이 되길 바랍니다. 지금까지 시중에 나와 있는 각종 부동산 이론서와 투자서를 읽고 공부했음에도 언제 투자해야 하는지, 어떻게 투자해야 하는지, 어떤 물건을 사야 하는지 잘 모르겠는 이들의 답답함을 조금이라도 해소해 주는 책이 되었으면 좋겠습니다. 무엇보다 부동산 시장에 대한 생각을 전환하는 시발점이 되길 바랍니다.

여기까지 책을 읽고서도 우리나라 부동산 시장을 이해하기 힘들다면, 책을 반복해서 읽길 권합니다. 교과서를 단 한 번 읽고서 100점짜리 성적을 기대하는 건 무리입니다. 한 번의 독서로 그 내용을 완벽하게 이해하고 내 것으로 만들 순 없습니다. 그냥 '그

부동산 폭등장이 온다

렇구나' 정도에서 그칠 뿐입니다. 하지만 몇 번 반복해서 책을 읽으면 지나간 상황과 앞으로 도래할 상황이 자연스럽게 연결됩니다. 책을 읽고서 이 책을 읽지 않은 이에게 우리나라 부동산 시장을 설명할 수 있다면 이미 전문가가 된 것이겠죠. 그때쯤이면 다른 이의 도움 없이도 스스로 투자 지역을 선정하고, 그 지역에서 높은 수익을 가져올 물건을 찾아, 가장 좋은 시점에 돈을 투입할 수 있을 겁니다.

여러분의 성공적인 투자를 기원합니다.

부동산
폭등장이
온다

1판 1쇄 발행 2020년 6월 15일
1판 6쇄 발행 2022년 11월 30일

지은이 이현철

발행인 양원석 **책임편집** 박나미
영업마케팅 조아라, 이지원, 박찬희

펴낸 곳 ㈜알에이치코리아
주소 서울시 금천구 가산디지털2로 53, 20층 (가산동, 한라시그마밸리)
편집문의 02-6443-8865 **도서문의** 02-6443-8800
홈페이지 http://rhk.co.kr
등록 2004년 1월 15일 제2-3726호

©이현철 2020, Printed in Seoul, Korea

ISBN 978-89-255-3679-8 (03320)